网络资源、网络权力与产业升级

康　凯　魏旭光　杨　莉　著

资助基金项目：
河北省社会科学基金项目（网络权力重构与产业升级路径研究——以河北省制造业为例 HB14GL065）

科学出版社
北　京

内 容 简 介

全球生产网络的出现为获取资源、提高资源配置效率、实现产业结构优化和产业效率提升提供了平台。伴随工业4.0的到来及我国“一带一路”倡议的提出，全球生产网络的作用将进一步凸显。积极探讨网络资源、网络权力对产业升级的影响，解析获取和整合何种资源形成网络权力，如何利用网络权力推动产业升级是我国制造企业亟待解决的现实问题。在国内外已有研究基础上，本书采用基于扎根理论的探索性案例研究方法，探究网络资源和网络权力的构成及其对产业升级的影响机理。通过量表选择、问卷设计和数据收集，运用结构方程模型拟合网络资源、网络权力和产业升级之间的作用关系，分析网络资源、网络权力对产业升级的静态作用。在网络资源、网络权力的维度构成和静态影响规律基础上，构建系统动力学模型并进行仿真，结合典型企业纵向案例分析，解析网络资源、网络权力与产业升级动态作用。

本书可作为管理科学与工程专业、企业管理专业研究生的参考用书，也可以为制造业行业协会、政府管理人员提供参考和借鉴。

图书在版编目（CIP）数据

网络资源、网络权力与产业升级 / 康凯，魏旭光，杨莉著. —北京：科学出版社，2021.7

ISBN 978-7-03-066403-7

Ⅰ. ①网… Ⅱ. ①康… ②魏… ③杨… Ⅲ. ①产业结构升级-研究 Ⅳ. ①F264

中国版本图书馆CIP数据核字（2020）第199690号

责任编辑：陶 璇 / 责任校对：贾娜娜
责任印制：张 伟 / 封面设计：无极书装

科学出版社 出版
北京东黄城根北街16号
邮政编码：100717
http://www.sciencep.com

北京凌奇印刷有限责任公司 印刷
科学出版社发行 各地新华书店经销
*
2021年7月第 一 版 开本：720 × 1000 1/16
2022年5月第三次印刷 印张：12 3/4
字数：267 000

定价：120.00元

（如有印装质量问题，我社负责调换）

前　言

全球生产网络的出现为获取资源、提高资源配置效率、实现产业结构优化和产业效率提升提供了平台。随着全球网络化经济的快速发展，积极探讨网络资源、网络权力对产业升级的影响，无论是对全球生产网络整体的发展还是对嵌入其中的新兴经济体企业的生存都具有重要意义。获取和整合何种资源形成网络权力，利用网络权力如何推动产业升级是新兴市场国家及其制造企业亟待解决的现实问题。

本书在对全球生产网络背景分析的基础上提出研究问题，对已有研究中网络资源、网络权力和产业升级内容进行综述。在资源基础理论的支撑下，本书初步形成"资源—权力—升级"的研究逻辑。为进一步深化研究框架，本书采用基于扎根理论的探索性案例研究方法，探究网络资源和网络权力的构成，构建网络资源、网络权力和产业升级的扎根模型。结合已有研究提炼研究假设，形成理论模型。通过量表选择、问卷设计和数据收集三个环节进行数据准备，运用结构方程模型拟合网络资源、网络权力和产业升级之间的作用关系。在网络资源、网络权力的维度构成和静态影响规律基础上，构建系统动力学模型并进行仿真，并结合典型企业进行纵向案例分析，分析网络资源、网络权力与产业升级动态作用。从静态和动态两个方面解析资源基础上网络权力的维度重构与水平重构如何影响产业升级。

（1）构建网络资源、网络权力与产业升级理论模型，明晰三者作用机理。

在归纳网络资源、网络权力和产业升级已有研究基础上，通过基于扎根理论的探索性案例分析，构建网络资源、网络权力与产业升级扎根模型，进而形成理论模型。探析网络资源作为网络权力和产业升级前置性因素的诱导作用。解析网络资源、网络权力与产业升级的作用关系，明确三者作用机理。研究结果表明，在全球生产网络背景下，网络资源是升级实现的原始驱动力。

（2）发现了网络权力在网络资源作用于产业升级过程中的中介作用。

深入探寻影响产业升级的权力因素及其路径传导机制。在明确网络资源、网络权力和产业升级作用机理基础上，提出可供实证的概念模型及相关假设。利用问卷数据对样本进行统计分析，对网络权力中介作用假设进行了实证检验。研究结果显示，网络权力不同维度对于网络资源影响产业升级的中介作用存在差异。制度权力和知识权力在节点资源影响产业升级的过程中发挥部分中介作用；结构权力和制度权力在结构资源影响产业升级过程中发挥部分中介作用；关系资源完全通过企业制度权力固化从而推动产业升级。研究结果充分证明并解释了网络资源通过网络权力传导至产业升级，同时发现网络规模在网络资源影响网络权力的过程中发挥显著调节作用。

（3）揭示了网络资源基础上的网络权力与产业升级的动态演化作用。

产业升级系统具有高阶、非线性等复杂系统的特征，是一个复杂的社会经济系统，其动态演化驱动同样来源于资源基础。研究结果显示，人才增长率、利润率和技术淘汰率主要通过网络权力的知识权力与制度权力作用于产品升级，生产高利润产品、淘汰低技术含量产品是产品升级的重要途径。人才增长率、利润率和技术淘汰率通过知识权力作用于工艺升级，对高端技术的掌控是工艺升级的主要实现路径；人才增长率、利润率和技术淘汰率通过结构权力作用于功能升级，企业在全球生产网络中的链接关系的改变可以帮助其向高端价值链攀升，提升营销、研发等功能。人才增长率、利润率和技术淘汰率通过认同权力作用于链升级，在开拓全新价值链过程中随着认同积累越来越具有优势。在构建产业升级系统动力学模型基础上，对河北省钢铁产业进行仿真分析。此外，对华为技术有限公司和海尔集团两个典型企业进行纵向案例分析。

综上所述，本书研究发现网络资源是驱动产业升级的基础要素，资源的整合和配置沿网络权力形成的过程进行传递，表现为网络权力的维度和水平变化，最终作用于以产品升级、工艺升级、功能升级和链升级为具体形式的产业升级。

本书在写作过程中参考了很多理论观点，引用了大量的实例，在这里对这些资料的作者所做的前期工作致以敬意。感谢李风华老师对初稿给出的修改建议。感谢研究生刘子健、李悦在案例资料查询过程中做的工作。最后，本书在出版过程中得到了科学出版社的大力支持和帮助，在此表示衷心的感谢。由于时间有限，本书难免有不妥之处，敬请读者批评指正。

康　凯

2020 年 7 月

目　　录

第一章　全球生产网络背景下的产业升级研究概述

第一节　全球生产网络的研究趋势

伴随全球化、信息化的深入发展，以贸易为纽带的国际分工方式逐渐被以生产为基础的新型分工方式所取代（邱斌等，2007）。在分工程度的纵深化和生产过程的国际化的环境下，生产网络这一组织模式应运而生。生产网络凭借其在组织柔性、资源共享和优势互补等方面的显著优势，推动生产效率不断提升。20 世纪 80 年代以来，由于跨国公司归核化战略与内部垂直反整合的模块化解构，生产网络在全球范围内得以迅速扩散，呈现出产业发展地方化与全球化并存的现象。与此同时，我国经济增长的阶段性特征与经济全球化进程密切相关（谢富胜等，2019）。生产碎片化、价值链分割降低了发展中国家通过融入全球生产网络的实现工业化的门槛（刘民权，2018），而全球生产网络又将多个生产者分散的生产过程进行连接（Rachel，2020）。全球生产网络治理和升级问题逐渐成为当前我国制造业管理实践的重要研究课题。

全球生产网络为企业获取资源、提高资源配置的效率、实现产业结构优化和产业效率提升提供了平台与环境。网络资源基础上网络权力的形成和演化是新时期产业升级的具体表现和重要路径，也是全球生产网络治理的核心问题。在全球网络化经济快速发展的环境中，探讨网络资源、网络权力对产业升级的影响，无论是对全球生产网络整体还是其中企业的生存和发展都具有十分重要的现实意义。企业如何通过获取和整合网络资源形成网络权力，怎样凭借形成的网络权力推动自身及其所属产业实现升级是新兴市场国家亟待解决的问题。

尽管产业升级的研究由来已久，已有研究较为充分并颇具系统性，但其相关理论的研究在解释不断变化的现实问题时，仍存在较大的发展空间。网络资源、网络权力的研究是在全球化、信息化不断深化过程中涌现出的、从属于多学科的交叉领域的研究内容。对关键资源的控制可以形成权力，权力可以破坏集群创新和治理结构（Rutherford and Holmes，2008），基于网络资源和网络权力视角研究产业升级的作用机理，有助于解决现阶段新兴经济体国家企业在参与国际化竞争中遇到的固化于低端价值链的矛盾和问题。当前国内许多产业迫切需要转型升级，本书聚焦全球化背景下的生产网络治理问题，不仅可以对已有理论进行补充和完善，也是对当前现实问题的分析与解释。

一、理论意义

首先，目前网络权力的概念和其构成维度并未得到一致性界定与系统分析。尽管对网络权力的研究，各领域的学者均有所涉足，但已有研究数量不多且对其维度的深入探析不足。经济地理学者为更好地解释现实中经济活动的地理空间的组织行为问题，开始关注网络权力的概念，但多是基于特定产业进行的案例研究（王核成等，2018；文嫮等，2019）。虽然有学者发现并试图解释网络权力在特定生产网络的重要作用，但其概念及影响机制的一般性结论仍然不足。近年来，随着在知识转移（Hong et al.，2008；李庆满等，2019）、网络治理（Charo，2007；孙国强等，2018）、创新创业（康凯等，2016；徐可等，2019；王核成和李鑫，2019）、竞争优势（魏旭光等，2016）、供应链金融（Steven et al.，2019）等领域研究的逐渐深入，管理学者逐渐聚焦至网络权力的概念，尝试对该概念进行界定并对其维度进行划分，但相关研究成果还亟待进一步深入和丰富。明确网络权力的概念和构成维度不仅在一定程度上丰富了网络组织理论的内容，有助于网络组织治理理论的发展，也有利于推动网络权力的量化分析研究。其次，已有研究触及了网络资源、网络权力对产业升级的影响，但其影响机制分析尚不深入。本书从网络权力的不同资源来源对其影响产业升级的潜在机理进行探究。尽管学者在具体案例研究中发现了网络资源、网络权力的变化，但理论在普适性上存在较大的发展空间。网络资源、网络权力对产业升级影响的一般规律尚未形成，仍有待深入探索。因此，选取网络资源、网络权力视角探讨其对产业升级的影响能够完善三者关系理论，进而推动全球生产网络治理理论研究的发展。

二、现实意义

一方面，全球生产网络是发展中国家企业提升生产能力的重要途径。通过参与全球生产网络、实现全球生产互动，能够获得技术，积累能力，为产业实现优化升级创造机会和条件。与此同时，全球生产网络也不可避免地给发展中国家企业带来了被长期锁定于低附加值生产活动的风险。尽管我国制造企业在参与全球化竞争过程中已积累了一定实力，但近年来不断涌现的低端价值链固化、美国制造业回流等问题，将全球生产网络视角下的产业升级问题推至各领域学者的研究视野。因此，面对当前国内许多产业迫切需要转型升级的局面，深入研究如何通过参与全球生产互动推动企业自身发展，以获得更为广泛的影响力并最终实现产业升级，是中国企业发展目前亟待解决的关键性问题。全球生产网络视角下探索网络资源、网络权力对产业升级的影响作用，有助于受制于跨国公司的中国企业打破低端锁定效应实现转型升级。另一方面，伴随着全球经济一体化的发展，越来越多的中国企业开始走出国门，带动了中国企业整体的国际化经营水平和竞争力的不断提高。可见，中国改革开放的40多年也正是国内企业成长的40多年，实践证明，参与全球竞争获得结构升级已成为当前中国企业参与全球生产互动的重要方式之一。在全球生产网络视角下，积极探索网络资源、网络权力对产业升级的影响作用，有助于增强中国企业在全球化竞争过程中的影响力和竞争力，提升中国企业国际化经营水平，继而带动制造业的整体优化和升级，同时也能为政府制定相关政策、进行科学决策提供依据。

第二节　全球生产网络背景下的产业升级问题聚焦

本书从网络资源视角出发，在资源基础理论支撑下，尝试通过网络权力的维度和水平变化与重构，解析全球化背景下企业参与全球互动活动及其效果，并为处于全球生产网络中的新兴市场国家的企业和相关产业提供实现优化升级的具体路径。本书着眼于网络资源、网络权力对产业升级的影响，从静态和动态两个方面解析资源基础上网络权力的维度重构和水平重构如何影响产业升级。具体研究内容有以下几个方面。

一、网络资源、网络权力概念的界定及其维度构成

分析发现，已有研究对网络资源和网络权力概念的界定较为模糊。在研究过程中表达同一内容的概念使用上较为混乱，既有将其视为网络整体层面的概念，也有将其视为企业层面的概念，概念使用的过程层次未能得到清晰的界定，有待进一步区分。本书在探索性案例研究和文献研究的基础上，解析网络资源、网络权力的概念，并明确其维度构成。

二、网络资源、网络权力和产业升级理论模型构建

在网络资源、网络权力概念和维度得以明确的基础上，归纳网络资源、网络权力影响产业升级的具体过程。描述网络资源通过形成网络权力的方式对产业升级的驱动作用；通过对已有研究结果的规范研究，构建具有明确作用关系的网络资源、网络权力和产业升级理论模型。

三、网络资源、网络权力对产业升级的影响研究

分析网络权力不同资源维度表现对产业升级产生的影响。基于构建的理论模

型，依据已有文献的研究结果，选取量表、制定调查问卷并回收相关数据；检验网络资源不同维度对网络权力的直接影响、网络权力不同维度对产业升级的直接影响作用；分析网络权力各维度在网络资源影响产业升级过程中的中介作用；归纳网络资源、网络权力对产业升级的影响机理。

四、网络资源、网络权力与产业升级的动态演化路径

运用系统动力学方法，对网络资源、网络权力与产业升级的动态演化过程进行全面剖析。构建包括网络资源、网络权力和产业升级的系统动力学流图，通过对各变量随时间发展的演化特征和变量之间的因果关联的深入分析，得出网络资源、网络权力作用下的产业升级的演化路径，并进行仿真。同时，结合典型企业的纵向案例分析，归纳动态演化规律。

第三节 全球生产网络背景下的产业升级方法选择

规范使用管理学研究方法，是研究管理科学问题得出科学结论的根本保障。本书选用的研究方法包括从归纳到演绎完整的科学研究过程，综合应用理论研究、定性实证研究、定量实证研究、仿真研究，对全球生产网络背景下网络资源、网络权力对产业升级的影响机理展开全面研究。

一、理论研究

理论研究在本书整体研究体系中发挥基础作用，其目标为构造各种因素之间的逻辑关系，从而为研究问题提供管理原则和分析框架。本书通过对网络资源、网络权力和产业升级的相关研究与实践成果的梳理，结合探索性案例分析结果——扎根模型，构建了本书的分析框架。

二、实证研究

由于全球生产网络背景下网络资源、网络权力对产业升级的影响研究涉及静态和动态两个方面。在构建概念模型基础上，采用定量实证研究和仿真研究从静态和动态两个方面进一步解析资源基础上网络权力的维度重构及水平重构如何影响产业升级。

在如上方法支撑下，通过“网络资源→网络权力”“网络权力→产业升级”

“网络资源→网络权力→产业升级”逐层深入的研究思路，验证网络资源、网络权力对产业升级的静态影响作用，明晰全球生产网络视角下网络资源、网络权力对产业升级的影响机理。具体步骤是：首先，将待验证问题中的各概念转变为具体的、可操作的变量，形成专题调查问卷；其次，应用结构方程模型（structural equation model，SEM）方法探讨多潜变量之间的影响作用；最后，应用回归分析的方法检验本书中变量的中介和调节作用。

同时，通过文献回顾和逻辑推演的方法，分析网络资源、网络权力和产业升级的因果关系，构建网络资源、网络权力和产业升级的因果关系图。基于网络资源、网络权力与产业升级的因果关系图，适当增加变量，构建网络资源、网络权力和产业升级系统流图，根据流图，建立流图内各个变量的函数关系，最终形成网络权力对产业升级影响的系统动力学模型。运用 Vensim 软件，以河北省钢铁产业为例，对已建立的系统动力学模型进行仿真模拟，验证模型的有效性。

此外，结合华为技术有限公司（简称华为）和海尔集团的纵向案例分析，通过对案例发展过程的梳理，结合升级阶段的划分和对应的网络资源与权力的变化，进一步印证网络资源、网络权力对产业升级的动态影响。

第四节　全球生产网络背景下的产业升级研究框架

本书遵循模型构建、变量测度、假设检验、模拟仿真和结论归纳的具体路径，逐步展开全球生产网络视角下网络资源、网络权力对产业升级影响的研究，技术路线如图 1.1 所示。

通过基于扎根理论的探索性案例分析，结合资源基础理论、竞争战略理论、网络组织治理理论、全球生产网络分析框架等理论最新研究成果，构建理论模型。采用信度分析、效度分析、因子分析、结构方程模型、层级回归等统计分析方法，检验网络资源、网络权力和产业升级的维度构成，归纳各维度的统计特征，进而拟合网络资源、网络权力和产业升级之间的作用关系。检验调节作用和中介作用是否成立。应用系统动力学方法探讨网络资源、网络权力对产业升级动态影响机理，并以河北省钢铁产业为例仿真网络资源、网络权力与产业升级的动态变化，同时辅之以典型制造企业升级的纵向案例分析。总结研究结论和管理启示，反思研究存在的不足并进行研究展望。本书主要内容与结构如图 1.2 所示。

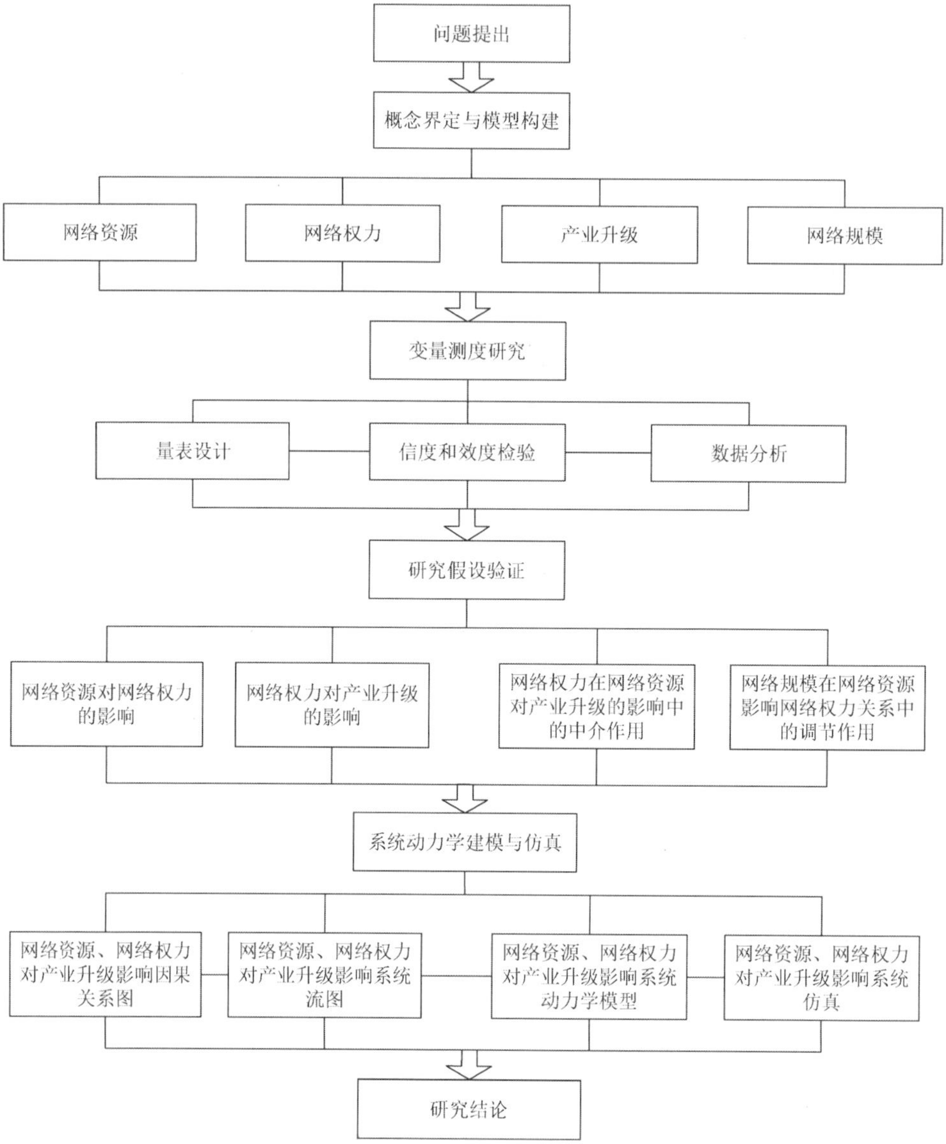
问题提出
概念界定与模型构建
网络资源
网络权力
产业升级
网络规模
变量测度研究
量表设计
信度和效度检验
数据分析
研究假设验证
网络资源对网络权力的影响
网络权力对产业升级的影响
网络权力在网络资源对产业升级的影响中的中介作用
网络规模在网络资源影响网络权力关系中的调节作用
系统动力学建模与仿真
网络资源、网络权力对产业升级影响因果关系图
网络资源、网络权力对产业升级影响系统流图
网络资源、网络权力对产业升级影响系统动力学模型
网络资源、网络权力对产业升级影响系统仿真
研究结论

图 1.1　技术路线图

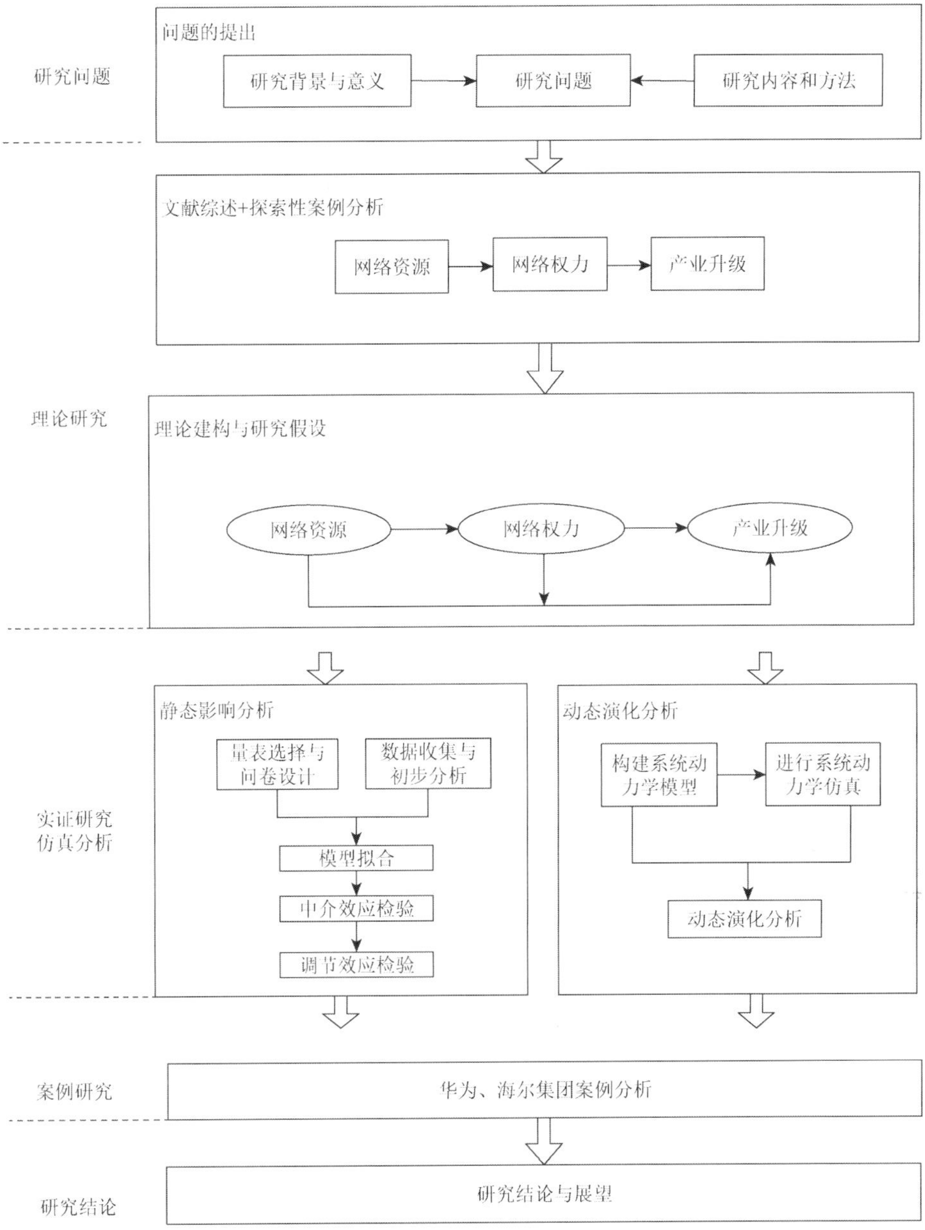
研究问题
问题的提出
研究背景与意义
研究问题
研究内容和方法
文献综述+探索性案例分析
网络资源
网络权力
产业升级
理论研究
理论建构与研究假设
网络资源
网络权力
产业升级
实证研究
仿真分析
静态影响分析
量表选择与
问卷设计
数据收集与
初步分析
模型拟合
中介效应检验
调节效应检验
动态演化分析
构建系统动
力学模型
进行系统动
力学仿真
动态演化分析
案例研究
华为、海尔集团案例分析
研究结论
研究结论与展望

图 1.2　内容与结构安排

第二章 全球生产网络背景下的产业升级理论基础

第一节 网 络 资 源

一、网络资源的内涵

Dahl（1957）提出研究权力应该从权力来源、权力领域和权力基础三个维度进行分析。权力来源指的是获取权力的资源与方式，权力领域指权力作用的范围，权力基础则包括权力作用的机会、行为及权力客体。彭罗斯提出的资源基础观点，主要将企业视为异质资源及能力的集合，通过对资源能力适当地运用使其价值极大化，并解释及预测企业竞争优势的维系（Penrose，1959）。资源组织理论强调，组织竞争优势可建立在组织间资源及资源特征性之上，资源是构成组织间关系的最基本元素，也是组织长期竞争优势的来源（Barney，1997）。从网络视角看，企业处于一个与外部相关组织相互作用、相互影响的网络组织环境中（Gulati，1998），这种网络关系有助于企业获得网络组织系统内的信息、资源、市场和技术，通过组织学习、经济和范围经济来获得优势，实现诸如价值活动的外包、组织功能等企业战略目标。企业网络代表了一条获得对于企业存活与发展至关重要的资源的关键性途径，这里的资源不但存在于企业，而且存在于企业所处的网络之中，统称为企业网络资源（石永贵，2009）。

网络资源作为企业的一种独特资源，可以被认为是企业的一种力量，可以用来制定和执行企业的战略（Barney，1991）。Gulati（1999）认为网络结构、网络成员的资格、企业关系链形态和网络管理能力是企业的资源，这些资源都是来源于企业网络，被称为企业网络的关系资源（方建国，2005），这种资源的可获得性和数量通过改变企业面临的机会集而影响企业的战略行为，企业网络资源来自网络信息所带来的信息优势，信息越多机会集越大。依据资源依赖理论（resource dependence theory，RDT），网络权力来源于网络中的企业所占有的稀缺性资源。通过占有异质性、稀缺性的资源，企业获得网络权力。因此，学者对异质性和稀缺性的资源进行研究。Wernerfelt（1995）则明确提出了资源基础理论，认为企业内部的组织能力、资源和知识的积累是解释企业获得超额收益、保持竞争优势的关键因素。在已有研究基础上，Barney（1991）认为能够给企业带来持续竞争优势的资源应具有四个特点，即有价值的、稀缺的、不可模仿的和不可替代的，并根据传统分类方法将企业资源分为三类，即实体资本资源（physical capital resource）、人力资本资源（human capital resource）和组织资本资源（organizational capital resource）。其中，实体资本资源包括企业所用的物质技术、企业的厂房和设备、企业的地理位置与原材料等；人力资本资源包括管理人员和员工的培训、经验、判断、智力、关系与洞察力；组织资本资源包括企业的工作结构，正式和非正式的规划、控制和协调系统，以及企业内部群体之间、企业与其外部环境中的群体之间的关系。Greene 和 Brown（1997）根据资源有限性和企业创新率提出了企业对资源的 20 种需求方式。Smith（2003）认为品牌、信息、市场是权力来源，并把市场资源纳入研究范围。石永贵（2009）将网络资源分为实体资源、智力资源、文化资源和关系资源，认为企业网络资源的获取和整合分析，以及资源的协调管理对节点企业建立、维持竞争优势具有重要意义，企业网络相关研究的核心和重点应当以各类资源的获取、整合和协调为主。从国内外相关研究来看，网络资源的概念还没有清晰的框架，但为后续深入研究奠定了一定基础。表 2.1 归纳了已有研究中资源的类型和特点。

表 2.1　资源的类型及特点

资源类型	具体内容	代表学者	特点
实体资源	技术、装备、原材料	Wernerfelt（1995）、Barney（1991）	有形
人力资源	培训、员工关系、知识、生产经验	Wernerfelt（1995）、Barney（1991）	有形
组织资源	工作结构、规划、控制机制、信息	Wernerfelt（1995）、Barney（1991）	无形
市场资源	品牌、企业文化、顾客忠诚度	Smith（2003）	无形
关系资源	与网络内其他个体间的关系、网络关系能力、中介资源	方建国（2005）、石永贵（2009）	无形

二、资源管理过程

资源管理过程是企业合理利用网络资源的途径和方式，能够有效利用网络资源的企业更容易在全球生产网络中获取网络权力。资源管理过程的研究是基于企业进行的某一具体项目制定和实施的过程，分析每个项目中资源配置进行的方式。早期的资源配置过程的研究认为资源配置过程是使得活动获得组织和其他方面支持而得以进行的过程（Bower and Doz，1978）。Burgelman（1984）认为资源配置是企业管理层、决策层对战略的评估、制定的过程，分为启动、整合和共同管理三个维度。Bower 和 Gilbert（2005）进一步归纳了资源配置过程的配置过程跨越组织实现、配置活动同时发生及配置过程重复进行三个方面。近期学者的研究逐渐聚焦到更为具体的资源类型，如 Stephan 等（2019）聚焦全球生产网络中的知识资源配置，考虑全球价值链不断分化的影响及全球知识资源的分散，认为企业可以利用全球生产网络中合作伙伴有价值的知识来改变商业模式，整合全球供应链和商业模式。已有资源配置过程的研究往往基于企业实施具体项目，研究项目中资源配置进行的方式。从产业集群或全球生产网络视角，对不同企业间资源配置的探讨不多。但近年来也有少数学者在各自研究中触及了资源配置并尝试对不同层次的资源配置进行解析。如 Daniël 等（2020）通过对集群外部和内部资源的区分，解析了不同外部和内部资源配置路径下集群和企业创新的实现。

我国学者将资源配置过程纳入在中国情境下，将资源配置过程定义为结合企业现有资源创造持续竞争力的过程（韩彩欣，2002），认为资源配置过程是根据生产活动的需要分配不同的资源（宋晨英，2006；魏文川，2008）。资源配置过程基础上的资源管理过程的相关研究是研究重点（Sirmon et al.，2007），摆脱了此前学界对资源配置整合研究仅仅局限于宏观经济角度或企业项目实施角度的局面。近年来，伴随跨国公司的业务拓展，全球生产网络在全球资源配置中的作用逐渐凸显，资源配置的研究也逐渐向更广泛层面展开。姜辉（2020）分析了中国高技术产业在全球的资本配置和技术配置的内向性特征，并据此提出应对美国出口管制的创新全球资源配置模式。资源的管理过程主要包括构建、整合和杠杆作用三个维度，具体内容如表 2.2 所示。

表 2.2　资源管理过程

资源管理过程	描述	维度	描述
构建	构建企业的资源组合	资源获得	通过购买获取资源
		资源积累	通过企业内部培养获取资源
		资源放弃	放弃对企业无用的资源
整合	企业组合资源以改造现有的能力	稳定资源	稳固现有资源基础
		改进资源	扩展和细化现有资源的过程
		创造能力	通过资源扩展出新企业能力
杠杆作用	通过企业的能力实践以获取竞争优势	识别	识别企业自身具有的能力
		调整	将识别出来的能力进行整合
		实现	将能力进行应用以创造竞争优势

三、网络治理

治理（governance）是指控制、引导和操纵的行动或方式，最早源于拉丁文和古希腊语。治理概念最初作为政治学术语出现在世界银行 1989 年的一份报告

“Sub-Saharan Africa：from Crisis to Sustainable Growth”中，随即在全球获得了巨大的反响。治理概念最初主要用于与国家的公共事务相关的管理领域。20世纪90年代政治学家和经济学家开始尝试赋予治理新的含义，治理的概念除了在初期开始出现在政治领域以外，逐渐在经济和管理研究中涌现。其中，最早出现在政治学中的治理的概念是指对各种政治事务的管理过程，强调国家或政府权力的分配；经济学将治理视为一种组织交易模式，在权衡交易成本基础上选择治理机制使交易主体免受交易风险侵害；管理学将治理视为指导和控制组织的制度安排，更加关注治理机制和结构的作用。

全球治理委员会在1995年研究报告中对治理进行了界定，认为治理是各种公共的或私人的个人和机构管理其共同事务的诸多方式的总和。治理的过程既包括有权迫使人们服从的正式制度和规则，也包括各种人们同意或以为符合其利益的非正式的制度安排（易明等，2008）。治理不是一整套规则，也不是一种活动，而是一个过程；治理过程的基础不是控制，而是协调；治理既涉及公共部门，也包括私人部门；治理不是一种正式的制度，而是持续的互动。

在治理理论研究基础上，学者进一步探讨了网络治理的内涵，对其定义的归纳如表2.3所示。全球生产网络背景下对网络资源的协调的本质是网络治理。

表2.3　网络治理的定义

作者	定义
Jones等（1997）	关系治理定义为正式或非正式的组织和个体通过经济合约的联结与社会关系的嵌入所构成的以企业间的制度安排为核心的参与者间的关系安排
Kickert等（1997）	网络治理应该包含三个基本要素：介入现有的关系形态、共识的建立及问题的解决
O’Toole和Laurence（1997）	网络治理是重新构建网络关系、动员集体行动、达成横向多边的协调
Provan和Milward（2001）	网络治理是一种治理机制，网络中两个或两个以上的组织团体，自觉而相互依存地协作和相互合作，有效地提供一系列复杂的社会基础
Bruijn和Heuvelhof（2002）	网络治理是目标导向下解决问题的工具
Kettl（2002）	网络治理是政府横向协调服务与提供服务的非政府合作伙伴的整合，是在垂直治理中添加横向联系
Rethemeyer（2005）	网络治理的定义归纳为政治治理、合作治理和社会治理三种模式，认为网络治理是对“物质—制度”资源和社会结构资源的利用
Agranoff（2007）	网络治理是对集体效率的弹性结构进行治理，治理者必须具备不同于单一组织治理的能力、技术和知识
Provan和Kenis（2007）	网络组织是各种具有特殊资源的自然组织形成的结构关系，这种结构是一种治理机制和途径，能够使得特殊资源发挥最大作用
全裕吉（2004）	网络治理是正式或非正式的组织和个体通过经济合约的联结与社会关系的嵌入所构成的以企业间的制度安排为核心的参与者间的关系安排。网络治理是以组织间竞合为基点，以网络组织的协调运作为中心，以制度经济学为基础
彭正银（2009）	网络治理是指通过合理的治理结构，运用信任、激励、共享等有效的治理机制，对网络节点及节点间的关系进行协调、整合，保证网络价值的最大化与各节点价值增值的实现

第二节　网 络 权 力

一、权力的内涵

权力最初研究发端于政治学和社会学。政治学研究中，Morgenthau（1948）指出权力实质上是权力主体与权力客体之间的心理关系，前者通过对利益的期待、对损失的恐惧、对领袖和制度的敬仰与爱戴等三个方面影响后者的意志，从而对其某些行动有支配力量。权力包括权力影响和控制权威两个方面（Dahl，1957）。其中，权力配置是权力势能的积累过程，使权力势能积累并形成特定的权力运行模式。此定义显示了权力势能和权力配置是动态调整、动态演化的，由内外因共同作用。Joseph（1990）认为权力分为命令性权力和同化性权力，率先提出了软权力的概念，区别于通过强制的手段迫使客体服从的硬权力，软权力是通过诱导和说服，使客体接受和认可某种行为准则、价值观念与制度安排。在此基础上，龚铁鹰（2008）将软权力划分为制度性权力、认同性权力和同化性权力。

社会学研究中，权力包含在客体对主体的依赖中，A 对 B 的权力就是 B 对某件事的抵抗程度，而拥有权力的 A 可以消除 B 的抵抗程度而让其做在其他情况下不可能做的事（Emerson，1962）。简单地说，A 对 B 的权力等于 B 对 A 的依赖，同样 B 对 A 的权力等于 A 对 B 的依赖。这种对权力的定义是在二元关系基础上，认为权力是一个人影响另一个人的能力，这种影响使权力客体做在其他情况下不可能做的事（Huxham and Beech，2008）。权力在运行过程中不可避免地会产生权力损失和不平衡，通过两个过程，即主体施加意志，从客体吸收利益，使得主体、行为、关系三者交互作用（李景鹏，2008）。

尽管众多学者依据不同学科视角对权力内涵进行了深入研究，政治学中的权力构念内涵体现了工具性，主要关注于进入各种政治活动及使用政治资源，而社会学中的权力内涵则偏重社会文化和环境影响，然而已有研究对解释管理实践中的权力及受权力支配的企业行为仍略显欠缺，在管理学领域内探讨企业权力属性、权力应用及权力关系等内容，可以为网络权力内涵的诠释提供重要的理论补充。

二、网络权力的内涵

网络权力是基于权力概念的对网络关系的一种描述，是针对社会网络中组织间交往或交换关系进行的相关阐释。深入理解网络权力的概念为研究全球生产网络中的网络权力构成和运行规律，进而分析权力在生产网络中的配置及产业升级路径的选择提供了重要的研究基础。

French 和 Ravon（1959）提出了六种权力形式，分别为强制权力、奖赏权力、法定权力、专家权力、参照权力和信息权力，六种权力成为后续学者研究的基础，如表 2.4 所示。Brown 等（1983）分析认为这六种权力形式的分类是基于权力来源。明确权力的内涵，还需考虑权力的关系特性。Rose 和 Shoham（2004）认为组织间冲突，包括情感冲突和任务冲突，是权力内涵的外在表现。同时，学者开始尝试分析对权力的测量。Provan（1980）认为权力过于复杂且难以观测，是潜在的和已经使用过的能够影响或改变其他客体意愿或行为的能力。

表 2.4 权力的分类

权力类型	含义	体现
强制权力	权力主体对权力客体不按主体要求行动进行的威胁和惩罚	权力主体使用惩罚的次数及权力客体不服从的强度
奖赏权力	权力主体对权力客体按主体要求行动进行的奖励和承诺兑现	权力客体对奖赏需求的大小
法定权力	权力主体制定规则和法律壁垒	拥有制定规则的个体或组织
专家权力	权力主体拥有的核心技术和权威性	权力主体对权力客体提供信息和技术支持
参照权力	表示权力客体对权力主体的感受	权力客体跟随权力主体的企业形象或品牌
信息权力	掌握沟通内容的准确度和数量	权力主体承担起较多重要沟通，并拥有大量信息

权力在组织间关系中是一个多理论视角概念，Vera 和 Jon（2009）从社会学、心理学和管理学三个方面剖析了权力的理论基础。在网络组织中，网络权力拥有合作性、协同性和制度性（Rutherford and Holmes，2008）。合作性指生产网络中的领导企业影响网络中一个企业的决策，配置其资源，这一属性表现为权力一对一合作关系属性；协同性指领导企业与众多企业协同决策，配置整体生产网络的资源，这一属性表现为权力多元关系属性；制度性是指生产网络受到的政府及其他机构的影响，这一属性表现为权力的行政外部性。基于网络中权力特性，Rutherford 和 Holmes（2008）认为网络权力是基于网络结构存在的内在相关联的能对网络中其他的客体使用的能力，并认为权力来源于积累资源的能力，但其使用与否取决于成员间的关系。

基于网络中的权力作用结果，景秀艳（2007）认为企业网络权力是在特定的网络中，一个企业驱使其他企业实现自身意愿的能力。易明（2010）提出网络权力体现为影响、支配和控制等手段。张闯（2008）将网络权力定义为一种对处于同一系统内不同层次上的另一个成员的行为施加影响和控制的能力，并具有互依性、中心性、结构性、动态性和空间性的特点。张巍和党兴华（2011）认为网络权力与组织拥有的信息量大小有关，即网络权力是组织拥有的信息、知识和创新能力的综合体现。

对已有研究分析可知，网络权力的来源及其内涵仍未有一致性的结论。网络权力的来源不仅受到内部要素影响，还受到外部变量的影响。综合以上学者的观点并结合本书的研究内容，网络权力是在全球生产网络中的企业在参与全球竞争过程中，动员或驱使其他企业实现自身愿望、满足自身利益需求的影响力和控制力。

三、网络权力的特征

网络权力在运行过程中表现出互依性、中心性、结构性、动态性、空间性等特征（景秀艳，2007）。企业网络权力在如上特征中水平越高，意味着其外部资源获取越便利（戴万亮等，2019）。

（1）互依性。网络是关系型组织，其核心为网络关系的相互依赖，成员间均存在相互依存，每个成员都因其他成员的存在而存在。但网络中行为者需根据集体行动的规则来行动，相互依赖意味着不能依照机械的合理性规则来规范行为者的行为，行为者需在网络相互依赖的联结中行动（Powell，1990）。依赖关系是网络权力运行的基础，网络成员处于服从的地位但同时又运用权力影响其他成员。基于行为者之间的资源和行动的相互依赖，权力得以在参与者之间分配。此外，闵成基等（2010）通过对跨国公司和在华子公司的研究发现权力依附关系与知识的吸收能力是两者之间知识传递的关键因素，权力的互依特征通过知识方式作用于企业的竞争能力。

（2）中心性。网络权力关系中，行为者之间依赖程度不对等，网络中的核心企业具有资源优势。网络中的权威资源由核心行为者依靠自己对核心能力或对关键资源的控制而掌握，同时对权威资源的控制也代表系统再生产的维持和权力过程的控制（Castells，1996）。在网络中掌握最关键的稀缺资源或核心能力，如核心技术、品牌资源、大规模的制造能力，具备生产网络的核心治理能力，成为整个生产网络的实际控制者，能够更快地获得各方面的知识和技术支持，可以主导网络参与者（个体、团体或群体）间的关系安排（Jones et al.，1997）。在生产网络中，控制集中首先直接表现为能吸引其他行为者加入网络。核心行为者处于生产网络联系指向的中心，因为拥有较多的联结关系和社会资本，以网络治理主体的身份控制生产网络的组建与运行，并且难以替代；其他成员对核心企业高度依赖，使核心企业被看作期望的潜在合作者，能够参与一系列的重要联结，从而在网络中占据战略性位置。

（3）结构性。网络权力代表参与者在网络中的位置，或源于网络构建中联合其他人的力量（Bridge，1997）。企业所拥有资源的稀缺性、重要性和不可替代性分处在网络不同的位置，而网络中的位置、与其他行动者的联系纽带等都影响和制约企业具体行动，因此位置也在一定程度上代表了企业在网络中的权力的大小。位居结构中心的具有主导权的行动者有能力实施排他行为，可以主动选择交换伙伴。高权力序阶行动者因具有排除他人而不受惩罚的能力，从而能够在依赖关系中运用权力实现自身利益的最大化。反之，位居低权力序阶位置的网络成员则容易受到核心行为者的威胁与控制，而被排除在交换关系之外，这种结构性的排除可能会引发低权力行动者之间的“竞标战争”（Markovsky et al.，1988）。组织中权力的结构性表现为三维度特性，即职能、职权和组织权力核心。同时，权力的大小由其纵向职位及与组织权力核心或中心的距离共同决定。职位的层级越高，权力就越大；离权力核心越近，对决策的影响也就越大（Dennis，2001）。

（4）动态性。权力资源的控制并非自动地赋予行为者权力，有时必须被视为一种行为，在行动中被实现（Dicken et al.，2001）。领导企业和供应商成员之间对经济利益的诉求，直接体现在对网络权力的动态追求上。企业得以加入网络及在网络中发挥权力影响的资源可能是物质资本也可能是非物质资本，生产网络的控制权最终分布状态取决于各环节的相对重要性。由于关键资源是动态的，其重要性、稀缺程度及不可替代性往往会随时间的变化而变化，呈现动态性特征。因而，正是在关键资源与非关键资源、核心能力和非核心能力的不断转化过程中，网络权力的动态性得以充分体现。

（5）空间性。已有研究表明，空间与网络权力具有互动性，网络所在的环境对网络权力的运行产生影响，网络权力在运行中存在空间阻碍，网络权力仍存在空间边界性（景秀艳，2007）。可见，网络的治理首先要解决如何联合不同地域的网络成员，将对网络成员的联合及权力控制与地域上的控制有效地联系起来，以消除网络权力运行中的空间障碍，因此网络权力的运行自始至终交织着对空间关系的控制和依赖。

四、网络权力的配置方式

权力具有动态性，随着时间流逝，权力势能会消耗，因此组织中不平衡的权力配置是常态（Benson，1975），而非平等权力结构（Bathelt and Taylor，2002）。不平等权力结构使组织对危机快速反应，在此基础上，彭正银（2009）提出了组织异变的动态演化模型，研究了企业网络演化的过程。权力由对称向不对称发展，保持非对称平衡。

陶厚永等（2008）根据权力的集中程度，提出权力的配置包括中心追随模式、最优接受模式、渐进接受模式和局部自治模式等四种模式。

中心追随模式中权力的高度集中与统一，指网络组织中某个节点拥有绝对的领导。在应对环境变化的时候，领导节点可以根据自身的实际情况对网络进行局部调整，而其他节点不得不被动地接收调整。最优接受模式中也存在担任领导型角色的节点，但与中心追随模式不同的是，此模式中的领导节点是变化的，即使一个节点在一段时间内获得了绝对的权力优势，但随着竞争的持续，其领导地位可能会丧失。渐进接受模式与最优接受模式基本相同，但在此权力配置模式中，处于领导地位的节点权力进一步下降，其对网络中其他成员的支配力也低于前两种模式。此模式中的领导节点，在支配方面的能力远低于其对其他节点的影响能力。对于领导节点的命令，网络中其他节点可以选择性地接受。局部自治模式中并没有处于支配地位的节点，各个节点之间的有机联系构成了网络整体结构。网络中的权力配置趋于平均化，各节点以自我为中心，进行局部自制。由于缺乏支配权力，此权力配置模式中，网络的协同性明显低于其他配置模式。

第三节 产 业 升 级

一、产业升级的内涵

已有研究对产业升级的探讨较为丰富，但尚未有统一的内涵界定。在微观层面，产业升级是产业内企业优化资源配置、提升能力、获取更高利润的过程。在中观层面，产业升级是产业微观个体的发展促使生产要素流向该产业，使其由低技术、低附加值状态，向高新技术、高附加值状态的演变。在宏观层面，产业升级是一个国家和地区生产要素从低效率产业向高效率产业转移、产业层次结构由不合理向合理演变的过程。根据生命周期理论，产业的发展经历诞生、成长、成熟、衰退和再发展五个阶段，如图 2.1 所示。产业的衰退是其内部自身成熟而导致僵化及不能有效应对市场变化。产业升级研究的实质，是探讨生产网络的再发展阶段（薛白，2007）。

Gereffi（1999）率先从价值链视角研究了产业升级，打破了在此之前价值链相关研究中产业升级一直没有成为研究焦点的局面。在宏观层面上，Gereffi（1999）提出产业升级的四个方式，包括工厂升级、企业间网络升级、地方经济升级和地区产业升级。Kaplinsky（2010）则认为，产业升级并不复杂，实质上就是制造出更好的产品或者更好地制造产品。Ponte 和 Ewert（2009）从风险与回报的关系入手，认为产业升级是一个生产网络实现更好的交易、达到风险与回报的重新平衡的过程，升级是达到更有利的交易，而这种交易不一定是以科技进步和生产产品进步为标志，有时为了获取更多利益，有必要放弃创新与科技。Giuliani 等（2005）通过对拉丁美洲产业集群的实证分析，认为产业升级同样受到地区政治经济环境

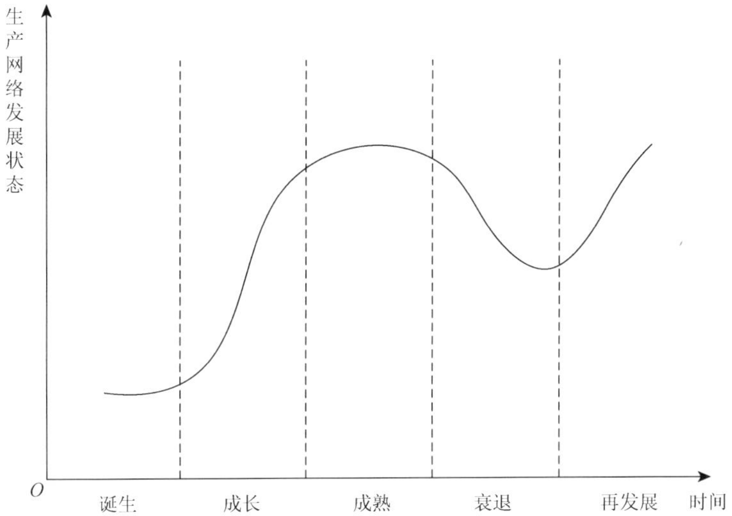

图 2.1　生产网络生命周期

的影响。产业升级与政府政策扶持与否休戚相关，由政府扶持的产业均可以成功升级，而没有政策的产业则会迅速衰退。产业升级可以概括为在微笑曲线中向价值链设计与研发、销售与服务两端的变化，如图 2.2 所示。

图 2.2　价值链微笑曲线

在已有研究成果中，Humphrey 和 Schmitz（2002）对于产业升级的研究得到了较为广泛的认可，产业升级包括工艺升级、产品升级、功能升级。其中，工艺升级指提高生产率、生产技术及优化生产系统。产品升级指生产更高级和更复杂的产品。功能升级指获得新功能，如制造企业获得营销或研发等功能。同时，他们提出领导企业在产业升级过程中起到关键性作用，即往往是否升级取决于领导企业的态度和决心。Ernst（1999）也对产业升级进行了分类，并区分了产业升级的五种形式为：产业间升级、要素间升级、需求升级、在价值链的阶段层级内沿职能性活动的升级、在前后向链接的层级中升级。工艺升级、产品升级、功能升级和链升级的升级过程成为后续学者研究的重要理论基础（Murphy，2007）。四种产业升级类型及具体内容如表 2.5 所示。

表 2.5　产业升级的类型及具体内容

升级类型	升级表现	代表学者
产品升级	设计部门的扩张，创造出新产品或加强已有产品，使产品的单位价值增加	Humphrey 和 Schmitz（2000）
工艺升级	依靠新设备或新技术改进生产流程，提高加工的效率	
功能升级	通过重新组合已有经济活动或获取新功能专注于高附加值环节，增加经济活动的回报率	
链升级	转移到新的产业，把已有的能力运用到全新领域产品的生产中	Kaplinsky（2010）；Ernst and Kim（2001）

在国内已有研究中，学者在波特钻石模型和产业升级四类类型基础上进一步深入分析。林兰和曾刚（2010）从创新层面研究了技术权力对产业升级的影响。周振华（1992）提出创新促使成本降低、效率提高，从而促进产业升级。孔曙光和陈玉川（2008）认为产业升级的微观机理表现在：①生产设备、生产工艺的更新换代；②劳动者的素质的提高；③产品的升级换代。其核心仍旧是科学技术的发展。朱卫平和陈林（2011）分析了广东省产业升级三种高度化，分别为产业结构高度化、加工程度高度化和价值链高度化，并认为产业升级是一个产业由低技术水平或低附加值状态转移到高新技术水平或高附加值状态的趋势和过程。肖创勇（2003）认为网络结构对获取资源产生影响，从而影响产业升级。从附加值和集群竞争力两个维度研究产业升级。近年来，学者开始对既有研究进行深入，不仅解释产业升级的表象，还开始尝试寻求产业升级的内在机理。Seth 和 Alberto（2017）通过综述已有研究分析发展中国家在全球价值链中的升级的案例，进一步解析产业升级的原因和结果。Taisuke 等（2020）则将研究对象聚焦为地方中小企业，解析其通过创新实现产业升级的具体路径。

综上所述，产业升级的研究可以概括为两个方面。一方面是全球价值链治理相关研究，从工艺升级、产品升级、功能升级和链升级四个方面深入解析从低技术、低附加值向高技术、高附加值的演变升级。另一方面是宏观经济研究认为产业升级等同于产业结构升级，是在国民经济结构中不断通过高附加值、高技术产业替代低附加值、低技术产业，从而实现产业结构合理化和动态优化的过程。

二、产业升级的路径

Gereffi（1999）率先从价值链视角提出原始设备组装商（original equipment assembly，OEA）—原始设备制造商（original equipment manufacturer，OEM）—原始设计制造商（original design manufacturer，ODM）—原始品牌制造商（original brand manufacturer，OBM）的升级路径，即从装配加工到代工生产，再到自主研发，最后形成自主品牌，建立了价值链治理和产业升级的联系，也为后续研究奠定了基础。对生产网络产业升级路径的研究，主要基于 Humphrey 和 Schmitz（2000）对产业升级模式的研究。

李配（2009）从生产者驱动型和购买者驱动型两个方面研究产业升级路径，认为在生产者驱动型生产网络中，工艺升级和产品升级相对顺利，花费的时间较短，从产品升级到功能升级的转换比较困难，主要原因在于生产网络内企业的竞争优势从实体资源逐渐过渡到知识，这一环节是实现产业升级的关键。在购买者驱动型生产网络中，购买者驱动型升级的轨迹一般是通过功能升级—产品升级—工艺升级，最终实现价值链的升级，其间，产品升级和工艺升级的难度较大，因为整个网络经济活动的实体性会不断上升，竞争优势也会越来越依赖实体资源。景秀艳（2007）分析产业升级的路径。原生型生产网络开始时由于社会信任关系和地理集聚而聚合在一起，进行简单的加工，之后由于企业差别化和社会资本的嵌入，生产的规模逐步加大，生产网络逐步具备了设计制造的能力并在生产网络内部出现一个具有绝对竞争优势的领导企业。之后，随着生产网络继续升级，网络内的权力逐渐朝着多极化方向发展，领导企业的绝对优势减弱，最后趋于稳定。这类地方生产网络大多容易成为全球品牌领导企业的代工基地。非原生型生产网络的形成，主要是因为跨国企业在本地的投资。在政府政策的指引下，由跨国企业组建和控制地方生产网络，在此生产网络中，由于面对新的文化和法规，领导企业在一定程度上依赖当地生产商。因此，一部分生产商由开始的代工生产逐步掌握核心技术，从而具有竞争优势并可以与跨国企业博弈，生产网络中的权力由原来的一极向多极发展。

陈超凡和王赟（2015）研究认为，发达国家跨国公司对中国装备制造企业的知识与技术封锁是一种常态，装备制造业垂直专业化分工并没有实现中国装备制造企业升级的目标，相反还会陷入发达国家的俘获型产品价值链条中，从而遏制产业升级的步伐。为此，中国本土装备制造企业应在充分吸收发达国家知识、技术外溢成果的基础上，以提升企业自主研发能力和培育开放式创新网络为突破，摆脱低端锁定状态，建立起覆盖全球的价值网络，实现产业升级。张赛和汪明峰（2015）以台北都市区信息产业为例，研究认为，以产品升级带动产业转型，以产业分工重塑产业空间组织，是台北都市区信息产业发展的主线。台北市政府一方面出台政策力促产业做大做强，另一方面也在产业空间上进行指导和规划。霍影和霍金刚（2015）研究地方经济发展策略时，探讨了传统产业是否应让位于战略性新兴产业，将战略性新兴产业培育识别问题界定为“因资源禀赋而促进转型升级”的正向评价和“因外部引进而导致羊群跟随”的负向评价两种类型，提出基于外部效应的“技术引进—要素升级”和“产业转移—模式创新”两类传统产业升级改造路径。孙天阳等（2020）进一步聚焦了资源枯竭型城市产业升级实现路径，研究发现资源枯竭型城市扶助政策促进了中西部地区、森林工业和石油类型资源枯竭型城市的人均国内生产总值（gross domestic product，GDP）和就业率，推动了地区产业升级。袁鹏等（2020）则聚焦区域高技术产业升级路径，研究发现长江三角洲地区潜在创新要素协同的空间关联对该地区高技术产业升级具有较强的促进作用，其直接效果为提升该地区高技术产业升级程度，并且间接地促进邻近区域的集聚程度。

综上可知，伴随时间的演进，已有研究对产业升级路径的探讨，呈现从一般到具体的趋势，涵盖企业、产业、区域三个层面。但无论研究者关注何种层面的升级，最终落脚点都是企业，只不过后两种层面将企业按照产业和区域进行了范围划定。

第三章　网络资源、网络权力对产业升级的影响机理

第一节　研 究 方 法

社会学将五大传统定性研究方法分为扎根研究、案例研究、传记研究、现象研究与民族志（Miles and Huberman，1994）。其中，案例研究的目标是澄清和提炼概念（Newman，2007），而扎根研究强调研究者深入情境中发现问题、提炼概念与构建理论，是具有情境敏感性的研究方法（Greenwood and Suddaby，2006）。通过本书第二章的文献研究，在对产业升级已有研究的梳理过程中发现资源和权力是探索产业升级来源的依据，网络化是产业升级的特征。由此，在资源观影响下，作为网络组织治理结构理论核心的权力概念逐渐进入研究视野。已有文献虽然粗略形成了对网络资源、网络权力和产业升级的概念及概念之间关系的粗略框架的认识，但现有理论和研究对影响机制的分析尚不明确。为此本章采用以扎根理论为核心的探索性案例研究，试图探索和归纳网络资源、网络权力影响产业升级的具体路径，从而构建网络资源、网络权力对产业升级的影响模型。

一、方法选择

由于对网络资源、网络权力概念的研究刚刚起步，其作用于产业升级的具体路径尚不清晰，本书采用基于扎根理论的探索案例研究并归纳初始理论模型。

扎根理论是1967年Glaser和Strauss提出的从属于质的研究中的一个著名的构建理论的方法，其宗旨是从经验资料的基础上建立理论。扎根理论提出之初，其目的在于填平理论研究与经验研究之间尴尬的鸿沟，强调系统的收集和分析经验事实，在经验事实上抽象出理论（陈向明，1999）。扎根理论逐渐演化为三种倾向，第一种是Glaser与Strauss最初提出的经典扎根理论，即扎根理论的最原始的版本，该方法将资料进行大量编码，通过理论抽样和不断比较分析得出初步结论。第二种是Strauss与Corbin提出的程序化扎根理论，该方法是在搜索和阅读每一个相关文献的同时，进行数据的分解、比较、重整和提炼等编码工作，具有较强的程序性。第三种是Charmaz提出的建构型扎根理论。在建构型扎根理论的研究过程中，要求研究者对资料不断提问，并与资料进行互动，在资料和初稿之间进行多次反复研究，逐步深化已经建构的初步理论。

案例研究与实验研究、问卷调研等方法同属于社会科学研究方法（Eisenhardt，1989；Yin，2003），其关键在于通过对现实现象的详细描述（thick description）与各种因素的系统解释，回答现象背后“为什么”（why）与“怎么样”（what）的问题（Yin，2003）。依据不同的研究目的和侧重点，案例研究可以分为探索性案例研究、评价性案例研究、解释性案例研究和描述性案例研究，如表 3.1 所示。依据案例研究中所选用案例数量的不同，案例研究可以区分为单一案例研究和多案例研究（Eisenhardt，1989；Meredith，1998）。单一案例研究是指针对一个案例现象进行分析，证实或证伪已有理论假设的特定问题，或者用来分析一个极端的、独特的或者非常见的管理情景。单一案例研究虽然可以清晰地说明特定方面的问题，但是其并不能支持建立一个完整的理论框架。相对地，多案例研究包括案例内分析（within case analysis）与跨案例分析（cross case analysis）两个分析阶段，能够深入分析不同案例之间的异同，并在不同案例之间进行逻辑重复，从而归纳出适用性更为广泛的理论体系，形成更为完整的理论（陈国权和李赞斌，2002）。

表 3.1　案例研究方法

案例研究类型	主要研究目的	研究侧重点
探索性案例研究	寻找对事物的新洞察，或尝试用新的观点去评价现象	侧重于提出理论假设
描述性案例研究	对人、事件或情景的概况做出准确的描述	侧重于描述实际现象
解释性案例研究	对现象或研究发现进行归纳，并最终做出结论，对相关性或因果性的问题进行考察	侧重于验证存在规律
评价性案例研究	对研究的案例提出自己的意见和看法	侧重于归纳研究结论

资料来源：根据余菁（2004）、孙海法等（2004）的研究整理

由于本书试图打开网络资源、网络权力作用于产业升级的“黑箱”，而网络资源、网络权力构念维度还有待进一步丰富，运用探索性案例研究方法归纳和建构理论来解释本书议题是一个可行的选择。同时，多案例研究框架的综合情境取向能够兼顾探索过程中的信息丰富性和研究结论的普适性，有助于拓展理论的适用性，因此本书采用基于扎根理论的探索性多案例研究方法解决文献研究阶段无法深入解决的研究问题。

二、数据收集

扎根理论认为，当下呈现的每一个理论都对研究者具有导向作用，会限定研

究者下一步的研究方向，因此研究者需要就资料内容建立假设，通过资料和假设之间的轮流比较产生理论，然后使用这些理论对资料进行编码（陈向明，1999）。基于上述扎根理论的设定，多案例抽样不是在研究开始时一次性设定的多个企业个案样本，而是一个随着研究进程的不断深入而寻找、发现、确定、修改和重新确定样本对象的滚动过程。

为了保证样本之间具有可比性和个案研究结果的可类推性，考虑到研究条件限制，本书样本区域主要集中在津冀范围内。运用扎根理论分析的案例资料来源于两个方面，一是通过深度访谈获取的一手资料，二是通过各种媒介收集整理获得的二手资料。其中，深度访谈获取的一手资料是案例资料的主要来源，通过各种媒介收集整理获得的二手资料作为补充。

在选择样本企业的过程中，秉承分层目的性抽样的原则，尽可能兼顾大、中、小不同规模的企业，并辅之以行业协会和相关的地方政府管理部门意见，从而保证获取材料和数据的丰富性，避免片面的资料获取方式给研究带来局限。在一手资料获取过程中，本书遵从了 Yin（2003）的案例分析数据收集原则。

（1）使用多维度的证据来源收集数据，以提高研究效度。本书的具体操作为针对每个案例，进行半结构化的深度访谈，辅之以对地方政府管理人员与行业协会工作人员进行开放式访谈，以保证案例资料来源多元化。访谈后，根据资料整理进度，通过电话、邮件等多种方式进一步核实或补充相关信息。此外，本书还通过索取、查阅企业的内部文档资料，并通过网络公开资料、新闻媒体报道获取样本企业的相关信息，并注重发掘政府政策、法规、条例，以及行业协会的行律、行规等文献或资料。

（2）建立案例研究资料库并对资料进行记录与整理，以提高研究信度。本书案例记录与整理的具体的做法：访谈前，通过公开资料的收集获取对案例企业的初步了解，并增加有针对性的访谈内容；访谈时，经对方允许的前提下对访谈过程进行录音；访谈后，立即对访谈记录进行整理和分析，并积极争取向案例企业收集非公开的企业内部资料。

本书主题特征要求受访者对企业情况较为熟悉、对企业整体较为了解、对企业发展具有认识，因此访问对象倾向选择企业中高层管理人员。基于此要求本研究调研途径为：项目支持下直接深入特色生产网络调研、利用学院丰富 EMBA（executive master of business and administration，高级管理人员工商管理硕士）、MBA（master of business and administration，工商管理硕士）资源进行调研、运用研究团队已有社会关系调研等。

基于上述数据收集方法和收集过程，本书中作为质性资料直接来源的个案样本总共包括 17 例企业管理人员、2 个行业性机构工作人员和 2 位地方政府机关人员，数据来源情况如表 3.2 所示。

表 3.2　访谈资料基本情况

序号	受访单位名称	受访者职位	调研时间
Q_1	DR 集团	企业解决方案事业部总监	2012 年 1 月
Q_2	ZTBQNJ 有限公司	副总经理	2012 年 5 月
Q_3	TJJBDW 有限公司	总经理	2012 年 5 月
Q_4	TJJWZZ 有限公司	总经理	2012 年 5 月
Q_5	TJXRJD 有限公司	副总经理	2012 年 5 月
Q_6	FHDDCTJ 分公司	总经理	2012 年 5 月
Q_7	SJZQDBY 有限责任公司	副总经理	2012 年 7 月
Q_8	SJZQDBY 有限责任公司	采购部部长	2012 年 7 月
Q_9	SJZZM 股份有限公司	副总经理	2012 年 7 月
Q_{10}	HBJK 集团	研发部经理	2012 年 7 月
Q_{11}	BSGJ 股份有限公司	副总经理	2012 年 7 月
Q_{12}	SJZBSDZ 有限责任公司	企划部副部长	2012 年 7 月
Q_{13}	SJZTHDZ 股份有限公司	副总经理	2012 年 7 月
Q_{14}	XHHCGM 家具制品厂	厂长	2012 年 10 月
Q_{15}	XHXCC 金属制品厂	厂长	2012 年 10 月
Q_{16}	XHLTDQ 设备厂	厂长	2012 年 10 月
Q_{17}	XHTFH 电器设备厂	厂长	2012 年 10 月
H_1	TSGTGYXH	理事长	2011 年 5 月
H_2	TJZDCYXH	理事长	2013 年 3 月
Z_1	CFDGWH	副主任	2012 年 6 月
Z_2	CFDFGJ	副局长	2012 年 6 月

扎根理论是深度访谈研究中基石性的方法论，其中，编码和备忘录是深度访谈研究分析和写作中的两个关键环节。如果说编码是对访谈资料的归纳和分类，属于形成扎根理论的开始环节，那么备忘录就是对访谈资料的分析和综合，是形成扎根理论的关键环节。备忘录的作用在于将不同的人物、故事、概念和范畴联系起来并探讨它们之间的逻辑关系，从而在丰富的访谈资料的基础上建构起对调查对象的社会生活和社会经历的理性认识（孙晓娥，2011）。本书的分析过程中使用的备忘录类型、数目、目的和来源如表 3.3 所示。

表 3.3　研究备忘录

编码	备忘录类型（数目）	目的和来源
Min（i）	访谈备忘录（13）	记录有关访谈对象、过程和内容的信息及思考
Mcn（i）	编码备忘录（15）	描述当前节点，并记录研究者在阅读节点内容时产生的分析型思考
Mth（i）	理论备忘录（4）	对概念、范畴及它们之间关系的思考和归纳
Mcm（i）	会议及交流备忘录（5）	记录研究过程中研究者参与的会议、讨论和非正式交流的主要内容
Mnw（i）	新闻资料备忘录（14）	来源于报纸、网站等公共媒介物中与研究主题有关的新闻文章摘录
Mar（i）	档案材料备忘录（4）	整理并记录地方政府部门所提供的统计数据、文件和其他档案材料

三、研究流程

本书旨在明晰网络资源、网络权力维度构成的基础上，探索网络资源、网络权力作用于产业升级的具体路径。本章应用扎根理论进行探索性案例研究，试图建构网络资源、网络权力与产业升级变量之间的整体理论框架，并提出初始研究命题。依据 Yin（2003）的案例研究步骤与 Greenwood 和 Suddaby（2006）的扎根理论研究步骤，研究流程如图 3.1 所示，研究过程则包括数据收集、数据处理和结果分析。

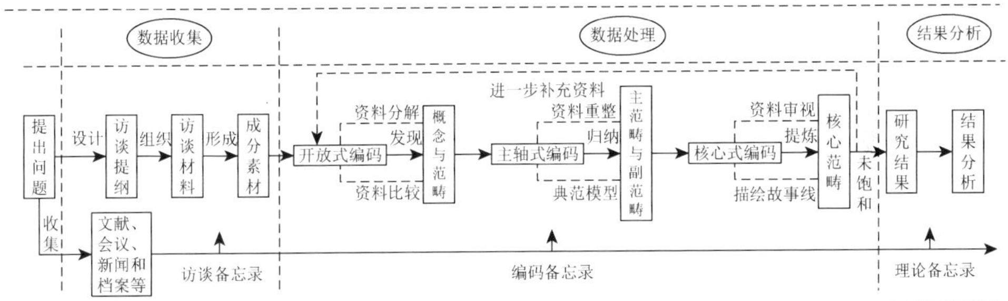

图 3.1　基于扎根理论的探索案例研究流程图

资料来源：在周泯非（2011）基础上修改

（1）文献研究。本书梳理了网络资源内涵及资源管理过程。从权力出发，总结了网络权力的内涵、特征及其配置方式。归纳了已有研究中产业升级的内涵及其升级路径。

（2）数据采集。研究者依据文献研究结果，针对网络资源、网络权力和产业升级制定了开放式的访谈提纲。从 2012 年 1 月开始至 2013 年 6 月，利用研究团队其他项目组成员调研机会，对参与全球竞争的企业集团中高层管理人员进行访谈。依据访谈过程出现的问题和反馈意见对访谈提纲进行调整，对访谈流程进行优化。根据初步数据的分析结果确定下一步数据收集计划，分别在天津、石家庄和香河三地共进行 17 例企业管理人员的深度访谈。同时，利用参与会议和论坛机会对行业性机构工作人员进行访谈，形成 2 例行业性机构工作人员的访谈记录。此外，借助于研究者参与的与本研究密切相关的横向课题，对地方政府机关人员进行深度访谈，形成 2 例访谈记录。最后，将 21 例访谈记录整理为详细文档，此外还形成六种共 55 例备忘录。

（3）数据编码。依据 Strauss 和 Corbin（1990）的扎根理论三级编码法，分析采集的质性资料。进行开放式编码，通过对收集的质性数据仔细阅读提出概念、形成范畴。进而进行主轴式编码，应用 Strauss 和 Corbin（1990）推荐的典范模型，寻找初始范畴之间的联系并归纳出主范畴和副范畴；最后进行核心式编码，用描绘故事线的方法对主轴式编码中归纳的主范畴进一步聚焦，形成核心范畴，建立变量间的因果联系以构建理论（Heath and Cowley，2004）。

（4）跨案例分析。在对前一个案编码分析的基础上，开展对下一个案的分析。采用发散方式，寻找跨案例的共同模式。在研究团队其他三位成员的帮助下，首先对每个案例各自进行编码，进而对有异议的编码进行讨论并最终达成一致；自第二个案例开始，除进行本案例的组内讨论外，增加与之前案例的对比分析。当出现新的或难以归纳的概念与属性时，则与原编码结果进行比较分析，如有需要返回案例修改概念与类属，以保证归纳提炼的概念与类属及类属之间的关系不断精细化与准确化。通过对各个案例之间的共同点的发掘，完成网络资源、网络权力构念及网络资源、网络权力对产业升级影响机理扎根模型的建构。

（5）效度检验。在量的研究中，效度是指正确性程度，即使用研究工具测量得到的结果是否确实是研究者需要的结果，效度越高表示测量结果越能显示其所要测量对象的真实性。质的研究中效度这一概念用来评价研究结果与实际研究的相符程度，而不是像量的研究那样对方法本身进行评估（陈向明，2010）。受到记忆问题、研究效应、文化前设和间接资料来源等效度威胁（validity threat）因素的影响，需要对质的研究过程进行效度检验，具体检验方法包括侦探法、证伪法、相关检验法、反馈法、参与者检验法、丰富原始资料法、比较法和阐释学的循环法。

本节对效度检验采用相关检验法，即对于同一结论用不同的方法在不同的情境和时间里对样本中不同人进行检验，目的是通过尽可能多的渠道对目前已经建立的结论进行检验，以获求结论的最大真实度。当在调研过程中同时结合访谈和观察两种方法，获得某些发现和初步结论时，有意识在非正式访谈中将相关的调研问题向其他人员进行询问，观察和分析对同一问题回应态度的异同性。此外在实地调研和事后分析过程中收集相关的档案文本与公开资料形成备忘录，与访谈所获得的一手数据做进一步的比较验证，以减少受访者主观意见和回顾性偏差带来的效度威胁。

第二节　数据分析

本书数据分析过程包括两个步骤，第一步为即时的个案分析，第二步为跨案例综合分析。第二步对数据的综合分析与个案分析交互进行。通过以上两个步骤对资料进行逐级编码，这是扎根理论中最重要的一环，其中包括三个级别的编码：一级编码称为开放式登录，二级编码称为关联式登录或轴心式登录，三级编码称为核心式登录又称选择式登录（Strauss and Corbin，1990）。编码是一个对于深度访谈资料中的词句、段落等片段不断进行分析概括和归纳标识的过程。

一、一级编码（开放式登录）

开放式登录是指对访谈资料的词句和片段进行概念化、抽象化的标识。它既可以是访谈对象所使用的生动、鲜明的词语，也可以是研究人员从资料阅读中所抽象出的名词和概念（孙晓娥，2011）。一级编码过程中要求研究者尽量悬置个人“倾见”和研究界“定见”，将资料按照其本身状态进行登录（陈向明，1999）。

开放式登录是通过仔细检验而为现象取名字或加以分类的分析工作。不经这一分析性的基础步骤，扎根理论研究法的后续分析与成果展示是无由发生的。换言之，用开放式登录将收集来的资料分解成一个个单位，仔细检验，比较之间异同，针对资料里所反映的现象，提出问题；经过这一过程，才能针对研究者或别人的假设，提出质疑、探索，并进一步导出新发现。开放式登录的程序包括定义现象—发掘范畴—为范畴取名字—发掘范畴的性质—面向—各种不同的开放性译码—写译码笔记。

对本节选取的21例访谈记录进行详细阅读并进行一级编码。采用贴标签的方式依据访谈记录文本形成以受访者访谈命名的64个本土概念，进而归纳整理这些本土概念，形成49个初始范畴作。一级编码的示例如表3.4所示。

表3.4　开放式登录结果

访谈记录	本土概念	初始范畴
我们售后服务部，在全国六大城市设立区域售后服务中心，建立了服务网络，对用户提出的要求4小时内答复，对急需要现场服务客户力争24小时赶到现场（SJZQDBY有限责任公司，副总经理）	客户服务	与客户合作关系
对方是谁很重要，去年有一个日本的订单就是这样，就冲着人家是有实力的大企业，并且之前听说过与别家合作过，交货后很快就能回款，虽然预付款没有全到位我们也开始买料生产了（XHTFH电器设备厂，厂长）	有实力	企业声誉
……	……	……

续表

访谈记录	本土概念	初始范畴
这些关键消息外围的一些（企业）很难获得，等知道的时候已经错过了最佳时期，或者有些根本就不知道……这主要看你平时联系的企业的面广不广（XHLTDQ 设备厂，厂长）	联系面广	发挥弱联系作用
我们的产品差别其实不大，差异体现在次品率，抽检出次品率高，需要返厂甚至退单，长时间下来业内对每个品牌的次品率都有个差不多的估计和排名，为保证质量我们会自查……客户也考虑价格，但都会权衡性价比，品质很重要，返厂也会影响他们自身的效率（TJJBDW 有限公司，总经理）	品质很重要	产品品质提升
公司将引进优秀人才视为企业可持续发展的根本，不拘一格地引进各方面优秀人才，近期重点扩充研发、营销方面的专业人才和有经验的生产人员（SJZQDBY 有限责任公司，副总经理）	人才引进	人力资源
……	……	……
中小企业的人才和资金有限，产品上完全抛弃式的创新存在困难，与大企业比拼这种创新难度比较大，比较可行的办法是局部改良性创新……这种创新需要有前期积累，风险较小，也更适合灵活的中小企业（CFDGWH，副主任）	创新需要前期积累	创新资源
后面采用了上下分体模具成型工艺，使外观看起来更加自然一体。焊装引入了全新的自动化焊接工艺，焊接品质得到更好的保证（TJJWZZ 有限公司，副总经理）	品质得到更好保证	产品品质提升

资料来源：根据访谈记录整理

二、二级编码（关联式登录）

关联式登录的目的就是厘清各个概念及其之间的相互关系，通过对概念之间关系的反复思考和分析，整合出更高抽象层次的范畴，并确定相关范畴的性质和维度（孙晓娥，2011）。这些概念和类属之间的联系包括因果关系、时间先后关系、语义关系、情境关系、相似关系、差异关系、对等关系、类型关系、结构关系、功能关系、过程关系、策略关系等（陈向明，1999）。

在关联式登录过程中依据典范模式（paradigm model）把副范畴与它们的性质联结起来。典范模型包括如下几个部分：（A）因果条件（多数）—（B）现象—（C）脉络—（D）中介条件（多数）—（E）行动或互动策略（多数）—（F）结果（多数）。在建造扎根理论的过程中，运用这个模型可以系统地整理资料，把资料通过其间复杂的联系而整合起来。通过标明因果条件、脉络、中介条件、行动或互动策略及结果等彼此间的关系，而将副范畴与范畴联结在一起。其中，因果条件（causal condition）是致使一个现象产生或发展的条件、事故、事情。现象（phenomenon）是针对具有核心地位的观念、事件、事故，会有一组行动或互动来管理、处置，或会有一组行动发生。脉络（context）是一个现象的事件、事故发生位置的综合，是行动或互动策略发生的一组特殊条件，是现象的一些特定性质。中介条件（intervening condition）是一种结构性条件，它会在某一特定脉络之中，针对某一现象而采取有助的或抑止的行动或互动上的策略。行动或互动（action/interaction）策略是针对某一现象在其可见、特殊的一组条件下所采取的管理、处理及执行的策略。结果（consequence）则为行动及互动的结果。

利用典范模式寻找初始范畴之间关系的具体过程，例如，通过一级编码形成的“对核心知识的控制”“设立研发中心”“专有知识”“技术依赖”“与大学和科研机构合作”可以依据典范模型整合为一条轴线：在全球生产网络中，由于核心企业相对于外围企业具有专有知识（条件/背景），外围企业对拥有核心技术的企业存在或多或少的技术依赖（现象），经过初期知识学习积累后，不愿意长期依赖于核心企业的有一定的资本积累的企业（脉络），开始设立自己的研发中心或者选择与大学和科研机构合作（行动/互动），从而实现对核心知识的控制（结果）。基于此轴线“对核心知识的控制”“设立研发中心”“专有知识”“技术依赖”“与大学和科研机构合作”作为副范畴被纳入“知识权力”的主范畴。按照典范模式重新对 49 个初始范畴进行整合，形成 41 个副范畴，41 个副范畴被归类至 11 个主范畴中，如表 3.5 所示。在关联式登录的过程中，运用访谈备忘录、编码备忘录、理论备忘录、会议及交流备忘录和档案材料备忘录验证编码过程。

表 3.5　关联式登录结果

副范畴（编码频次）	主范畴
人力资源（22）、物质资源（11）、创新资源（19）、组织资源（5）	节点资源
与供应商合作关系（27）、与买家合作关系（19）、与高校科研院所合作关系（11）、与地方政府关系（19）	关系资源
有业务往来企业数量（14）、网络中心性（9）、结构洞（7）、难以替代性（6）	结构资源
对核心知识的控制（26）、设立研发中心（7）、专有知识（17）、技术依赖（19）、与大学和科研机构合作（11）	知识权力
快速获得信息（7）、与其他企业来往频繁（6）、控制信息传递（5）、弱联系发挥作用（19）	结构权力
先进企业带动作用（5）、企业声誉（8）、获得合作企业支持（7）、行业领先位置（11）	认同权力
限制其他企业进入网络（3）、激励网络中成员企业（6）、约束网络中成员企业（7）、惩罚措施（5）、奖赏措施（4）	制度权力
产品品质提升（21）、新产品数量增加（12）、新产品开发期缩短（6）	产品升级
生产效率提升（24）、生产系统更新（15）、技术改进水平提高（10）	工艺升级
市场拓展（21）、研发投入（23）、品牌建设（21）	功能升级
全新产品投入（11）、全新市场拓展（9）	链升级

三、三级编码（核心式登录）

核心式登录的任务则是系统处理范畴之间的关系，确定核心范畴和次要范畴，从而形成建立在范畴关系基础之上的扎根理论（孙晓娥，2011）。在所有发现的范畴中经过系统分析选择一个核心范畴，把它系统地和其他范畴予以联系，验证其间的关系，并把概念化尚未发展完备的范畴补充整齐。

节点资源是对作为生产网络组成节点的企业拥有的内部资源的归纳，归属于节点资源这一主范畴的四个副范畴为：人力资源、物质资源、创新资源和组织资源，它们是生产网络中节点企业人才和物质积累、创新和组织内部协调基础的具体表现。关系资源作为企业与生产网络中其他主体互动而拥有的可以利用的企业外部资源，包括与供应商合作关系、与买家合作关系、与高校科研院所合作关系和与地方政府关系四个副范畴。结构资源是对企业由于在生产网络中所处位置和地位所拥有的外部资源的归纳。归属于结构资源这一主范畴的四个副范畴为：有业务往来企业数量、网络中心性、结构洞和难以替代性，是对生产网络中企业结构性资源拥有现状的归纳。

知识权力是对质性数据中企业对核心知识资源获取实践的现象归纳，归属于该主范畴的五个副范畴是企业在参与全球生产网络的竞争中，企业获取知识的特定表现，共同表现为对行业核心知识的控制。结构权力是对质性数据中企业对网络中信息资源获取实践的现象归纳，归属于该主范畴的四个副范畴共同反映为企业希望通过占据网络中有利位置实现对其他企业的影响。认同权力是通过已有合作经验和目前状态对其他企业带来的影响的归纳，下属的先进企业带动作用、企业声誉、获得合作企业支持、行业领先位置四个副范畴可视为其他企业对目标企业认可的具体表现。制度权力是对企业通过采取相关措施实现对网络中其他企业影响现象的归纳，限制其他企业进入网络、激励网络中成员企业、约束网络中成员企业、惩罚措施和奖赏措施五个副范畴均是企业可以制定规则和奖惩措施实施影响的表现。主范畴产业升级已有研究较为充分，被学者和管理实践者广泛认可的产品升级、工艺升级、功能升级和链升级是对产业升级价值增值与竞争优势具体现象的归纳。

综合以上分析，节点资源、关系资源和结构资源三个主范畴在理论上具有一致性，是企业可以掌控或支配的生产网络中的有形和无形的内外部资源，是影响权力形成的资源性因素。知识权力、结构权力、认同权力和制度权力四个主范畴，在理论上具有一致性，是网络中企业基于资源拥有的对其他企业的影响力和控制力，是影响产业升级的治理性因素。参照文献综述对已有研究总结，考虑本书取径资源和权力视角研究产业升级的理论预设，将节点资源、关系资源和结构资源归类为网络资源的概念；将知识权力、结构权力、认同权力和制度权力归类为网络权力的概念。产业升级是本书的落脚点，已有研究较为充分且经过三级编码过程未发现其他与其成并列关系的主范畴，属于本书的核心范畴。从故事线分析得到的基本逻辑：在参与全球生产互动的过程中，处于全球生产网络中的制造企业希望通过积累内外部资源，不断拓展对其他企业的影响力，实现网络治理结构的变革，并由此实现以价值增值和获取优势为目标的产业升级。据此最终核心式登录所得到的核心范畴的表述为网络资源、网络权力对产业升级的影响。图 3.2 对本节的质性数据编码过程与最终的编码化数据结构进行了总结，中间部分即为核心范畴的图示。

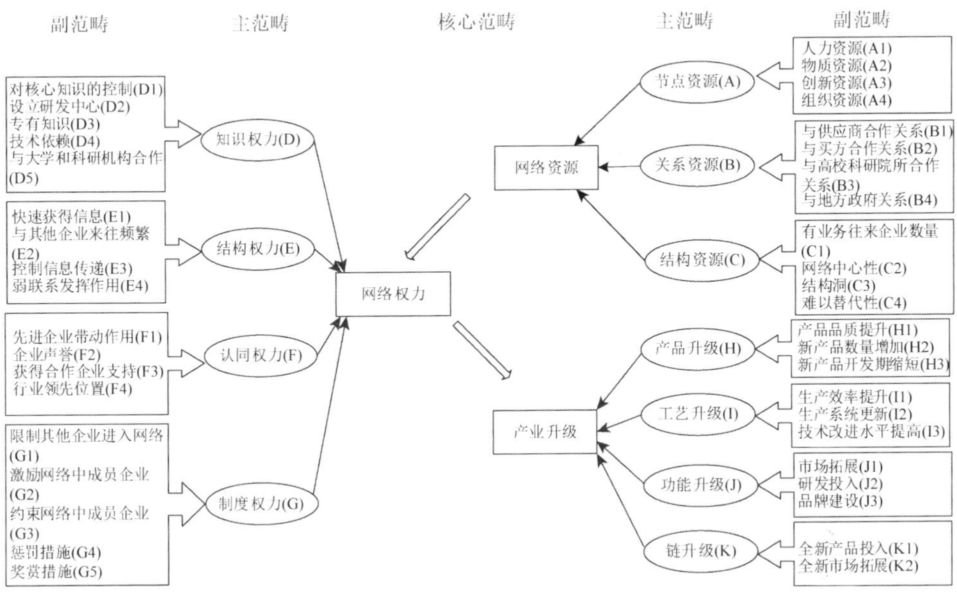

图 3.2　扎根理论研究编码数据结构

第三节　研究发现与讨论

通过以上对质性数据的三级编码，开发和完善了网络资源、网络权力理论构念，得到了网络资源、网络权力对产业升级影响机理的扎根结论。

一、网络资源、网络权力构念的内涵与维度

通过对质性数据的扎根分析，发现了网络资源三个维度，依据其所属层次特征分别命名为节点资源、关系资源和结构资源。网络权力的四个维度，按照权力来源的资源差异分别命名为知识权力、结构权力、认同权力和制度权力。每个维度下包含通过质性资料分析得到的典型现象和事件，这些副范畴是对网络资源、

网络权力维度的具体说明。通过副范畴间因果条件、脉络、中介条件、行动或互动策略及结果等关系归纳企业在网络中拥有资源类别及对网络中其他企业的影响力。对网络资源、网络权力的内涵的具体分析如下。

（一）网络资源

（1）节点资源。它是指参与全球生产活动的企业内部积累的人力资源、物质资源和在此基础上拥有的创新资源，以及协调以上资源的组织方式。节点资源作为网络资源的一个维度，体现了网络资源的微观特征。节点资源产生的基础在于生产网络中节点企业发展过程中的内部资源积累，其本质是生产网络中节点企业所拥有的内部要素的总和。

（2）关系资源。它是指参与全球生产活动的企业参与社会互动而获得的可以利用的与网络中其他主体的关系资源。关系资源作为网络资源的一个维度，体现了网络资源的本土特征。关系资源产生的基础在于生产网络的多主体性，其本质是生产网络中企业间互动衍生出的外部联系资源。

（3）结构资源。它是指参与全球生产活动的企业由于其在全球生产网络中占据优势位置而拥有的企业外部资源。结构资源作为网络资源的一个维度，体现了网络资源的结构特征。结构资源产生的基础在于生产网络的非均质性，其本质是生产网络中企业前期互动关系固化形成的外部位势资源。

（二）网络权力

（1）知识权力。它是指参与全球竞争的企业，通过设立研发中心或与高校、科研机构合作等方式实现对核心知识的掌握和控制，利用多种扩散方式对其他成员产生影响的能力。知识权力发挥作用的核心逻辑是不同企业间存在技术级差，知识接受方对知识资源具有较大依赖。知识权力作为网络权力的一个维度，体现了组织权力的专家性和参照性，是一种非契约、非法定的权力。知识权力产生的基础在于知识扩散方对于核心技术拥有所有权，其本质是网络内的一种衍生权力，具有广泛的作用方式，在不同的作用阶段具有不同的表现形式。

（2）结构权力。它是指在全球生产网络中，企业占据的特殊位置使其具有控制网络中关键资源特别是信息资源的机会，从而对其他企业产生的影响力。结构权力发挥作用的核心逻辑是网络中企业之间存在关系且具有强度、频率等性质差异。生产网络节点之间的关系连接必须借助于一些特定的节点，导致这些特定节点在网络中的地位相对优越，占据这些节点的企业可以通过这种优越性获得在网络中特殊地位，从而具备影响其他企业行为的能力。

（3）认同权力。它是指处于全球生产网络中的成员企业具有其他企业不具有的品牌、渠道和声誉等资源，使得其他企业对其具有敬意并愿意维护双方良好关系而产生的影响力。认同权力发挥作用的核心逻辑是认同方企业愿意从思想、情感、态度和行为上主动接受被认同方企业的影响。在先进企业对其他成员的长期的带动作用下，认同方企业基于对被认同方企业的声誉、行业领先位置等认识，愿意做出维护被认同方企业的行为。这些行为在技术驱动型生产网络中表现尤为明显，如 TJXRJD 有限公司受访者在描述企业与领先企业之间关系时指出“他们的技术在整个行业中都是得到认可的，我们选用他们的配件，对他们技术的认可其实就是对我们产品的认可”。

（4）制度权力。它是指在全球生产网络中，由于具有先发优势或资源而具有的制定规则和实施奖惩措施的能力从而对其他成员企业产生影响。制度权力发挥作用的核心逻辑是被强制方企业需要遵从强制方企业制定的规则和实施的措施，体现为权力基础观点中的强制性、奖赏性和法定性。生产网络中具有制度优势的企业，运用其构建的技术壁垒和紧密关系等方式限制其他企业进入和退出，并通过制定奖惩措施达到实现激励和约束其他成员企业的效果。

通过以上对质性资料的扎根分析得到的节点资源、关系资源和结构资源三种网络资源，与知识权力、结构权力、认同权力和制度权力四种网络权力具有一致的理论内核且共同构成了网络资源、网络权力总体概念，符合合并型构念的基本形态。基于此本书构建了完整的网络资源、网络权力的构念。

网络资源定义可以表述为：网络资源是生产网络中企业可以掌控或支配的有形和无形的内外部资源，包括节点资源、关系资源和结构资源。

网络权力定义可以表述为：生产网络中成员企业由于拥有资源存在差异，而产生能够动员或驱使其他企业实现自身意愿、满足自身利益需求的能力，包括知识权力、结构权力、认同权力和制度权力四个维度，其本质是生产网络中目标企业对其他关联企业的影响力和控制力。

同时提出网络资源、网络权力结构假设：网络资源是包含节点资源、关系资源和结构资源的三维度概念；网络权力是包含知识权力、结构权力、认同权力和制度权力的四维度概念。

二、网络资源、网络权力对产业升级的影响研究

（一）网络资源对网络权力的影响

1. 节点资源的累积有助于提升企业知识权力和制度权力

在参与全球竞争过程中，节点资源的积累可以提升企业知识权力和制度权力。

一方面，节点资源的积累意味企业内部资源水平提高，企业在人力、物质和创新等方面的资源积累为知识权力提升提供基础。物质保障充足、人力资源充沛、创新资源丰富的节点企业，为知识权力提供了提升可能。TJXRJD 有限公司副总经理在访谈过程中说道："企业已有条件结合研发员工智力创造的自主创新可以帮助我们摆脱技术依赖甚至拥有自主知识产权。"

另一方面，节点资源的积累说明企业在创新和组织资源方面有所提升，伴随节点资源水平的提高，企业对其他节点企业制定规则和实施奖惩措施的影响随之提升。这种影响有助于企业进一步固化形成制度权力。基于以上分析，本节提出命题 3.1.1 和命题 3.1.2。

命题 3.1.1　在企业参与的全球生产网络中，节点资源的积累有助于提升知识权力。

命题 3.1.2　在企业参与的全球生产网络中，节点资源的积累有助于固化制度权力。

2. 关系资源的拓展有助于提升企业认同权力和制度权力

分析访谈资料可以发现，许多企业提到与生产网络各主体合作关系的构建和维系可以提升认同权力。与网络中其他企业及政府和科研机构的合作，关系资源在范围上得以拓展，数量上得以提升。伴随关系资源量的积累，企业支持度和声誉随之提升，其他企业对本企业的认可和依赖提高，同时也反映为企业对其他节点企业制定规则和实施奖惩措施方面影响力的提升。以天津电动自行车生产网络为例，由于产品同质性现象较为普遍，与供应商和客户关系的构建，在很大程度上影响着其对本企业认可程度和企业对其他企业的制度影响。由此提出命题 3.1.3 和命题 3.1.4。

命题 3.1.3　在企业参与的全球生产网络中，关系资源的拓展有助于获取认同权力。

命题 3.1.4　在企业参与的全球生产网络中，关系资源的拓展有助于构建制度权力。

3. 结构资源的占据有助于提升企业结构权力和制度权力

基于结构洞位置、非替代性和网络中心性资源特征，企业在网络中控制信息传递能力和制定规则能力有所提升。分析访谈资料发现，结构资源对结构权力的影响，是将结构洞、中心性等结构资源优势应用于构建企业的网络交往过程；结构资源对制度权力的影响，则是将企业网络交往过程固化的制度和资源优势应用于企业制定规则和实施奖惩措施等方面。结构权力体现企业在网络中的位置优势，制度权力体现企业在网络中的话语权。基于以上分析，本节提出命题 3.1.5 和命题 3.1.6。

命题 3.1.5　在企业参与的全球生产网络中，结构资源的提升有助于构建结构权力。

命题 3.1.6　在企业参与的全球生产网络中，结构资源的提升有助于固化制度权力。

（二）网络权力对产业升级的影响

1. 知识权力的提升有助于实现产业升级

知识权力对产业升级的影响表现为如下三个方面：①通过设立研发中心和与科研机构合作，一方面可以提升产品品质、增加产品数量促进产品升级，另一方面可以改进生产技术、提升生产效率，加速工艺升级。②通过控制核心知识和专有知识，实现市场拓展和品牌建设，促进功能升级。③在现有技术依赖的基础上，具有选择开拓全新产品和市场的知识基础。依据以上分析本节提出命题 3.2.1。

命题 3.2.1　全球生产网络中，知识权力提升有助于实现产业升级。

2. 认同权力的提升有助于实现产业升级

认同权力对产业升级的影响主要表现为如下两个方面：①具有良好声誉，能够得到合作方支持从侧面反映了产品在品质和数量上的优势，作用于产品升级；同时良好声誉也是品牌建设和市场拓展的基础，有助于实现功能升级。②在行业中占据领先位置，发挥带动作用一方面体现为以产品品质提升和数量增加为特征的产品升级；另一方面也为以拓展全新产品和开拓全新市场为特征的链升级提供可能。基于以上分析本节提出命题 3.2.2。

命题 3.2.2　全球生产网络中，认同权力获取有助于实现产业升级。

3. 结构权力的提升有助于实现产业升级

结构权力对产业升级的影响主要表现为如下两个方面：①由于在网络中的频繁交往，具有快速获得信息的能力可以促进以技术改进为特征的工艺升级和以产品开发期缩短为特征的产品升级。②发挥弱联系的作用，控制信息的传递，为企业研发投入和市场拓展提供机会，从而促进功能升级。基于以上分析本节提出命题 3.2.3。

命题 3.2.3　全球生产网络中，结构权力构建有助于实现产业升级。

4. 制度权力的提升有助于实现产业升级

制度权力对产业升级的影响主要表现为如下两个方面：①制定规则和实施奖

惩措施能力的提升促使企业进行产品品质和生产效率的再提高，有利于实现产品升级和工艺升级。②制定规则和实施奖惩措施能力的提升一方面有助于市场拓展和品牌建设实现功能升级；另一方面也为以拓展全新产品和开拓全新市场为特征的链升级提供可能。基于以上分析本节提出命题 3.2.4。

命题 3.2.4　全球生产网络中，制度权力形成有助于实现产业升级。

第四节　扎根模型的提出与构建

取径网络资源、网络权力研究产业升级的具体路径，是本节的出发点。基于扎根理论的探索性案例分析进一步明确了网络资源、网络权力如何作用于产业升级。研究发现：对于嵌入全球生产网络中的企业，由于网络资源的不平衡性和异质性其所拥有的网络权力存在差异，以不同方式影响产业升级。在基于扎根理论的探索性案例分析所得出的一系列命题基础上，本书构建的较为系统化的扎根模型如图 3.3 所示。模型中各变量及以箭头线表示的变量间的相关命题含义分别对应于基于扎根理论提出的各命题。

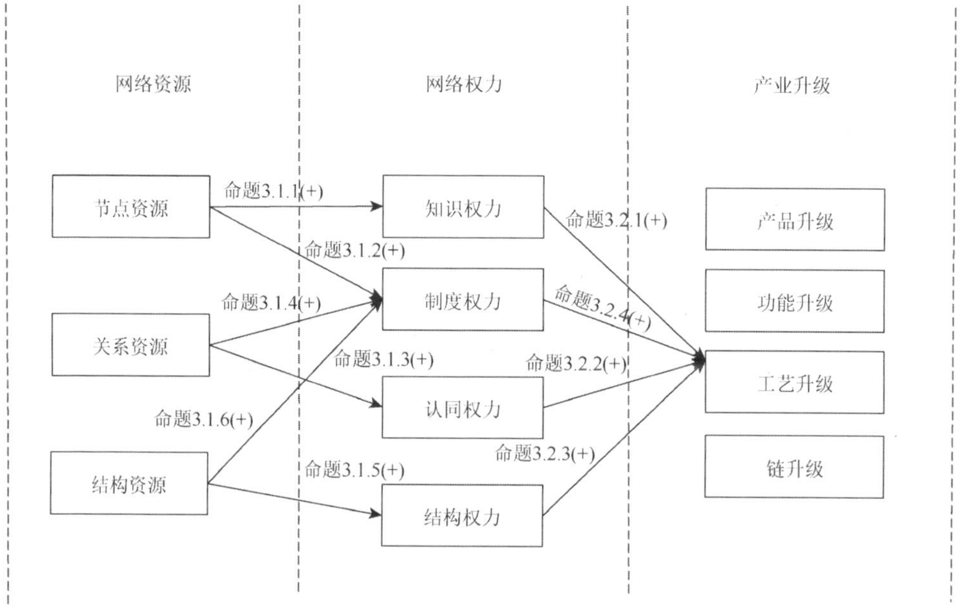

图 3.3　扎根模型：网络资源、网络权力对产业升级的影响机理

(+)表示正向影响

本章通过基于扎根理论的探索性案例研究，深入探究网络资源、网络权力对产业升级影响机理。通过对访谈资料的三级编码，明确了网络资源、网络权力的

构念及网络资源通过网络权力作用于产业升级的具体路径。本书取径网络资源、网络权力探究产业升级，以此为研究起点。通过对跨案例质性数据的分析构建网络资源、网络权力的理论构念，完善了已有研究中网络资源、网络权力构念的构成。特别是从结构、认同、制度和知识四个方面构成对生产网络中网络权力的解释，使得网络权力在内涵上更为全面和完善，有利于量化研究的进一步开展。

在明确网络资源、网络权力概念基础上，进而探究网络资源、网络权力作用于产业升级的具体路径。分析质性数据发现，网络权力既是资源拥有基础上的行为选择，又是通过对影响力的发挥实现产业升级的重要途径，因此网络权力作为模型的中间变量符合理论逻辑，有助于打开网络资源与产业升级之间关联机制的“黑箱”。依据质性分析结论，本书构建了网络资源、网络权力作用于产业升级的扎根模型，形成了网络资源、网络权力和产业升级三个变量之间的一系列命题。

第四章　网络资源、网络权力对产业升级影响理论假设

第一节　概 念 界 定

一、网络资源

Wernerfelt（1995）将企业资源定义为永久属于企业并在一段时间内可以给企业带来优势或者劣势的有形和无形资产。Barney（1991）认为资源是企业控制的所有资产，包括有形的和无形的资产，这些资产可以帮助企业实现战略目标并提升绩效。Provan（1980）发现资源除了被企业直接控制，还可以通过交换获得。Gulati（1998）在分析企业社会资本时认为企业资源包括网络结构、网络成员的资格、企业关系链形态和网络管理能力，并将其称为关系资源。综上所述，网络资源应满足以下两个条件：第一，资源包含网络内部和外部所有影响其生存与绩效的要素；第二，网络具有的资源具有难以模仿性和异质性，以此可以实现价值链分工。在石永贵（2009）对于企业网络资源的定义基础上，本书定义网络资源见定义 4.1。

定义 4.1　网络资源是生产网络中企业可以掌控或支配的有形和无形的内外部资源。

已有的学者对网络资源构成维度的研究，主要基于 Barney 对于战略性资源的分类和 Gulati 提出网络资源概念。本节将网络资源分为节点资源、关系资源和结构资源三个维度，如表 4.1 所示。源于早期的资源依赖理论，节点资源是指生产网络中节点企业自身具有的异质性资源。关系资源源于马歇尔所定义的“直接作为使他能够获得物质财货的手段的那些非物质的财货的关系”（Williams，2005）。结构资源则来自资源依赖理论在结构观上的扩展。其基本内容是企业的关键资源可以跨越企业组织的边界，并且嵌入企业间的制度和关系中，通过嵌入特定的关系网络，企业可以和其他组织共同合作以创造更大的价值。其中，以 Granovetter（1973）的弱连接理论和 Burt（1995）的结构洞理论为基础，即企业与其他组织关系的强度和广度都构成企业的资源。在资源依赖理论和社会网络理论的基础上，探讨基于生产网络情境下的网络资源及其构成维度具有充分的理论依据。由此，根据 Barney 对战略资源的定义，庄贵军和周筱莲对关系的定义与张巍和党兴华对

结构资源的定义，加之探索性案例分析结果，本书网络资源的三个维度定义分别如定义 4.1.1、定义 4.1.2、定义 4.1.3 所示。

定义 4.1.1　节点资源指生产网络中的企业掌控的物质、人力及知识资源。

定义 4.1.2　关系资源指生产网络中基于社会互动而获得的可以利用的存在于企业外部的资源。

定义 4.1.3　结构资源指企业在生产网络中所拥有的具有连接优势的位势资源。

表 4.1　网络资源的类型及特点

资源类型	指标	代表学者
节点资源	物质资源可用性	Barney（1991）、Wernerfelt（1995）
	人力资源规模	
	技术创新水平	
关系资源	与上下游节点合作质量	Walter 等（2003）、Provan（1980）、Granovetter（1973）、Porter（1990）、Gulati（1999）
	与上下游节点合作强度	
	相关机构支持	
结构资源	相关联节点种类多样性	Burt（1995）、Provan（1980）
	合作节点数量	
	节点所处位置的网络中心性	

二、网络权力

在研究网络权力的众多理论基础上，对网络权力的来源研究存在两种观点。一是基于 French 和 Ravon（1959）对于社会关系中权力来源的分析。二是基于资源依赖理论，认为网络中的节点由于占据资源并拥有能力因而获得权力。本书以全球生产网络中企业为研究对象，分析网络中节点企业在拥有资源基础上对其他企业影响力和控制力。因此本书基于第二种观点，从网络资源的角度分析网络权力。

本书中网络权力的概念区别于集群网络权力，划分为企业网络权力、行业协会权力及地方政府权力。从全球生产网络中企业出发，研究其在全球生产网络中拥有的权力。网络权力是由主体占有和配置战略性资源和能力所决定。因此，在对于网络权力的定义已有研究基础上加之探索性案例分析结果，本书认为网络权力定义为定义 4.2。

定义 4.2　网络权力是全球生产网络中企业已使用的和潜在的可以通过影响、支配和控制等手段，实现自身意愿的能力。

在 French 和 Ravon（1959）提出的六种权力形式中，强制权力、奖赏权力与法定权力均体现出企业网络权力使用在制度上和规则设定上的优势或劣势。毛文静和朱家德（2008）综合其他学者的研究成果，认为权力既包括控制，还有促进网络运转的作用，即权力能够产生信任和规范。Granovetter（1973）和 Burt（1995）提出的结构洞理论和弱连接理论，阐述了处于网络结构的关键位置可以获取其他节点不能轻易获取的关系资源，从而获取网络权力。张巍和党兴华（2011）在研究知识溢出和知识转移时认为拥有核心技术或者关键信息可以构成网络权力。Sheu 和 Hu（2009）提出共同认知是网络权力的形成因素。共同认知是指企业间具有共同的目标、价值观、信念、思想等。在不对称的网络权力关系中，一般都包含网络成员对领导成员的认同和依赖。由此，根据 French 和 Ravon 对于权力来源的定义，张巍和党兴华对于结构权力与知识权力的定义及 Sheu 和 Hu 对于感知权力的定义，加之探索性案例研究结果，本书认为网络权力包括制度权力、结构权力、知识权力和认同权力四个维度，如表 4.2 所示，其定义分别为定义 4.2.1、定义 4.2.2、定义 4.2.3 和定义 4.2.4。

定义 4.2.1　制度权力是企业在与生产网络中其他企业的合作中制定规则和实施奖惩措施的能力。

定义 4.2.2　结构权力是指企业在网络中所处的特殊地位使其可以对网络中其他企业的行为产生影响的能力。

定义 4.2.3　知识权力是指企业自身所拥有的知识资源而使其能够对生产网络中其他企业的行为产生影响的能力。

定义 4.2.4　认同权力是企业因生产网络中其他企业对其的认可和依赖，而具有的控制这些企业的能力。

表 4.2　网络权力的类型及内容

权力类型	指标	代表学者
制度权力	对不配合的节点成员使用惩罚	French 和 Ravon（1959）；Brown 等（1983）；张辉（2007）
	对配合的节点成员使用奖赏	
	在制定价值链上交易合同的活动中处于主导地位	
	在制定价值链上通用标准中处于主导地位	
	履行行业监督和管理职责	
结构权力	相关联节点重视与自己的关系	Burt（1995）；Zhuang 等（2010）；Granovetter（1973）
	和领导企业的联系非常密切	
	具有发现、评估并选择合作伙伴的能力	
知识权力	具有其他企业不具备的业务专长	French 和 Ravon（1959）；张巍和党兴华（2011）；Brown 等（1983）
	内部成员是具有专业素养的员工	
	与其他成员共享信息的程度	
认同权力	建议经常为网络中其他成员听取	French 和 Ravon（1959）；Sheu 和 Hu（2009）；Brown 等（1983）；Provan（1980）
	网络中其他成员大部分认可性	
	网络中其他成员依赖性	

三、产业升级

通过文献综述可知，产业升级的概念包括微观、中观和宏观三个层面。在微观层面，产业升级是产业内企业优化资源配置、提升能力、获取更高利润的过程。在中观层面，产业升级是产业微观个体的发展促使生产要素流向该产业，使其由低技术、低附加值状态向高新技术、高附加值状态的演变。在宏观层面，产业升级是一个国家和地区，生产要素从低效率产业向高效率产业转移，产业层次结构由不合理向合理演变的过程。

依据研究主题和内容，本节对产业升级概念的界定从微观层面展开。首先，产业升级是生产网络持续发展和进步的过程，是产业内企业从低附加值到高附加值环节的转型。其次，产业升级的实质是创造持续的竞争优势。最后，竞争优势的产生源于企业自身和所处生产网络的资源，并以创新为路径。在 Humphrey 和 Schmitz 对于产业升级的定义基础上，结合探索性案例研究结果，产业升级定义见定义 4.3。

定义 4.3　产业升级是指产业内企业整体从价值链低端到高端，从低附加值到高附加值的过程，其实质是不断创造新的竞争优势的过程。

竞争优势是产业升级的外在表现，波特认为企业的竞争优势是建立在两个不同的层次上，即成本优势和差异性优势。成本优势是指经营成本及生产成本低于其他同行业企业，差异性优势指企业的产品或服务具有同行业其他企业所不具有的特色。成本优势的来源包括资源优势、使用较低的成本可获得的生产技术及规模经济。差异性优势则建立在创新和提供符合客户不同需求的差异性产品上。差异性优势较成本优势，更强调企业持续的创新。

对照不同优势来源，加之已有较为充分的研究基础，本书中产业升级包含四个维度，分别是产品升级、工艺升级、功能升级和链升级，如表 4.3 所示，定义分别对应定义 4.3.1、定义 4.3.2、定义 4.3.3 和定义 4.3.4。

定义 4.3.1　产品升级是指产业内企业生产更高级和更复杂的新产品。

定义 4.3.2　工艺升级是指产业内企业提高生产率、生产技术及优化生产系统。

定义 4.3.3　功能升级是指产业内企业提升营销或研发等功能。

定义 4.3.4　链升级是指产业内企业放弃现有产品转型至全新的产品价值链进行生产。

表 4.3　产业升级的类型及具体内容

升级类型	指标	代表学者
产品升级	生产更高级的产品	Humphrey 和 Schmitz（2000）
	研发新产品进度	
	推出新产品数量	

续表

升级类型	指标	代表学者
工艺升级	生产率提高	Humphrey 和 Schmitz（2000）
	生产系统更新	
	技术改进程度	
功能升级	营销能力提升	
	研发能力提升	
	品牌知名度提升	
链升级	退出现有产品领域	Kaplinsky（2010）；Ernst（2001）
	逐渐向全新的产品领域发展	
	在全新的产品领域占有一定的空间	

四、网络规模

网络规模作为网络特征的一个重要衡量指标，是影响网络权力的因素之一。有学者研究认为网络规模是生产网络中领导企业网络关系数量总和的大小，将其定义为与领导企业直接相关联的关系数目或关系种类数目（Das and Teng，1998）。在研究过程中，学者更多将网络规模视为网络包含的节点企业的数量（陈艳莹和原毅军，2006）。依据已有研究成果，本书定义网络规模见定义 4.4。

定义 4.4　网络规模是一个生产网络中所包含的节点企业的数量。

需要指出的是，网络规模与企业网络边界的含义并不相同，企业网络的边界强调的是企业网络作为一种资源配置方式，相对于市场和科层组织两种资源配置方式的适用范围。相对地，网络规模指的是在组织边界既定的情况下，也就是当企业活动已经选定以网络组织方式进行时，生产网络整体所包含的节点数量（蔡玮，2010）。企业所在的网络规模越大，企业战略决策受到整体的影响较大，网络中所蕴藏的资源丰富，企业获取更多的技术知识与重要信息的机会较多，同时较大网络规模也给生产网络效率带来挑战。

在已有网络规模的研究中，探讨了网络规模对于网络管理能力、网络资源共享及网络绩效的影响。随着产业的专业化分工越发深入，生产同类产品的上下游企业数目较多，大多数企业都与本地其他企业建立或紧密或松散的联系，从而形成了一个复杂的生产网络。网络规模差异使得竞争优势和绩效存在差别，一些大而强的企业依靠自身的优势形成了规模较大的生产网络，而众多中小型企业因为加入具有规模效应的网络，获得快速的成长（王宇露，2008）。

第二节　理论模型和研究假设

一、理论模型

基于资源依赖理论网络资源是网络权力的来源，因此对于网络权力有直接影响。依据全球价值链治理理论，网络权力直接影响产业升级的方式，网络规模决定网络资源的多少与网络权力的范围。由此，本书提出理论模型见图 4.1。

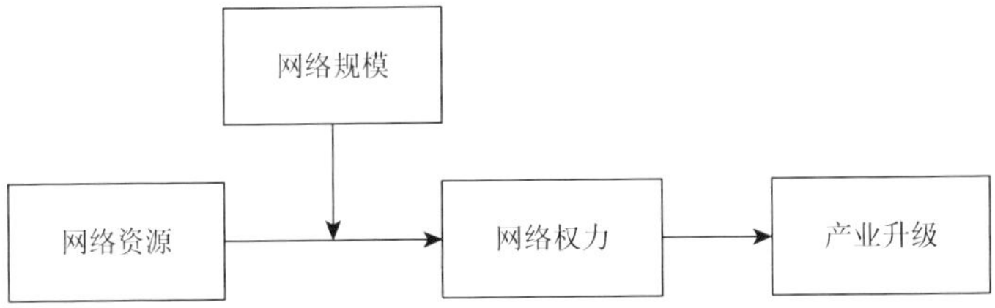

图 4.1　网络资源、网络权力与产业升级理论模型

研究框架以网络资源、网络权力、产业升级和网络规模为主要变量，研究网络资源、网络权力与产业升级的作用机理，分析网络权力在网络资源作用于产业升级过程中的中介作用、网络规模在网络资源对网络权力影响过程中的调节作用。由此提出本书的四个研究命题。

命题 4.1　网络资源对网络权力具有正向影响。

命题 4.2　网络权力对产业升级具有正向影响。

命题 4.3　网络权力在网络资源对产业升级影响过程发挥中介作用。

命题 4.4　网络规模在网络资源对网络权力及产业升级影响过程发挥调节作用。

二、研究假设

(一) 网络资源对网络权力直接影响假设

在对网络资源定义及分类基础上，资源优势是制定规则和行使权力的源泉，对资源的控制是权力的内在实质。权力不平等来源于资源不平均，资源使得行使权力、扩大资源本身的权力成为可能（福柯，1997），激活和调动资源是权力产生的基础。结构权力主要来源于连接关系带来的优势（张云逸，2009），因此与其他组织的连接关系强弱有关。企业在网络中位置和中心性等结构性资源也是结构权力的重要来源。具有知识权力的领导企业，基于对核心技术的控制和对知识权力的维护（林兰和曾刚，2010），倾向于维持现有的从知识捕获到知识应用和创新的无限循环，知识权力主要来源于节点企业核心技术资源。认同权力来源于网络中利益相关者对权力的主体行使权力的认同与依赖（Provan，1980），基于社会互动而获得的可以利用的存在于企业外部的关系资源是其重要来源。任何企业都存在于一种被大家所承认的制度环境中，制度通过合法性机制（Meyer and Rowan，1997；Dimaggio and Powell，1983）对企业行为施加影响。将企业放置于全球生产网络中探讨其制度权力形成的资源因素，无论是企业自身具有的节点资源、与外部其他企业建立的关系资源还是企业所处网络位置带来的结构资源都是企业制度权力形成的来源。加之探索性案例分析结果，本书提出直接影响假设如下。

假设 4.1 生产网络中节点资源对制度权力形成有正向影响。

假设 4.2 生产网络中节点资源对知识权力形成有正向影响。

假设 4.3 生产网络中关系资源对制度权力形成有正向影响。

假设 4.4 生产网络中关系资源对认同权力形成有正向影响。

假设 4.5 生产网络中结构资源对制度权力形成有正向影响。

假设 4.6 生产网络中结构资源对结构权力形成有正向影响。

（二）网络权力对产业升级直接影响假设

Mintzberg（1984）最早在社会学的框架内探讨了在不同组织生命周期，组织内外部权力配置及其在权力影响下组织的演进。规则是指关系各方为了维持企业间关系的有效运行而共同制定的有关系统结构模式、内容体系、运行方式等的基本标准和原则。拥有制定规则权力的企业可以通过规则对企业网络内的活动进行整合和协调（Murphy，2007），以实现生产效率的提高和研发能力的提升，甚至是整条链上的调整。

网络中各节点不是孤立的，它们之间基于市场交换或社会联结而产生各种各样的网络关系，彼此关联互动，由此形成特有的网络组织结构（曹丽莉，2008）。网络内行动者间的连接关系对于网络发展和网络内企业行为有着重要作用（Uzzi，1997）。生产网络的发展是一个网络组织逐步优化的过程，结构权力作用下的组织结构优化为升级提供了保证。为了获得最大收益，全球生产网络中跨国企业往往会为了持续占据权力高地而维持其他企业对其路径依赖，减缓甚至阻止其他企业升级发展（Humphrey and Schmitz，2000）。相对地，新兴市场国家企业亟须通过获得结构权力实现产业升级。加之探索性案例研究结果，可以提出下列假设。

假设 4.7 生产网络中制度权力对产品升级有正向影响。

假设 4.8 生产网络中制度权力对工艺升级有正向影响。

假设 4.9　生产网络中制度权力对功能升级有正向影响。

假设 4.10　生产网络中制度权力对链升级有正向影响。

假设 4.11　生产网络中结构权力对产品升级有正向影响。

假设 4.12　生产网络中结构权力对工艺升级有正向影响。

假设 4.13　生产网络中结构权力对功能升级有正向影响。

假设 4.14　生产网络中结构权力对链升级有正向影响。

Teece（1998）认为知识溢出使得网络内的权力关系得以维持，并带动产业升级，而处于低权力位置的企业也可以通过向领导企业学习来促进升级。为维持在网络中的权力地位，提高在网络中的技术话语权，大企业凭借其雄厚的资金实力加大对优势环节研发活动的投入，保持甚至扩大其在高级专业人才、技术信息和高技术领域的优势，以确保从地方网络的技术溢出和默会知识交流中受益，并左右地方产业发展趋势（景秀艳，2007）。与此同时，知识上的互动交流及研发活动带来的影响，是地方企业网络能否实现技术升级和培育自主创新能力的关键（林兰和曾刚，2010）。知识复杂度、隐性度和知识专用性会影响价值链治理结构，影响升级机会和方向、速度及强度的情况（杨锐等，2008），而路径依赖会限制企业的发展（Larson，1993）。企业自身的学习速度和创新能力，是突破跨国公司限制、促进本土产业升级的关键变量。

认同是通过与生产网络中成员互动，其他成员通过直接的信息共享或观察、感悟，产生对目标企业关键特征的共识。区域认同的强度通过正反馈回路强化区域内个体成员的认知及外部观察者的理解认识，形成思维惯性，从而在组织行动的结果方面表现出路径依赖（曹瑄玮等，2008）。反之，认同权力的获取也是打破路径依赖实现升级的方式之一。认同权力对生产网络的发展有着重要的影响，通过品牌影响力的建立与维护实现产业升级，是提高制造业附加价值和实施内涵化发展的必由之路。加之探索性案例研究结果，本书提出如下假设。

假设 4.15　生产网络中知识权力对产品升级有正向影响。

假设 4.16　生产网络中知识权力对工艺升级有正向影响。

假设 4.17　生产网络中知识权力对功能升级有正向影响。

假设 4.18　生产网络中知识权力对链升级有正向影响。

假设 4.19　生产网络中认同权力对产品升级有正向影响。

假设 4.20　生产网络中认同权力对工艺升级有正向影响。

假设 4.21　生产网络中认同权力对功能升级有正向影响。

假设 4.22　生产网络中认同权力对链升级有正向影响。

（三）网络权力的中介效应假设

在跨国公司影响下，新兴市场国家企业嵌入全球生产网络，从全球—本地的外部联系中学习并获取资源，包括知识、能力和相应的附加值等（Ernst and Kim，2001；Henderson et al.，2002），沿着全球价值链的向上攀升，实现升级。但这种升级的过程受到网络权力的影响和制约（Giuliani et al.，2003；Humphrey and Schmitz，2002）。网络权力是全球生产网络的治理结构核心特征，治理结构“决定资本、物质和人力资源的流动，以及价值分配的权威和权力关系”（梅丽霞和王缉慈，2009）。网络权力既是影响产业升级的前置性因素，又受到网络资源的影响。加之探索性案例研究结果，本书认为网络权力在网络资源影响产业升级的过程中发挥中介效应，提出如下假设。

假设 4.23.1　制度权力在节点资源作用于产业升级过程中发挥完全中介效应。

假设 4.23.2　制度权力在节点资源作用于产业升级过程中发挥部分中介效应。

假设 4.24.1　知识权力在节点资源作用于产业升级过程中发挥完全中介效应。

假设 4.24.2　知识权力在节点资源作用于产业升级过程中发挥部分中介效应。

假设 4.25.1　制度权力在关系资源作用于产业升级过程中发挥完全中介效应。

假设 4.25.2　制度权力在关系资源作用于产业升级过程中发挥部分中介效应。

假设 4.26.1　认同权力在关系资源作用于产业升级过程中发挥完全中介效应。

假设 4.26.2　认同权力在关系资源作用于产业升级过程中发挥部分中介效应。

假设 4.27.1　制度权力在结构资源作用于产业升级过程中发挥完全中介效应。

假设 4.27.2　制度权力在结构资源作用于产业升级过程中发挥部分中介效应。

假设 4.28.1　结构权力在结构资源作用于产业升级过程中发挥完全中介效应。

假设 4.28.2　结构权力在结构资源作用于产业升级过程中发挥部分中介效应。

（四）网络规模的调节效应假设

网络规模为生产网络中企业提供可以获取的资源范围，也反映权力拥有方所能影响和控制的客体范围。随着生产网络的扩张，新企业的不断进入，网络规模日益庞大，网络结构日趋复杂。企业因为获得更多的网络资源而实现成长，企业间差距开始增大，先发企业凭借其拥有内外部资源基础，不断强化其维持资源的网络行为，网络权力差距也日益增大（吕一博等，2013）。规模较大生产网络中的企业，所获得的网络资源通过与自身能力相结合（戴维奇等，2011）有助于形成优势和实现升级。

1. 网络规模对网络资源的影响

网络规模决定着网络中企业可以获取的资源丰富程度，网络规模的增大不仅使信息获取存量扩大，且网络中关系的多样性也有助于企业对异质性信息的获取。具有较大规模的企业网络更可能为网络整体及网络中的企业的生存和发展提供多方面的资源支持（邬爱其，2004）。也就是说网络规模越大意味着个体企业可接触到的资源越丰富，也就越有可能实现规模效应（蔡玮，2010）。

网络规模对节点资源的影响。Tichy（1998）认为网络规模的大小决定了企业所能获取和接触到的物质资源、人力资源和知识资源的多少。企业所处网络规模越大，结识合作企业可能性越高，接触更大范围的物质资源和知识资源的概率越大。频繁的物质资源和知识资源的交换有利于企业提高认知能力与编码能力，从而加速节点之间的资源交流效率的速率。McEvily（1997）认为较宽的网络范围意味着组织有更多的机会接触不同的资源，即网络规模越大，企业间的合作范围越广，各企业接触的知识领域就越宽广，从而可以增加企业知识的总量。Eisenhardt 和 Martin（2000）的实证研究结果表明：大规模的企业比小规模的企业拥有更大的网络规模，容易获取更多知识资源，反证了资源与网络规模之间的关系。综合以上学者的观点：网络规模越大，节点企业将与网络成员之间建立长期有效的合作关系越多，节点资源获取的物质、人力、显性知识资源和隐性知识资源范围与途径越广。

网络规模对关系资源的影响。企业所处的生产网络的网络规模越大，则其与网络中其他企业存在网络连带关系也就越多。通过这些网络内的关系，企业间信任逐渐建立（戴维奇等，2011）。企业间相互信任关系所获得的资源与自身资源结合，形成有效资源组合，推动生产网络整体健康发展。网络规模越大，企业与拥有多种知识资源和技术背景的企业、科研机构及其他组织建立联系的质量就越好，长效的合作机制越容易建立，企业就可能从多种渠道中获取资源。在较大的网络规模中，企业与其他成员企业建立有效的、稳定的、联系的选择更多，能够获取更多的关系资源。

网络规模对结构资源的影响。社会网络理论强调网络结构中的位置决定了行动者可获得的机会及受到的约束。Gulati（1998）将各企业之间纵横交错的联系视为一种不可模仿的资源，将其定义为结构资源。网络规模作为网络中节点企业数量总和，网络规模的大小决定着企业可能获得机会和受到的约束范围。在规模较大的企业网络中，与企业关联的网络节点越多，企业越有可能通过占据关键位置，获取机会和调整结构资源。

2. 网络规模对网络权力的影响

Brass 认为网络规模与网络权力有关，随着网络规模的增大，联系不同组织的机会增加，关键节点的权力也会相应提高。与较小规模网络的中心性相比较，较大规模网络的中心性更能够体现权力特征。也就是说，网络规模的大小影响企业网络权力的大小。

网络规模对制度权力的影响。企业的网络规模越大，网络主体越多，个体企业的战略决策受到嵌入网络的影响就越大，整体协调机制的建立就越重要，制度权力在网络中发挥的作用越重要。处于较大网络规模中的企业，与其他网络成员分享更多的共同知识资源与信息机会更多，更有必要建立有效的协调机制保障沟通的顺畅和完善冲突的解决。制度权力在制定协调机制的过程及处理冲突的过程中发挥重要的作用。也就是说，网络规模越大，规则的建立及执行就越重要，制度权力的效果就越明显。

网络规模对结构权力的影响。网络规模也并非越大越好（Burt，1995），由于网络中冗余关系的存在，网络的有效规模一般都小于实际规模。如果只增加网络中相关联的节点数量而没考虑网络多样性，相应的结构权力则会弱化。如果有效互补的相关联节点数量增加，则企业所拥有的结构权力则会上升。例如，网络密度过大的网络中节点间的强关系连接，提供资源的同质性较高，难以带来新的利益，同时增加了关系维系的成本。因此，提高网络规模效率的关键是要减少冗余关系，增加非重复性联系的数量，保持网络的多样性。通过优化结构洞可以提高企业结构权力。网络规模的增加除了使结构洞的数量随着增加以外，网络的密度也会相应增加，成员企业之间有更多的联系，占据网络关键位置的机会增加，这些企业则有可能转换与原有核心企业的结构位置，增加企业自身的结构权力。

网络规模对知识权力的影响。网络规模的扩大使得原有网络的多样性得以提升，企业可以获取对自身有用的多样化的知识源。网络成员的多样性体现为生产网络是一个由上下游企业、顾客、竞争对手、研究机构、大学和服务机构等组成的网络组织。其多样性的提升为企业带来更多信息和知识。也就是说，网络规模越大，异质性的信息和知识资源越丰富，可以促使节点企业能够更快地获得更多的知识资源，从而实现规模效应。合作关系数量对节点企业的知识权力的获取具有显著的积极影响（高映红，2010）。

网络规模对认同权力的影响。与企业发生直接联系的组织数量的多少会作用于企业的行为（Greene and Brown，1997）。企业在它所处的网络中能与更多数量的组织交往，更有可能获得有价值的信息和资源，同时也提升了影响与其他企业交往的能力。大规模网络能促进信息共享，能增强对新知识资源的吸取能力与理解能力，促进企业之间共同价值观和共同认知的形成（郭贵林，2008）。与较小规模网络中的企业相比，具有认同权力的企业在大规模的企业网络中可以获得更多数量企业的支持，也就增加了获取异质性资源的数量及控制其他节点企业的机会和能力。

综上所述，本书提出以下假设。

假设 4.29 网络规模在节点资源与制度权力的关系中具有显著的调节作用。

假设 4.30 网络规模在节点资源与知识权力的关系中具有显著的调节作用。

假设 4.31 网络规模在关系资源与制度权力的关系中具有显著的调节作用。

假设 4.32 网络规模在关系资源与认同权力的关系中具有显著的调节作用。

假设 4.33 网络规模在结构资源与制度权力的关系中具有显著的调节作用。

假设 4.34 网络规模在结构资源与结构权力的关系中具有显著的调节作用。

第三节 研 究 设 计

通过实证方法，从全球生产网络中新兴市场国家企业的视角探寻网络资源、网络权力对产业升级的影响。建立全球生产网络中网络资源、网络权力对产业升级影响的静态作用模型。采用问卷调查方法收集数据，通过统计产品与服务解决方案（statistical product and service solutions，SPSS）和矩阵结构分析（analysis of moment structure，AMOS）统计软件对数据进行信度、效度分析和探索性因子分析，并利用结构方程模型的拟合数据，检验假设得出结论。

为了确保问卷的科学性与有效性，该问卷的设计流程如下。

基于研究目标的框架，参考国内外大量文献，借鉴诸多学者研究成果，形成网络资源、网络权力、产业升级及网络规模的量表，并将其整合成为初步问卷。

通过专家咨询和小组讨论对测量问项进行探讨与修改，确保问项既符合原意且易被受访者的理解。通过小样本信度分析对问项进行再次修改，达到问项与需探讨问题相符的效果。

分析小样本调研过程中遇到的问题，根据结果分析发现问题，再次对问卷内容进行修订，得到问卷的最终版本。

在问卷衡量刻度上，本研究采用利克特量表，对每个指标问题给出五个描述性刻度（即 1、2、3、4、5），1～5 分别表示：被调查人对问题陈述完全不同意、不同意、不确定、同意和完全同意。由被调查人根据具体实际情况选择合适的刻度。本书使用的调查问卷共分为五个部分（表 4.4）分别为：被调查企业背景材料包括填写人的工作时间、职务等，企业信息包括企业名称、所在行业、性质和规模；网络规模的测量，3 个题项；网络资源的测量，包括三个维度，12 个题项；网络权力的测量，包括四个维度，16 个题项；产业升级的测量，包括四个维度，12 个题项。

表 4.4　问卷题项表

部分	问卷内容	问题题数	衡量方式
企业背景资料	企业及个人信息	企业名称、工作部门及职务、所在行业、员工人数、年销售额、企业性质	选择/填空
问卷部分	网络规模	上游供应商数量 下游分销商数量 竞争者数量	五点量表
	网络资源	节点资源 关系资源 结构资源	五点量表
	网络权力	制度权力 结构权力 知识权力 认同权力	五点量表
	产业升级	产品升级 工艺升级 功能升级 链升级	五点量表

一、网络资源指标构建

Provan（1980）在社会学研究中曾经对作为权力来源的资源进行过测量，其测量资源的量表中，主要涉及了权力主体与其他资源的连接，包括管理者与精英团队、管理者与个人、组织间、组织与社区的连接四个方面内容。Frazier（1983）测量了企业的角色元素，包括制造商对制造的要求、制造商对企业网络的兴趣、物流能力、网络间相互支持和制造商建议的质量，用以测量企业间网络的关系资源。Barney（1991）和 Wernerfelt（1995）提出了企业战略性资源的分类及评价资源的属性，但并未给出实际的量表以测量资源。但之后的 Walter 等（2003）在研究中设计了详尽的测量企业战略性资源的量表，成为众多学者测量企业和网络资源的依据。Walter 等（2003）的量表主要关注企业与供应商和客户关系的功能及质量，包括关系的成本、规模功能、产品质量、关系可靠性、市场功能、信息共享、创新发展、区域支持、顾客满意度、顾客信任度和顾客认可度几个方面。但是，在基于生产网络的网络资源测量中，Walter 等（2003）的研究并不能涵盖所有的资源类型。Benton 和 Maloni（2005）在网络权力影响供应链绩效的研究中，测量了关系资源对于绩效的影响，其中包括合作、投入、信任、冲突和屈服。我国学者的研究中，为测量产业集群的组织资源，马刚和罗友花分别在其博士论文中对以往的量表进行改进，增加了对产业集群物质资源、人力资源及技术资源的量表内容（马刚，2006；罗友花，2009a）。本节网络资源量表指标构建，具体内容如表 4.5 所示。

表 4.5　网络资源量表设计

资源类型	编号	具体问题	来源	原量表
节点资源	JDZY1	生产网络内企业共享基础设施建设和所需自然资源	罗友花（2009a）	本企业与产业内的其他厂商共享基础建设
	JDZY2	企业有大量熟练劳动力		本企业从本地获得了熟练劳动力
	JDZY3	本企业在所属生产网络内产品技术的创新水平领先		与主要竞争对手相比，本企业具有明显的创新资源优势
	JDZY4	本企业从招募的人员中获得技术和营销知识		本企业从本地招募的技术人员中获得技术知识和营销知识
关系资源	GXZY1	本企业对所属生产网络内上游供应商的合作非常满意	Walter 等（2003）	我们愿意在该供应商的关系中投入时间和其他资源
	GXZY2	总体上，本企业对所属生产网络内下游买家的合作非常满意		与其他潜在供应商的联系中介
	GXZY3	本企业与本地科研院校或中介机构联系非常紧密		与相关第三方（如技术公司、顾问、营销服务提供商等）的联系中介
	GXZY4	本企业可以得到政府实施有利的科技政策和项目		本地政府实施有利于本企业经营的科技政策和项目
结构资源	JGZY1	在生产网络中，本企业拥有的有联系的组织和机构种类多于其他企业	罗友花（2009b）	和同行规模相当的企业相比，我们和中介咨询机构或科研院所打交道的时间要长得多
	JGZY2	与本企业发生业务往来的主要企业数量明显较多		与主要竞争对手相比，本企业海外经营机构的关联企业数量较多
	JGZY3	本企业可以使用生产网络中其他企业的原料来源		本企业与产业内的厂商使用相同原料来源
	JGZY4	生产网络中的拥有核心业务的企业向本企业靠拢	Provan 和 Milward（1995）	作为主要组织者和集成商，通常是与个人服务有关的所有活动的中心

二、网络权力指标构建

尽管有学者从社会学领域到经济学领域开始关注了网络权力的相关研究，但对其测量并不完善。Dahl（1957）认为权力的衡量是在被威胁下客体做一件事的可能性减去不威胁下客体做这件事的可能性，获取资源的方式可以用来衡量权力，权力范围、权力客体都可以用来测量权力。权力的大小和效能取决于其实现的程度，而其实现的程度是由客体的行为表现出来的，即客体行为符合主体意志的状况。Centers 等（1971）从决策视角入手，测量决策与权力结构间关系。Provan 和 Milward（1995）通过测量网络结构包括网络整合度（密度、网络中心性、中心对决策的影响程度）、外部控制（直接和间接）、系统稳定性（稳定或不稳定）、环境资源丰富性（高、中、低）试图了解网络权力的运行。Wang（2011）在测量权力不平衡时从双方贸易量、对对方技术的需要、转换伙伴成本与相互依赖性入手。Chen 等（2009）认为检测网络权力时认为权力应检测该节点与其他节点的连接和所处环境。

已有研究对于网络权力的测量，基于社会学相关研究关注社会网络中人与人或组织间的权力二元关系，对于网络权力的资源属性有待深入。Kim（2000）在研究分销商权力不平衡和双方信任时测量了强制权力和关系权力。Zhao 等（2008）设计制造商与顾客权力量表，包括对于惩罚和奖赏的使用等问项。但 Zhao 等的量表中没有体现出制定规则中的主导权。在测量制度权力的量表设计中，本节主要采用 Zhao 等设计的问卷和 Kim 设计的制度规则主导权的指标，如表 4.6 所示。

表 4.6　制度权力量表设计

编号	具体内容	来源	原量表
ZDQL1	企业在与所在生产网络中企业制定合同的过程中处于主导方	Kim（2000）	我们与经销商之间的合同和/或口头协议均需要或建议我们遵守
ZDQL2	企业对所在生产网络上下游企业不按要求的行为经常进行惩罚性措施	Zhao 等（2008）	如公司不同意大客户的建议，可能会使业务开展更加困难
ZDQL3	企业因对所在生产网络上下游企业按要求的行为经常获得奖励		企业的主要客户经常采取激励手段，让我们按照其意愿行事
ZDQL4	企业会按照生产网络中其他企业的要求进行生产		企业有责任按照主要客户的要求去做

学者对结构权力的测量，主要基于企业在网络中的位置并由此获取的权力进行测量。Provan（1980）较早设计了网络组织中个人与网络其他成员及领导成员的关系对个人权力的影响的测量，而后 Provan 和 Milward（1995）测量了社区精神卫生中心的网络结构。Williams（2005）从网络中心性出发测量权力依赖关系，但并没有提出使用的量表。同样在研究网络结构及其产生网络权力的研究中，大量学者参考了 Burt 提出的结构洞理论及 Granovettor 的弱连接理论，具体的量表设计尚未得到深入探讨。因此本节中测量结构权力的量表设计借鉴国内学者王海花等的研究，结构权力划分为网络构想能力、网络建构能力、网络利用能力、网络解构能力和网络重构能力五个维度（王海花等，2012）。其中，网络建构能力和网络利用能力指企业占据和利用网络结构的能力，符合本节中结构权力的研究范畴。借鉴 Provan（1980）与王海花等（2012）的研究，在此基础上进行改进网络中企业结构权力的量表，如表 4.7 所示。

表 4.7　结构权力量表设计

编号	具体内容	来源	原量表
JGQL1	企业与所在的生产网络中的领导企业保持经常联系	Provan（1980）	与企业高层的联系
JGQL2	我们具有很强的发现、评估并选择合作伙伴的能力	王海花等（2012）	我们具有很强的发现、评估并选择合作伙伴的能力
JGQL3	本企业具有很强的占据合作网络中心位置的能力		我们具有很强的占据合作网络中心位置的能力
JGQL4	经常与我们联系的合作伙伴与我们中断合作关系后很难找到替代者建立类似的关系		经常与我们联系的合作伙伴与我们中断合作关系后很难找到替代者建立类似的关系

知识权力量表是在 Zhao 等（2008）研究基础上，包括企业内部获取知识的情况和员工知识水平及企业的信息获取。加之网络中内其他组织与企业的知识互动，借鉴王海花等（2012）的相关研究。得到知识权力的量表如表 4.8 所示。

表 4.8　知识权力量表设计

编号	具体内容	来源	原量表
ZSQL1	已经招聘了很多具有高学历的员工，并在企业运作中发挥了作用	Zhao 等（2008）	经过培训的员工了解处理方法
ZSQL2	我们经常从保持联系的合作伙伴那里获得它所属的小群体的各种信息		主要客户的市场信息共享水平
ZSQL3	本企业可以预测主流趋势，以发现合作企业的未来需求	王海花等（2012）	我们可以预测主流趋势，以期发现合作企业的未来需求
ZSQL4	与同生产网络其他企业相比，本企业具有某些专业知识的优势		与同行相比，我们拥有各种类型的合作伙伴，如大学、供应商等

Provan（1980）认为现有测量不能反映权力的复杂性，需要测量已使用的和潜在的权力。潜在的权力的测量，后续学者将其归入感知权力的范围，Sheu 和 Hu（2009）在研究中测量了感知权力，通过测量权力客体感受到的权力主体使用的权力的多少来研究权力的使用对组织绩效的影响。张闯（2008）认为人际关系网络对权力应用方式有影响，测量关系的指标：关系长度、情感强度、互惠程度、亲密程度。在认同权力的量表设计中，Zhao 等（2008）、王海花等（2012）及 Sheu 和 Hu（2009）分别从价值观、信用度和决策影响三个层面测量企业在网络中是否得到认同，本书认同权力量表如表 4.9 所示。

表 4.9　认同权力量表设计

编号	具体内容	来源	原量表
RTQL1	企业在所处生产网络提出意见，上下游企业都会同意	Sheu 和 Hu（2009）	对目标成员营销策略/业务运营的感知影响
RTQL2	企业在所处生产网络内具有有领导力的价值观	Zhao 等（2008）	客户的忠诚度主要是基于与客户价值观的相似性
RTQL3	当生产网络中成员发生冲突时，本企业能够提出让双方都满意的解决方案	王海花等（2012）	当网络成员发生冲突时，本企业能够提出让双方都满意的解决方案
RTQL4	与我们合作的企业认为我们是最容易维持且最守信的少数企业，认为我们在行业中的重要作用		我们只与同属一个群体的多个成员中最容易维持且最守信的少数企业联系

三、产业升级指标构建

Humphrey 和 Schmitz（2000）对于产业升级的研究得到了较为广泛的认可，认为产业升级包括产品升级、工艺升级、功能升级和链升级。产品升级指生产更高级和更复杂的产品，推出新产品数量明显提升和推出速度明显加快。工艺升级指提高生产率、生产技术及优化生产系统。功能升级指获得新功能，如制造企业获得营销或研发等功能，并在品牌领导上有所提升。链升级指企业跨越现有价值链，转而在其他价值链进行生产，即生产与现产品完全不相关的全新产品。通过检索查找已有文献中对产业升级的测量，本节借鉴贾生华等（2008）提出的升级量表，采用经典的产品升级、工艺升级、功能升级及链升级测量产业升级。在产品升级的指标构建中，主要从产品技术含量、推出新产品的速度和数量三个方面测量，如表 4.10 所示。

表 4.10　产品升级量表设计

编号	具体内容	来源	原量表
CPSJ1	企业最近生产产品较以前高级	田家欣（2007）	加大产品价值、加大产品功能与市场定位
CPSJ2	企业在生产网络中推出新产品的速度较其他企业快		加大研究开发投入、开发更高功能产品于市场
CPSJ3	企业推出新产品数量明显比生产网络中其他企业多		扩大市场促销、不断开发新客户与新市场

李碧君（2011）在组织学习能力与集群企业升级的研究中对工艺升级量表中进行了改进，分别从生产率、生产系统及生产技术更新三个方面测量工艺升级，并得到了较好的信度。本节工艺升级的量表在其基础上进行设计，如表 4.11 所示。

表 4.11 工艺升级量表设计

编号	具体内容	来源	原量表
GYSJ1	过去几年，企业生产率明显高于生产网络中同类型其他企业	李碧君（2011）	在过去几年中，与主要竞争对手相比，贵企业成功推出新产品的速度
GYSJ2	企业近些年来一直更新生产系统		在过去几年中，与竞争对手相比，贵企业对生产工艺进行不断优化和改进的速度
GYSJ3	过去几年，企业技术改进程度明显高于生产网络中其他企业		与过去几年相比，贵企业目前产品的技术含量和档次的改进程度

Lauret（2011）在全球价值链治理模式对中国 OEM 厂商战略升级的影响研究中，从市场功能、品牌功能和设计功能的提升三个方面对功能升级进行测量。在其研究基础上，本节功能升级量表设计如表 4.12 所示。

表 4.12 功能升级量表设计

编号	具体内容	来源	原量表
GNSJ1	企业近期加大了拓展市场的力度	Lauret（2011）	扩大市场促销、不断开发新客户与新市场
GNSJ2	企业近期加大了研发的投入		加大研究开发投入、开发更高功能产品于市场
GNSJ3	企业近期加大了自主品牌的建设		扩大自主品牌产品的开发与销售

根据 Humphrey 和 Schmitz（2000），Kaplinsky（2010）和 Ernst（2001）的研究，链升级是企业通过现有技术转而生产与现有产品完全不同的产品类型。Lauret（2011）在论文中提出测量方法包括对于现有产品的评估、进入新产品领域的计划及已经取得的成就三个方面。本节中链升级量表如表 4.13 所示。

表 4.13 链升级量表设计

编号	具体内容	来源
LSJ1	企业发现现有产品的生产过于简单	Lauret（2011）
LSJ2	企业有计划生产与现阶段完全不同的产品	
LSJ3	企业已经在区别于主要产品的领域取得了一定的市场份额	

四、网络规模指标构建

Burt（1995）认为联结伙伴的多样性是测量网络规模的关键。Zhao 等（2008）用企业家个人关系数量来测量网络规模。Winter 通过与个体直接联结的伙伴的数量来测量网络规模，并提出与不同性质的企业建立联结，可能带来不同类型的知识。然而，与同一类型的企业进行合作，也同样可能获得不同的知识，因此不仅应考虑企业联结成员的关系种类，还应注重企业所建立联结的绝对数目。由于本节认为网络规模是网络包含的节点企业的数量，借鉴 Powell 等（2004）对于网络规模的测量，如表 4.14 所示。

表 4.14　网络规模量表设计

编号	具体内容	来源
WLGM1	网络中与本企业发生直接往来企业的数目	Powell 等（2004）
WLGM2	网络中与本企业发生业务往来的主要买家的数量	
WLGM3	网络中与本企业发生交往的主要同行竞争者的数量	
上述三类数量之和在[1～7][8～20][21～30][31～40][>41]分别赋值 1、2、3、4、5		

第四节　研 究 方 法

问卷调查研究工作主要划分为三个阶段：问卷设计阶段、小样本测试阶段、大样本调查分析阶段。第一个阶段即问卷设计阶段，通过文献回顾和逻辑推演的方法，对已有研究中网络资源、网络权力和产业升级的量表进行归纳总结，并推理得出其相互作用的理论模型，本章主要完成第一阶段任务。第二个阶段是小样本测试阶段，该阶段运用 SPSS17.0 统计软件对小样本的问卷数据进行信度分析、效度分析和探索性因子分析，根据小样本的信效度分析结果，删除或修改测量指标，得出即将大范围发放的最终问卷。第三个阶段是大样本调查分析阶段，运用 SPSS17.0 统计软件对大样本问卷数据进行信度、效度分析及探索性因子分析，运用 AMOS17.0 统计软件对数据进行拟合分析。后两阶段工作均在第五章进行。

其中，结构方程模型是本书数据分析过程选用的重要研究方法，是基于变量的协方差矩阵来分析变量之间关系的一种统计方法，分为测量方程和结构方程两个部分。测量方程描述潜变量与指标之间的关系，结构方程则描述潜变量之间的关系。

本书中，由于网络资源、网络权力和产业升级都难以直接测量，属于潜在变量，需要具体指标对其进行测量。结构方程模型不仅可以测量多个潜在变量和指标之间的关系，并能解决测量过程中产生的误差。由于研究中所建立的理论模型较为复杂，潜变量之间既包括直接关系也包括间接关系，结构方程模型能够同时分析多个变量之间的关系，是合适的模型测量和修正工具。因此，在数据分析过程中选用结构方程模型拟合概念模型是恰当的。

第五章　网络资源、网络权力对产业升级静态影响

第一节　小样本描述性统计

完成初始问卷设计后，本书在京津冀地区实施了小样本发放，采取网上发放与纸质发放结合的方法。小样本测试在京津冀三地的制造企业中进行，调查对象涵盖了目标企业的普通员工、基层管理者、中层管理者和高层管理者。小样本调查共发放问卷 80 份，回收问卷 67 份，主要对问卷设计的有效性进行选择，删除无效问卷 2 份，最终获得 65 份有效问卷。填写者工作时间和职务、企业性质和规模分布情况如表 5.1～表 5.4 所示。

表 5.1　小样本问卷中填写者工作时间分布情况

填写者工作时间	样本数量/个	占百分比	累积百分比
小于 1 年	34	52.3%	52.3%
1～3（含）年	25	38.4%	90.7%
3～5（含）年	4	6.2%	96.9%
5～7（含）年	2	3.1%	100.0%
7 年以上	0	0	100.0%

表 5.2　小样本问卷中企业性质分布情况

企业性质	样本数量/个	占百分比	累积百分比
国有企业	20	30.8%	30.8%
民营企业	9	13.8%	44.6%
中外合资	16	24.6%	69.2%
外商独资	12	18.5%	87.7%
其他	8	12.3%	100.0%

表 5.3　小样本问卷填写者职务分布情况

填写者的职务	样本数量/个	占百分比	累积百分比
企业普通员工	51	78.5%	78.5%
企业基层管理者	11	16.9%	95.4%
企业中层管理者	3	4.6%	100.0%
企业高层管理者	0	0	100.0%

表 5.4　小样本问卷中企业规模分布情况

企业性质	样本数量/个	占百分比	累积百分比
50 人及以下	2	3.1%	3.1%
51～200 人	15	23.1%	26.2%
201～500 人	10	15.4%	41.6%
501～1000 人	6	9.2%	50.8%
1000 人以上	32	49.2%	100.0%

在描述性统计基础上，进一步进行信度和效度检验。信度也称可靠性，是用来测量量表一致性或稳定性程度，从而反映量表的可靠性（吴明隆，2000）。评价量表的内部一致性，信度是当前较好的评判指标。本章采用 Cronbach 的一致性系数（α 系数）来衡量信度。通常，测试量表应该至少具有 0.70 以上的 α 系数值，才能够接受此量表的信度。

通过统计 KMO 值与 Bartlett 球形检验，可以判断量表是否适合用做因子分析，同时也是效度检验的方法之一。KMO 统计量值是介于 0 和 1 之间，通常情况下，KMO 的度量标准：大于 0.9 表示非常适合进行因子分析，0.8～0.9（含）表示比较适合，0.7～0.8（含）表示一般，0.6～0.7（含）表示不太适合做因子分析，0.6 以下则表示极不适合。总之，KMO 值越接近 0 说明变量间相互关联性越弱，越接近 1 说明变量间相互关联性越强。同时，如 Bartlett 球形检验显著，说明可以做因子分析；反之，不适合做因子分析。

本节使用 SPSS17.0 统计软件对回收的小样本数据进行了信度分析，网络资源、网络权力和产业升级三个核心变量的整体信度分析结果，如表 5.5 所示。

表 5.5　小样本信度检验

分量表类别	分量表 Cronbach'α 值	维度类别	维度 Cronbach'α 值	问题数量/个	信度等级
网络资源	0.647	节点资源	0.765	4	高
		关系资源	0.704	4	高
		结构资源	0.676	4	合格
网络权力	0.763	制度权力	0.754	4	高
		结构权力	0.763	4	高
		知识权力	0.703	4	高
		认同权力	0.707	4	高
产业升级	0.726	产品升级	0.887	3	高
		工艺升级	0.873	3	高
		功能升级	0.742	3	高
		链升级	0.693	3	合格

第二节　小样本信效度分析

一、信度分析

（一）网络资源信度分析

本节通过使用 SPSS17.0 统计软件完成了网络资源小样本数据的信度分析，分析结果如表 5.6 所示。

表 5.6　网络资源小样本信度分析

维度	项目编号	修正后 CITC	删除该项目后的 Cronbach'α 系数
节点资源	JDZY1	0.564	0.711
	JDZY2	0.556	0.714
	JDZY3	0.584	0.699
	JDZY4	0.559	0.713
关系资源	GXZY1	0.437	0.675
	GXZY2	0.571	0.586
	GXZY3	0.452	0.663
	GXZY4	0.503	0.633
结构资源	JGZY1	0.424	0.637
	JGZY2	0.586	0.524
	JGZY3	0.536	0.564
	JGZY4	0.314	0.700

注：CITC 即校正的项总计相关性

从分析结果中可以看出，JGZY4 与其余项目的简单相关系数为 0.314，小于 0.40。查看问卷中这一题项为“生产网络中的拥有核心业务的企业向本企业靠拢”，在表述上核心业务的靠拢只能说明本企业与网络中核心企业的业务具有一致性，因此企业拥有结构资源特征表现并不突出。将其进行删除处理后，其他各个项目的 CITC 值均在 0.40 以上。删除 JGZY4 后通过分析显示，整个量表信度达到了 0.870，信度较高。

（二）网络权力信度分析

用 SPSS17.0 统计软件对网络权力小样本数据进行信度分析，初步分析结果如表 5.7 所示。

表 5.7　网络权力小样本信度分析

维度	项目编号	修正后 CITC	删除该项目后的 Cronbach'α 系数
制度权力	ZDQL1	0.571	0.686
	ZDQL2	0.447	0.755
	ZDQL3	0.581	0.681
	ZDQL4	0.613	0.662
结构权力	JGQL1	0.804	0.563
	JGQL2	0.377	0.790
	JGQL3	0.605	0.683
	JGQL4	0.498	0.745
知识权力	ZSQL1	0.418	0.681
	ZSQL2	0.673	0.527
	ZSQL3	0.323	0.749
	ZSQL4	0.583	0.581
认同权力	RTQL1	0.506	0.635
	RTQL2	0.532	0.619
	RTQL3	0.535	0.617
	RTQL4	0.403	0.693

从分析结果中可以看出，JGQL2 和 ZSQL3 与其余项目的简单相关系数为 0.377 和 0.323，小于 0.40。其他各个项目的 CITC 值均在 0.40 以上。查看问项中结构权力的第二题“我们具有很强的发现、评估并选择合作伙伴的能力”和知识权力第三题“本企业可以预测主流趋势，以发现合作企业的未来需求”与量表中其他问项相比，问项内容对结构权力和知识权力的体现较弱，对量表的贡献程度较低。删除 JGQL2 和 ZSQL3 后进行分析，整个量表信度达到 0.739，信度较高，因此做删除处理。

（三）产业升级信度分析

应用 SPSS17.0 统计软件对产业升级的小样本数据进行信度分析，分析结果如表 5.8 所示。

表 5.8　产业升级小样本信度分析

维度	项目编号	修正后 CITC	删除该项目后的 Cronbach'α 系数
产品升级	CPSJ1	0.738	0.882
	CPSJ2	0.782	0.838
	CPSJ3	0.831	0.802

续表

维度	项目编号	修正后 CITC	删除该项目后的 Cronbach'α 系数
工艺升级	GYSJ1	0.776	0.806
	GYSJ2	0.722	0.856
	GYSJ3	0.777	0.803
功能升级	GNSJ1	0.455	0.796
	GNSJ2	0.622	0.597
	GNSJ3	0.641	0.570
链升级	LSJ1	0.458	0.665
	LSJ2	0.613	0.472
	LSJ3	0.463	0.658

从分析结果中可以看出，产业升级各个项目的 CITC 值均在 0.40 以上，整个量表信度达到 0.726，符合信度要求。

二、效度分析

（一）网络资源效度分析

对网络资源进行效度分析，得到结果如表 5.9 所示。

表 5.9　网络资源小样本 KMO 和 Bartlett 球形检验结果

检验		测度值
KMO		0.665
Bartlett 球形检验	Approx. Chi-Square	197.161
	df	66
	Sig.	0.000

如表 5.9 所示，KMO = 0.665＞0.5，Bartlett 球形检验 χ^2 的值为 197.161（df = 66，p = 0.000＜0.01），说明变量间有可能存在共同因子，可以进行因素分析。分析结果如表 5.10 所示。提取出三个特征值大于 1 的因素，累积解释方差为 60.127%。

表 5.10　网络资源小样本因子特征根及其方差贡献率

组成	被提取的载荷平方和			转轴平方和负荷量		
	总和	方差	累积解释方差	总和	方差	累积解释方差
1	2.769	25.175%	25.175%	2.475	22.503%	22.503%
2	2.149	19.539%	44.714%	2.162	19.653%	42.156%
3	1.695	15.413%	60.127%	1.977	17.971%	60.127%

删除 JGZY4 条目之后，对数据采用最大方差旋转法进行转轴，转轴之后的矩阵如表 5.11 所示。

表 5.11　网络资源小样本因子分析

项目编号	组成		
	1	2	3
JDZY3	0.772		
JDZY1	0.760		
JDZY4	0.751		
JDZY2	0.736		
GXZY2		0.804	
GXZY1		0.006	
GXZY4		0.703	
GXZY3		0.663	
JGZY2			0.836
JGZY3			0.790
JGZY1			0.734

注：因子负荷低于 0.50 的未在表中标出

由旋转后的因子负荷矩阵表可以看出，问卷包含三个同一层次的共同因子，三个因子总共解释了 60.127%的变异量，各项目的因子负荷量均在 0.60 以上，对总体 11 个项目具有较高的解释能力，结构效度总体良好。删除 JGZY4 的网络资源量表的 11 个项目被划分为三个因子，其中，JDZY1 到 JDZY4 归类为因子 1，为节点资源，总共解释了 22.503%的变异量；GXZY1 到 GXZY4 归类为因子 2，为关系资源，总共解释了 19.635%的变异量；JGZY1 到 JGZY3 归类为因子 3，为结构资源，总共解释了 17.971%的变异量。该量表与设计的网络资源量表构成几乎一致，效度较好。

（二）网络权力效度分析

对网络权力进行效度分析，得到的结果如表 5.12 所示。

表 5.12　网络权力小样本 KMO 和 Bartlett 球形检验结果

检验		测度值
KMO		0.643
Bartlett 球形检验	Approx. Chi-Square	370.103
	df	91
	Sig.	0.000

如表 5.12 所示，网络权力小样本的 KMO = 0.643＞0.5，Bartlett 球形检验的 χ^2 值为 370.103（df = 91，p = 0.000＜0.01），结果说明变量间有可能存在共同因子，可以进行因素分析。分析结果见表 5.13，提取出四个特征值大于 1 的因素，累积解释方差为 65.386%。

表 5.13　网络权力小样本因子特征根及其方差贡献率

组成	被提取的载荷平方和			转轴平方和负荷量		
	总和	方差	累积解释方差	总和	方差	累积解释方差
1	3.931	28.081%	28.081%	2.381	17.007%	17.007%
2	2.407	17.192%	45.273%	2.348	16.771%	33.778%
3	1.506	10.759%	56.032%	2.234	15.953%	49.731%
4	1.310	9.354%	65.386%	2.192	15.655%	65.386%

对数据采用最大方差旋转法进行转轴，转轴之后的矩阵如表 5.14 所示。

表 5.14　网络权力小样本因子分析

项目编号	组成			
	1	2	3	4
ZDQL1	0.769			
ZDQL3	0.726			
ZDQL2	0.712			
ZDQL4	0.648			
JGQL1		0.878		

续表

项目编号	组成			
	1	2	3	4
JGQL3		0.820		
JGQL4		0.712		
ZSQL2			0.889	
ZSQL4			0.842	
ZSQL1			0.675	
RTQL3				0.779
RTQL2				0.749
RTQL4				0.656
RTQL1				0.626

注：低于 0.50 的因子负荷值未在表中标出

由旋转后的因子负荷矩阵表可以看出，包含四个同一层次的共同因子，各项目的因子负荷量均在 0.60 以上，四个因子总共解释了 65.386%的变异量，对总体 14 个项目具有较高的解释能力，结构效度良好。删除 JGQL2 和 ZSQL3 的网络权力量表的 14 个项目被划分为四个因子，其中，ZDQL1 到 ZDQL4 归类为因子 1，为制度权力，总共解释了 28.081%的变异量；JGQL1、JGQL3 和 JGQL4 归类为因子 2，为结构权力，总共解释了 17.192%的变异量；ZSQL1、ZSQL2 和 ZSQL4 归类为因子 3，为知识权力，总共解释了 10.759%的变异量；RTQL1 到 RTQL4 归类为因子 4，为认同权力，总共解释了 9.354%的变异量。该量表与设计的网络权力量表构成几乎一致，效度较好。

（三）产业升级效度分析

对产业升级量表进行效度分析，得到的结果如表 5.15 所示。

表 5.15　产业升级小样本 KMO 和 Bartlett 球形检验结果

检验		测度值
KMO		0.698
Bartlett 球形检验	Approx. Chi-Square	356.632
	df	66
	Sig.	0.000

运用 SPSS17.0 统计软件提取出一个特征值大于 1 的因素，累积解释方差为 74.714%，如表 5.16 所示。

表 5.16　产业升级小样本因子特征根及其方差贡献率

组合	被提取的载荷平方和			转轴平方和负荷量		
	总和	方差	累积解释方差	总和	方差	累积解释方差
1	3.729	31.077%	31.077%	2.504	20.867%	20.867%
2	2.422	20.184%	51.261%	2.494	20.782%	41.649%
3	1.769	14.744%	66.005%	2.038	16.980%	58.629%
4	1.045	8.709%	74.714%	1.930	16.085%	74.714%

对数据采用最大方差旋转法进行转轴，转轴之后的矩阵如表 5.17 所示。

表 5.17　产业升级小样本因子分析

项目编号	组成			
	1	2	3	4
CPSJ3	0.928			
CPSJ2	0.899			
CPSJ1	0.880			
GYSJ1		0.869		
GYSJ2		0.864		
GYSJ3		0.864		
GNSJ3			0.899	
GNSJ2			0.843	
GNSJ1			0.608	
LSJ1				0.806
LSJ2				0.735
LSJ3				0.683

注：低于 0.50 的因子负荷值未在表中标出

由表 5.17 可以看出，各项目的因子负荷量均在 0.60 以上，总共解释了 74.714% 的变异量，对总体四个项目具有较高的解释能力，问卷结构效度良好。该量表与设计产业升级量表构成几乎一致，效度较好。

第三节　大样本描述性统计

大样本主要在京津冀三地的制造业企业中进行发放，共发放问卷 300 份，回收有效问卷共计 217 份，其中，电子版 174 份，纸质 43 份，问卷回收有效率为 72.33%。大样本填写者工作时间、所处职务、企业性质和规模分布情况分别如表 5.18～表 5.22 所示。

表 5.18　大样本问卷中填写者工作时间分布情况

工作时间	样本数量/个	占百分比	累积百分比
1 年以下	20	9.2%	9.2%
1～3（含）年	47	21.7%	30.9%
3～5（含）年	96	44.2%	75.1%
5～7（含）年	33	15.2%	90.3%
7 年以上	21	9.7%	100.0%

从表 5.18 中，可以看出大样本问卷填写者工作 3～5（含）年的占 44.2%，所占比例较大。工作 1～3（含）年的填写者占 21.7%。

表 5.19　大样本问卷中企业性质分布情况

企业性质	样本数量/个	占百分比	累积百分比
国有企业	58	26.7%	26.7%
民营企业	82	37.8%	64.5%
中外合资	52	24.0%	88.5%
外商独资	21	9.7%	98.2%
其他	4	1.8%	100.0%

表 5.19 中数据说明大样本中国有企业占 26.7%，民营企业占 37.8%。国有企业与民营企业占总调查企业数的 64.5%。样本的选择基本符合实际情况。

表 5.20　大样本问卷中填写者职务分布情况

职务	样本数量/个	占百分比	累积百分比
企业普通员工	37	17.1%	17.1%
企业基层管理者	63	29.0%	46.1%
企业中层管理者	96	44.2%	90.3%
企业高层管理者	21	9.7%	100.0%

表 5.20 显示大样本填写问卷人员的职位分布情况，其中，管理者的比重占到 82.9%。

表 5.21　大样本问卷中企业规模分布情况

企业性质	样本数量/个	占百分比	累积百分比
50 人及以下	22	10.1%	10.1%
51～200 人	38	17.5%	27.6%
201～500 人	66	30.4%	58%
501～1000 人	41	18.9%	76.9%
1000 人以上	50	23.1%	100.0%

表 5.21 中数据说明本节大样本的选择的企业规模较为平均，选择的样本具有代表性。

表 5.22　网络规模统计结果

有联系企业数量/个	样本数量/个	占百分比	累积百分比
1～7	23	10.6%	10.6%
8～20	28	12.9%	23.5%
21～30	41	18.9%	42.4%
31～40	86	39.6%	82.0%
≥41	39	18.0%	100.0%

表 5.22 中数据说明大样本选择的企业与其他企业都有较复杂的联系，选择的样本具有代表性。利用 SPSS17.0 统计软件对大样本数据进行信度分析和效度分析，分析结果如表 5.23 所示。

表 5.23　大样本信度检验

分量表类别	分量表 Cronbach'α 值	维度类别	维度 Cronbach'α 值	问题数量	信度等级
网络资源	0.651	节点资源	0.781	4	高
		关系资源	0.780	4	高
		结构资源	0.809	3	高
网络权力	0.803	制度权力	0.757	4	高
		结构权力	0.813	3	高
		知识权力	0.631	3	高
		认同权力	0.776	4	高
产业升级	0.730	产品升级	0.721	3	高
		工艺升级	0.875	3	高
		功能升级	0.653	3	高
		链升级	0.650	3	高

第四节 大样本信效度分析

一、网络资源信效度分析

应用 SPSS17.0 统计软件对网络资源大样本数据进行信度分析，分析结果如表 5.24 所示。

表 5.24 网络资源大样本信度分析

维度	项目编号	修正后 CITC	删除该项目后的 Cronbach'α 系数
节点资源	JDZY1	0.485	0.776
	JDZY2	0.575	0.734
	JDZY3	0.723	0.652
	JDZY4	0.570	0.736
关系资源	GXZY1	0.670	0.682
	GXZY2	0.684	0.673
	GXZY3	0.439	0.795
	GXZY4	0.558	0.742
结构资源	JGZY1	0.588	0.818
	JGZY2	0.700	0.695
	JGZY3	0.695	0.704

从分析结果中可以看出，网络资源内部一致性系数为 0.651，各个项目的 CITC 值均在 0.40 以上，信度符合要求。

运用 SPSS17.0 统计软件对网络资源大样本数据进行效度分析，得出结果如表 5.25 所示。KMO = 0.659，Bartlett 球形检验统计值 Sig.值小于 0.01，说明网络资源各个维度的指标相关性和效度很好。

表 5.25 网络资源大样本 KMO 和 Bartlett 球形检验结果

检验		测度值
KMO		0.659
Bartlett 球形检验	Approx. Chi-Square	828.581
	df	55
	Sig.	0.000

如表 5.25 所示，KMO = 0.659 大于 0.50，Bartlett 球形检验 χ^2 的值为 828.581（df = 55，$p = 0.000 < 0.01$），说明变量间有可能存在共同因子，可以对该问卷进行因素分析。分析结果如表 5.26 所示。提取出三个特征值大于 1 的因素，累积解释方差为 64.137%。

表 5.26　网络资源大样本因子特征根及其方差贡献率

组合	被提取的载荷平方和			转轴平方和负荷量		
	总和	方差	累积解释方差	总和	方差	累积解释方差
1	2.514	22.855%	22.855%	2.434	22.130%	22.130%
2	2.383	21.667%	44.521%	2.425	22.047%	44.177%
3	2.158	19.615%	64.137%	2.196	19.960%	64.137%

从旋转后的因子负荷矩阵表 5.27 可以看出，包含三个同一层次的共同因子，三个因子总共解释了 64.137%的变异量，各项目的因子负荷量均在 0.60 以上，对总体 11 个项目具有较高的解释能力，问卷结构效度良好。

表 5.27　网络资源大样本因子分析

项目编号	组成		
	1	2	3
JDZY1		0.683	
JDZY2		0.780	
JDZY3		0.875	
JDZY4		0.761	
GXZY1	0.849		
GXZY2	0.860		
GXZY3	0.630		
GXZY4	0.753		
JGZY2			0.796
JGZY3			0.884
JGZY1			0.874

注：因子负荷低于 0.50 的未在表中标出

为了检验网络资源探索性因子分析得到三个因素即节点资源、关系资源和结构资源的相关性，还需要对大样本数据进行验证性因子分析。图 5.1 是运用 AMOS17.0 统计软件对网络资源大样本数据进行验证性因子分析的结果。

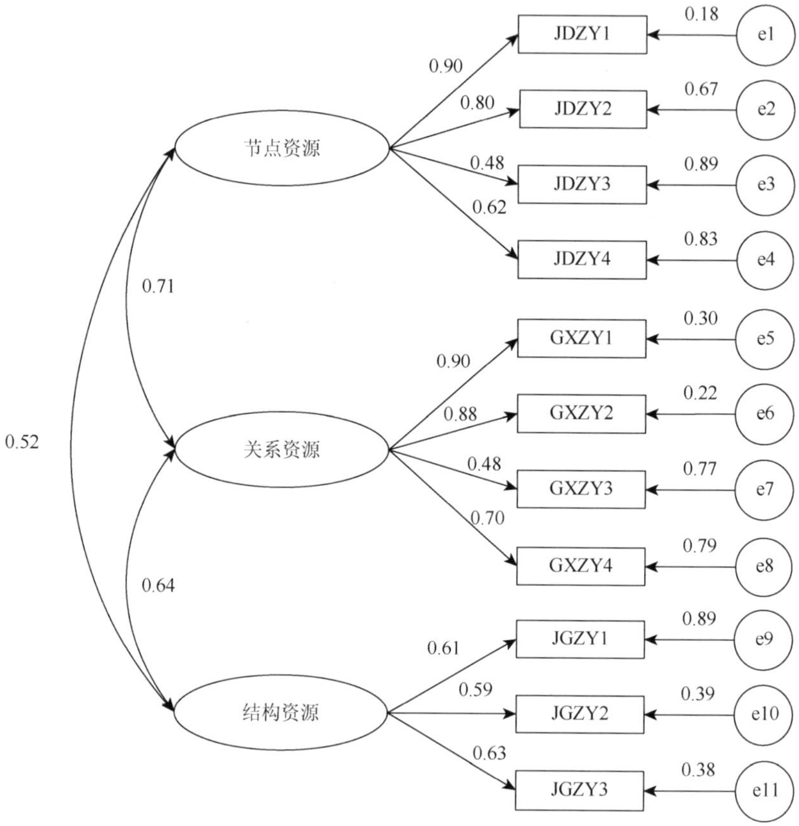

图 5.1　企业网络资源验证性因子分析

根据图 5.1，各因子与指标的相关系数除 JDZY3 和 GXZY3 略低于 0.5 以外，都在 0.5 以上，说明因子与指标的相关性较好。根据表 5.28 中的模型适配度统计量数据，可知模型的显著性水平 $p = 0.085 > 0.05$，未达到显著水平，接受虚无假设，表示网络资源的理论模型与实际数据相契合。卡方和自由度比为 1.328＜3.000，RMSEA = 0.039＜0.08，GFI = 0.959，AGFI = 0.929，NFI = 0.940，IFI = 0.985，CFI = 0.984，这些指标均达到模型的适配标准。因此，企业网络资源的结构性假设，企业网络资源包括三种维度：节点资源、关系资源和结构资源，成立。

表 5.28　网络资源验证性因子分析模型适配指标

拟合指数	指标检验结果	适配标准	模型适配判断
p	0.085	＞0.05（未达显著水平）	是
NC	1.328	1＜NC＜3（模型有简约适配程度） NC＞5（模型需要修正）	是
RMSEA	0.039	＜0.05（适配良好）＜0.08（适配合理）	是

续表

拟合指数	指标检验结果	适配标准	模型适配判断
GFI	0.959	>0.90	是
AGFI	0.929	>0.90	是
NFI	0.940	>0.90	是
IFI	0.985	>0.90	是
CFI	0.984	>0.90	是

二、网络权力信效度分析

用 SPSS17.0 统计软件对网络权力大样本数据进行信度分析，初步分析结果如表 5.29 所示。

表 5.29　网络权力大样本信度分析

维度	项目编号	修正后 CITC	删除该项目后的 Cronbach'α 系数
制度权力	ZDQL1	0.522	0.719
	ZDQL2	0.580	0.687
	ZDQL3	0.496	0.733
	ZDQL4	0.628	0.662
结构权力	JGQL1	0.675	0.731
	JGQL2	0.541	0.868
	JGQL3	0.790	0.616
知识权力	ZSQL1	0.451	0.518
	ZSQL2	0.431	0.547
	ZSQL3	0.440	0.534
认同权力	RTQL1	0.639	0.692
	RTQL2	0.631	0.695
	RTQL3	0.555	0.741
	RTQL4	0.508	0.757

从分析结果中可以看出，网络权力的内部一致性系数为 0.803，信度较高。对网络权力进行效度分析，得到结果如表 5.30 所示。

表 5.30　网络权力大样本 KMO 和 Bartlett 球形检验结果

检验		测度值
KMO		0.777
Bartlett 球形检验	Approx. Chi-Square	1109.837
	df	91
	Sig.	0.000

如表 5.30 所示，网络权力大样本的 KMO = 0.777 大于 0.5，Bartlett 球形检验的 χ^2 值为 1109.837（df = 91，$p = 0.000 < 0.01$），结果说明变量间有可能存在共同因子，可以对该问卷进行因素分析。分析结果见表 5.31，从中提取出四个特征值大于 1 的因素，累积解释方差为 63.628%。

表 5.31　网络权力大样本因子特征根及其方差贡献率

组成	被提取的载荷平方和			转轴平方和负荷量		
	总和	方差	累积解释方差	总和	方差	累积解释方差
1	4.113	29.376%	29.376%	2.450	17.498%	17.498%
2	2.131	15.220%	44.596%	2.435	17.394%	34.892%
3	1.431	10.224%	54.820%	2.303	16.447%	51.339%
4	1.233	8.808%	63.628%	1.720	12.289%	63.628%

对数据采用最大方差旋转法进行转轴，转轴之后的矩阵如表 5.32 所示。

表 5.32　网络权力大样本因子分析

项目编号	组成			
	1	2	3	4
ZDQL1		0.601		
ZDQL2		0.792		
ZDQL3		0.706		
ZDQL4		0.779		
JGQL1			0.810	
JGQL2			0.792	
JGQL3			0.834	
ZSQL1				0.735
ZSQL2				0.629
ZSQL3				0.823
RTQL1	0.793			
RTQL2	0.798			
RTQL3	0.738			
RTQL4	0.734			

注：低于 0.50 的因子负荷值未在表中标出

由旋转后的因子负荷矩阵表可以看出，包含四个同一层次的共同因子，各项目的因子负荷量均在 0.60 以上，四个因子总共解释了 63.628%的变异量，对总体 14 个项目具有较高的解释能力，问卷结构效度良好。

图 5.2 是运用 AMOS17.0 统计软件对企业网络权力大样本数据进行验证性因子分析的结果。

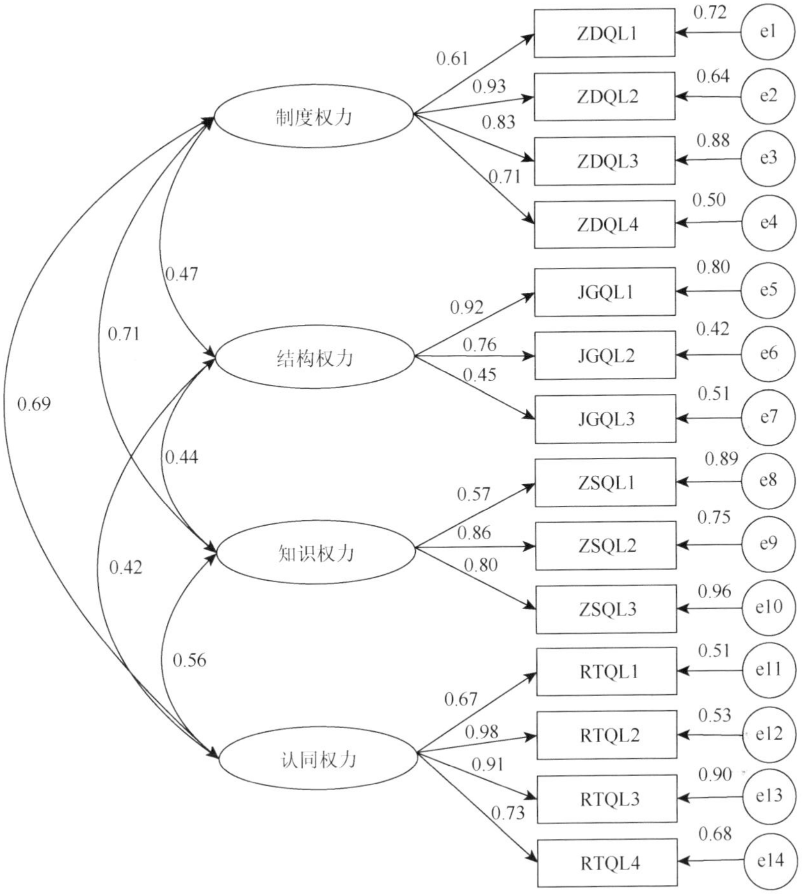

图 5.2　企业网络权力验证因子分析

通过图 5.2 可以得出如下结论：除 JGQL3 略低于 0.5 以外，各因子与指标的相关系数都在 0.5 以上，说明因子与指标的相关性较好。该模型适配度统计量如表 5.33 所示，根据表中数据可以得出企业网络权力一阶验证性因子分析模型的显著性水平 $p = 0.390 > 0.05$，未达到显著水平，接受虚无假设，表示企业网络权力的理论模型与实际数据相契合。卡方和自由度比为 1.038＜3.000，RMSEA = 0.013＜0.08，GFI = 0.956，AGFI = 0.932，NFI = 0.932，IFI = 0.997，CFI = 0.997，这些指标均达到模型的适配标准。因此企业网络权力的结构性假设企业网络权力包含制度权力、结构权力、知识权力和认同权力，成立。

表 5.33　企业网络权力验证性因子分析模型适配指标

绝对适配度指数	指标检验结果	适配标准	模型适配判断
p	0.390	＞0.05（未达显著水平）	是
NC	1.038	1＜NC＜3（模型有简约适配程度） NC＞5（模型需要修正）	是
RMSEA	0.013	＜0.05（适配良好）＜0.08（适配合理）	是
GFI	0.956	＞0.90	是
AGFI	0.932	＞0.90	是
NFI	0.932	＞0.90	是
IFI	0.997	＞0.90	是
CFI	0.997	＞0.90	是

三、产业升级信效度分析

用 SPSS17.0 统计软件对产业升级的大样本数据进行信度分析，分析结果如表 5.34 所示。

表 5.34　产业升级大样本信度分析

维度	项目编号	修正后 CITC	删除该项目后的 Cronbach'α 系数
产品升级	CPSJ1	0.513	0.667
	CPSJ2	0.553	0.619
	CPSJ3	0.559	0.612
工艺升级	GYSJ1	0.735	0.846
	GYSJ2	0.737	0.842
	GYSJ3	0.807	0.780
功能升级	GNSJ1	0.500	0.513
	GNSJ2	0.443	0.600
	GNSJ3	0.462	0.562
链升级	LSJ1	0.458	0.665
	LSJ2	0.613	0.472
	LSJ3	0.463	0.658

从分析结果中可以看出，产业升级各个项目的 CITC 值均在 0.40 以上，整个量表信度达到 0.730，符合量表对信度的要求。对产业升级进行效度分析，得到结果如表 5.35 所示。

表 5.35　产业升级大样本 KMO 和 Bartlett 球形检验结果

检验		测度值
KMO		0.716
Bartlett 球形检验	Approx. Chi-Square	866.769
	df	66
	Sig.	0.000

如表 5.35 所示，产业升级大样本的 KMO = 0.716 大于 0.5，Bartlett 球形检验的 χ^2 值为 866.769（df = 66，$p = 0.000 < 0.01$），结果说明变量间有可能存在共同因子，可以进行因素分析。分析结果见表 5.36，从该问卷中提取出四个特征值大于 1 的因素，累积解释方差为 69.041%。

表 5.36　产业升级大样本因子特征根及其方差贡献率

组成	被提取的载荷平方和			转轴平方和负荷量		
	总和	方差	累积解释方差	总和	方差	累积解释方差
1	3.137	26.139%	26.139%	2.503	20.861%	20.861%
2	2.468	20.570%	46.709%	2.026	16.883%	37.744%
3	1.520	12.667%	59.376%	1.937	16.141%	53.885%
4	1.160	9.665%	69.041%	1.819	15.156%	69.041%

对数据采用最大方差旋转法进行转轴，转轴之后的矩阵如表 5.37 所示。

表 5.37　产业升级大样本因子分析

项目编号	组成			
	1	2	3	4
CPSJ1		0.790		
CPSJ2		0.742		
CPSJ3		0.792		
GYSJ1	0.870			
GYSJ2	0.882			
GYSJ3	0.907			
GNSJ1				0.746
GNSJ2				0.818
GNSJ3				0.639
LSJ1			0.726	
LSJ2			0.604	
LSJ3			0.860	

注：低于 0.50 的因子负荷值未在表中标出

由旋转后的因子负荷矩阵表可以看出，包含四个同一层次的共同因子，四个因子共解释了 69.041%的变异量，各项目的因子负荷量均在 0.60 以上，对总体 12 个项目具有较高的解释能力，结构效度良好。

图 5.3 是运用 AMOS17.0 统计软件对产业升级大样本数据进行验证性因子分析的结果。

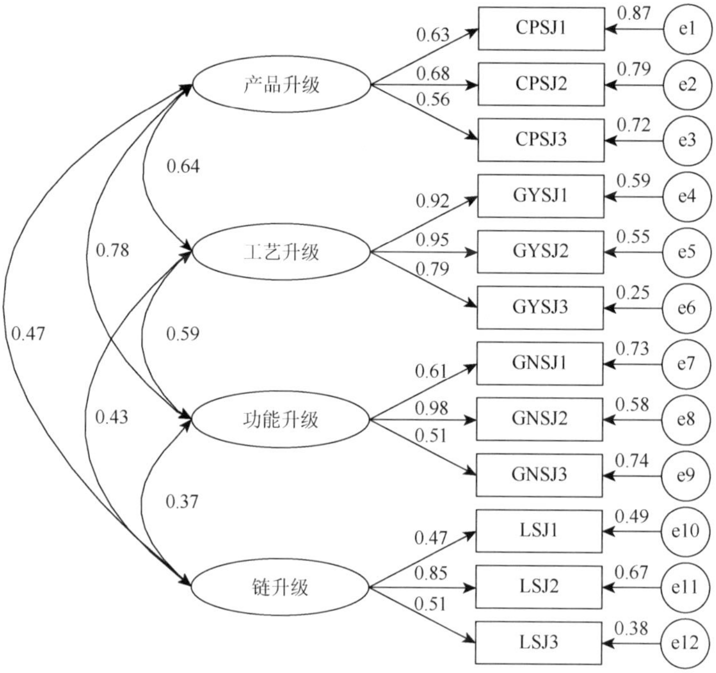

图 5.3　产业升级验证因子分析

通过图 5.3 可以得出如下结论：除 LSJ1 略低于 0.5 以外，其他各因子与指标的相关系数都在 0.5 以上，说明因子与指标的相关性较好。该模型适配度统计量如表 5.38 所示，根据表中数据可以得出产业升级一阶验证性因子分析模型的显著性水平 $p = 0.053 > 0.05$，未达到显著水平，接受虚无假设，表示产业升级的理论模型与实际数据相契合。卡方和自由度之比为 1.459＜3.000，RMSEA = 0.046＜0.08，GFI = 0.969，AGFI = 0.915，NFI = 0.952，IFI = 0.984，CFI = 0.984，这些指标均达到模型的适配标准。因此，产业升级包括四个方面产品升级、工艺升级、功能升级及链升级，成立。

表 5.38　产业升级验证性因子分析模型适配指标

拟合指数	指标检验结果	适配标准	模型适配判断
p	0.053	＞0.05（未达显著水平）	是
NC	1.459	1＜NC＜3（模型有简约适配程度） NC＞5（模型需要修正）	是
RMSEA	0.046	＜0.05（适配良好）＜0.08（适配合理）	是
GFI	0.969	＞0.90	是
AGFI	0.915	＞0.90	是
NFI	0.952	＞0.90	是
IFI	0.984	＞0.90	是
CFI	0.984	＞0.90	是

第五节　假 设 检 验

一、网络资源对网络权力直接影响假设检验

用 AMOS17.0 统计软件分析数据，检验企业网络资源对网络权力影响的假设，经过模型的评估、假设模型检验、模型修正分析，结果如图 5.4 所示。本节不展示修正时各误差变量间的共变关系，只展示潜在变量、观察变量和误差变量间的关系。

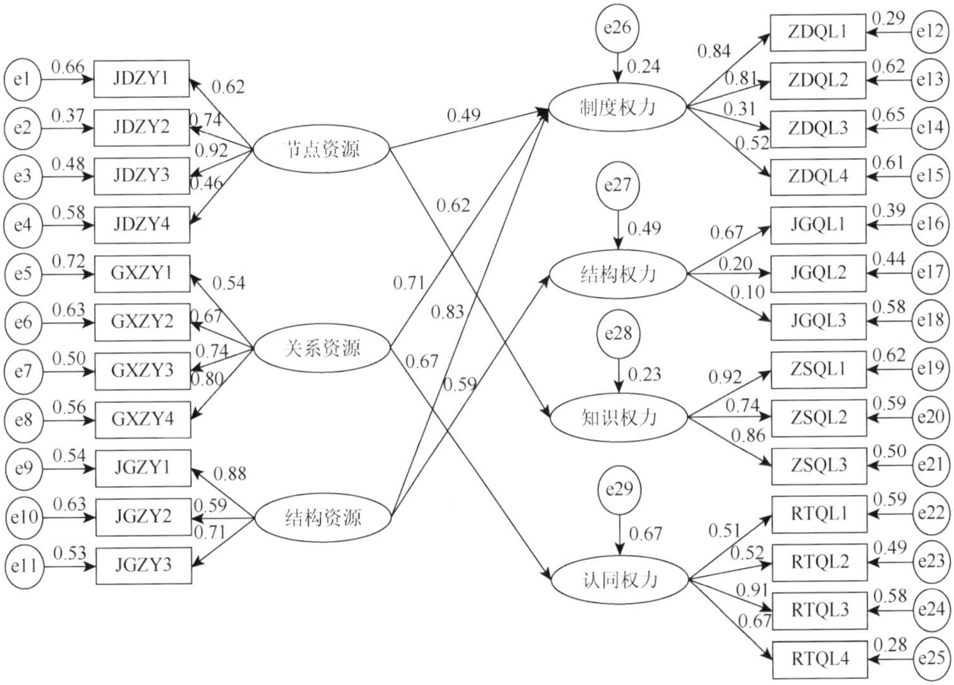

图 5.4　网络资源对网络权力影响的结构方程模型

企业网络资源对企业网络权力影响的结构方程模型修正后的适配指标值，如表 5.39 所示。从表 5.39 中我们可知该模型的显著性水平 $p = 0.171$ 大于 0.05，没有达到显著水平，因此接受虚无假设，即企业网络资源对网络权力影响模型与实际数据相契合。卡方和自由度之比为 1.091＜3.000；RMSEA = 0.020 小于 0.08；GFI = 0.924，AGFI = 0.906，NFI = 0.910，IFI = 0.990，CFI = 0.989，这些指标都达到了模型的适配标准。

表 5.39 网络资源对网络权力影响模型的适配指标

拟合指数	指标检验结果	适配标准	模型适配判断
p	0.171	＞0.05（未达显著水平）	是
NC	1.091	1＜NC＜3（模型有简约适配程度） NC＞5（模型需要修正）	是
RMSEA	0.020	＜0.05（适配良好）＜0.08（适配合理）	是
GFI	0.924	＞0.90	是
AGFI	0.906	＞0.90	是
NFI	0.910	＞0.90	是
IFI	0.990	＞0.90	是
CFI	0.989	＞0.90	是

通过企业网络资源和企业网络权力的直接关系结构方程模型分析，企业网络资源对企业网络权力影响的假设验证情况，如表 5.40 所示。

表 5.40 企业网络资源对企业网络权力影响假设的检验

变量间关系			对应系数	回归系数	临界比	*p*
知识权力	←	节点资源	0.766	0.086	8.952	***
认同权力	←	关系资源	0.888	0.180	4.947	***
结构权力	←	结构资源	0.933	0.136	6.857	***
制度权力	←	节点资源	0.641	0.139	4.609	***
制度权力	←	关系资源	0.983	0.112	8.754	***
制度权力	←	结构资源	0.852	0.172	4.937	***

***表示 $p<0.001$

通过对企业网络资源与网络权力直接关系的结构方程模型分析，前文提出的如下假设得以验证。

假设 4.1 生产网络中节点资源对制度权力形成有正向影响。成立。

结论 5.1.1　生产网络中节点资源有助于形成制度权力。由于在人力资源和技术资源方面存在差异，拥有较高水平人力资源和技术资源的企业在生产网络中倾向于主导合同制定和奖惩其他网络参与者，即制度权力的形成受节点资源正向影响。

假设 4.2　生产网络中节点资源对知识权力形成有正向影响。成立。

结论 5.1.2　生产网络中节点资源有助于形成知识权力。由于在人力资源和技术资源方面的存在差异，人力资源和技术资源水平高的企业在专业知识掌握、信息获取和预测趋势方面具有优势，即知识权力的形成受节点资源正向影响。

假设 4.3　生产网络中关系资源对制度权力形成有正向影响。成立。

结论 5.1.3　生产网络中关系资源有助于形成制度权力。生产网络中企业与企业、企业与科研机构及企业与政府合作关系和合作满意度，会通过显性或隐性的制度约束对网络中其他企业产生影响。关系资源数量和质量越高，越有助于形成制度权力，即制度权力的形成受关系资源正向影响。

假设 4.4　生产网络中关系资源对认同权力形成有正向影响。成立。

结论 5.1.4　生产网络中关系资源有助于形成认同权力。生产网络中企业与企业、企业与科研机构及企业与政府合作关系的紧密程度和合作满意度的高低，直接影响企业在生产网络中提出意见和方案时的权威形成和领导力的塑造。关系资源数量和质量越高，越有助于形成认同权力，即认同权力的形成受关系资源正向影响。

假设 4.5　生产网络中结构资源对制度权力形成有正向影响。成立。

结论 5.1.5　生产网络中结构资源有助于形成制度权力。由于网络密度、网络中心性的差异，生产网络中占据网络核心位置企业，在信息控制和关系资源方面的优势有助于奖惩措施的实施和在合同制定过程中主导性的发挥。结构资源水平越高，越有助于形成制度权力，即制度权力的形成受结构资源正向影响。

假设 4.6　生产网络中结构资源对结构权力形成有正向影响。成立。

结论 5.1.6　生产网络中结构资源有助于形成结构权力。由于网络密度、网络中心性的差异，生产网络中占据网络核心位置企业，在信息控制和关系资源方面的优势直接表现为选择合作伙伴和保持在网络核心位置的能力。结构资源水平越高，越有助于形成结构权力，即结构权力的形成受结构资源正向影响。

二、网络权力对产业升级直接影响假设检验

用 AMOS17.0 统计软件分析数据，检验企业网络权力对产业升级影响的假设，经过模型的评估、假设模型检验、模型修正分析，结果如图 5.5 所示。本节不展示修正时各误差变量间的共变关系，只表示潜在变量、观察变量和误差变量间的关系。

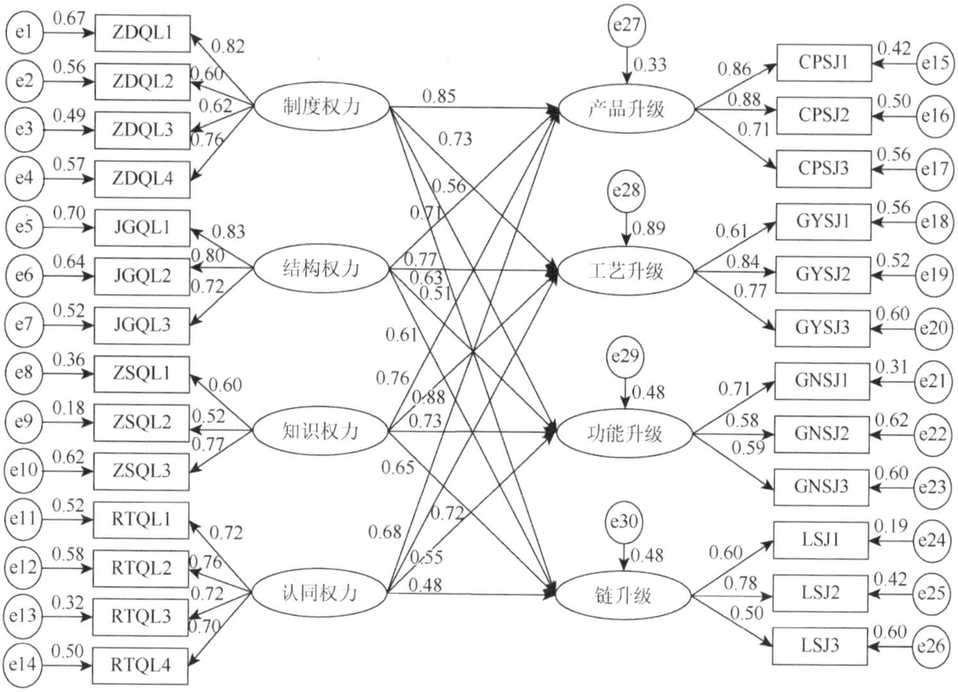

图 5.5　网络权力对产业升级影响的结构方程模型

企业网络权力对产业升级影响的结构方程模型修正后的适配指标值，如表 5.41 所示。从该表中可知该模型的显著性水平 $p = 0.382$ 大于 0.05，未达到显著水平，因此接受虚无假设，即企业网络权力对产业升级影响模型与实际数据相契合。卡方和自由度之比为 1.026＜3.000；RMSEA = 0.011，小于 0.05；GFI = 0.930，AGFI = 0.901，NFI = 0.909，IFI = 0.997，CFI = 0.997，均大于或接近 0.90。这些指标都达到了模型的适配标准。

表 5.41　网络权力对产业升级影响模型适配指标

拟合指数	指标检验结果	适配标准	模型适配判断
p	0.382	＞0.05（未达显著水平）	是
NC	1.026	1＜NC＜3（模型有简约适配程度） NC＞5（模型需要修正）	是
RMSEA	0.011	＜0.05（适配良好）＜0.08（适配合理）	是
GFI	0.930	＞0.90	是
AGFI	0.901	＞0.90	是
NFI	0.909	＞0.90	是
IFI	0.997	＞0.90	是
CFI	0.997	＞0.90	是

通过企业网络权力和产业升级的直接关系结构方程模型分析，假设验证情况如表 5.42 所示。

表 5.42　网络权力对产业升级影响的假设检验

变量间关系			对应系数	回归系数	临界比	p
产品升级	←	结构权力	1.038	0.142	7.311	***
工艺升级	←	结构权力	0.216	0.084	2.586	0.010
功能升级	←	结构权力	0.778	0.163	4.772	***
链升级	←	结构权力	0.993	0.146	6.817	***
产品升级	←	知识权力	0.626	0.072	8.643	***
工艺升级	←	知识权力	0.814	0.070	11.668	***
功能升级	←	知识权力	0.770	0.171	4.499	***
链升级	←	知识权力	0.990	0.126	7.835	***
产品升级	←	认同权力	0.216	0.084	2.586	0.010
工艺升级	←	认同权力	0.071	0.054	1.307	0.191
功能升级	←	认同权力	0.995	0.118	8.429	***
链升级	←	认同权力	0.958	0.128	7.458	***
产品升级	←	制度权力	0.849	0.192	4.413	***
工艺升级	←	制度权力	0.749	0.110	6.801	***
功能升级	←	制度权力	1.831	0.508	3.603	***
链升级	←	制度权力	1.782	0.437	4.080	***

***表示 $p<0.001$

通过对企业网络权力与产业升级直接关系的结构方程模型分析，前文提出的如下假设得以验证。

假设 4.7　生产网络中制度权力对产品升级有正向影响。成立。

结论 5.2.1　生产网络中制度权力提升可以促进产品升级。在生产网络中具有合同制定主导权和实施奖惩措施的企业，相对处于网络中领导企业位置，在生产产品的质量、数量和生产新产品方面具有优势。拥有制度权力越高，生产产品种类和方式越灵活，具有产品升级条件越充分，越倾向于进行产品升级，即产品升级的实现受制度权力的正向影响。

假设 4.8　生产网络中制度权力对工艺升级有正向影响。成立。

结论 5.2.2　生产网络中制度权力提升可以促进工艺升级。在生产网络中具有合同制定主导权和实施奖惩措施的企业，相对处于网络中领导企业位置，在生产效率方面具有优势，容易进行生产系统更新和技术改进。拥有制度权力越高，企业进行工艺升级的动力越充足，即工艺升级的实现受制度权力的正向影响。

假设 4.9　生产网络中制度权力对功能升级有正向影响。成立。

结论 5.2.3　生产网络中制度权力提升可以促进功能升级。在生产网络中具有合同制定主导权和实施奖惩措施的企业，相对处于网络中领导企业位置，在研发投入和市场拓展方面具有优势，从而形成品牌、实现在营销和研发方面的提升。拥有制度权力越高，企业进行功能升级的基础越雄厚，即功能升级的实现受制度权力的直接影响。

假设 4.10　生产网络中制度权力对链升级有正向影响。成立。

结论 5.2.4　生产网络中制度权力提升可以促进链升级。在生产网络中具有合同制定主导权和实施奖惩措施的企业，相对处于网络中领导企业位置，属于行业的核心力量。当所生产产品达到成熟期和衰退期，难以进行产品、工艺和功能方面的提升，而需转向拓展完全不同生产领域和产品。拥有制度权力越高，企业进行链升级的可能性越大，即链升级的实现受制度权力的正向影响。

假设 4.11　生产网络中结构权力对产品升级有正向影响。成立。

结论 5.2.5　生产网络中结构权力提升可以促进产品升级。在生产网络中占据网络中心位置，受到其他成员企业依赖的企业，在选择合作伙伴、接收和传递信息方面具有优势，从而可以灵活调整其生产产品的质量和数量，可以在第一时间开发生产新产品。拥有结构权力越高，企业进行产品升级的机会越多，即产品升级的实现受结构权力的正向影响。

假设 4.12　生产网络中结构权力对工艺升级有正向影响。不成立。

结论 5.2.6　生产网络中结构权力提升对工艺升级的促进不明显。在生产网络中占据网络中心位置，受到其他成员企业依赖的企业，在选择合作伙伴、接收和传递信息方面具有优势。在信息接收方面优势条件对于更新生产系统和改进技术直接影响不显著，具有占据网络中心位置能力的企业对工艺升级具有选择性，仅仅凭借结构权力较难实现工艺更新，管理实践中工艺升级的实现需要结合知识权力的提升，即结构权力对工艺升级不存在显著影响。

假设 4.13　生产网络中结构权力对功能升级有正向影响。成立。

结论 5.2.7　生产网络中结构权力提升可以促进功能升级。在生产网络中占据网络中心位置，受到其他成员企业依赖的企业，凭借其占据网络中心位置的能力和充分的信息来源，可以进一步拓展市场，发现研发投入方向，形成和建设自主品牌。拥有结构权力越高，企业进行功能升级的途径越多，即功能升级的实现受到结构权力的显著影响。

假设 4.14　生产网络中结构权力对链升级有正向影响。成立。

结论 5.2.8　生产网络中结构权力提升可以促进链升级。在生产网络中占据网络中心位置，受到其他成员企业依赖的企业，凭借其占据网络中心位置的能力和充分的信息来源，可以较早认识生产产品周期性，能够有计划的生产全新领域产品，并拓展在新产品领域。拥有结构权力越高，企业进行链升级的可能性越大，即链升级的实现受到结构权力的正向影响。

假设 4.15　生产网络中知识权力对产品升级有正向影响。成立。

结论 5.2.9　生产网络中知识权力提升可以促进产品升级。在生产网络中拥有专业知识并能够发现未来需求的企业，凭借其拥有专有知识和技术优势，可以提高生产产品的质量和增加数量，可以开发生产新产品。拥有知识权力越高，企业进行产品升级的技术条件越充分，即产品升级的实现受到知识权力的正向影响。

假设 4.16　生产网络中知识权力对工艺升级有正向影响。成立。

结论 5.2.10　生产网络中知识权力提升可以促进工艺升级。在生产网络中拥有专业知识并能够发现未来需求的企业，凭借其拥有专有知识和技术优势，可以直接推动生产效率提高，进行生产系统更新和技术改进。拥有知识权力越高，企业进行工艺升级的可行性越强，即工艺升级的实现受知识权力的正向影响。

假设 4.17　生产网络中知识权力对功能升级有正向影响。成立。

结论 5.2.11　生产网络中知识权力提升可以促进功能升级。在生产网络中拥有专业知识并能够发现未来需求的企业，凭借其已有专有知识和技术优势，可以在市场拓展和品牌建设方面实现提升。拥有的知识权力越高，企业进行功能升级的基础越雄厚，即功能升级的实现受知识权力的正向影响。

假设 4.18　生产网络中知识权力对链升级有正向影响。成立。

结论 5.2.12　生产网络中知识权力提升可以促进链升级。在生产网络中拥有专业知识并能够发现未来需求的企业，由于其已有专有知识和技术优势较为领先，可以较早意识和发现技术瓶颈。当所生产产品达到成熟期和衰退期，难以进行产品、工艺和功能方面的提升，而需转向拓展完全不同生产领域和产品。拥有的知识权力越高，企业进行链升级的可能性越大，即链升级的实现受知识权力的正向影响。

假设 4.19　生产网络中认同权力对产品升级有正向影响。不成立。

结论 5.2.13　生产网络中认同权力提升对产品升级影响不显著。在生产网络中受到广泛认可的企业，凭借其长期积累的成员信任和提供优质的冲突解决方案能力，可以在网络中形成权威。但其对产品数量增加和质量提升，以及新产品的开发直接作用不明显，即认同权力对产品升级不存在正向显著影响。

假设 4.20　生产网络中认同权力对工艺升级有正向影响。不成立。

结论 5.2.14　生产网络中认同权力提升对工艺升级影响不显著。在生产网络中受到广泛认可的企业，凭借其长期积累的成员信任和提供优质的冲突解决方案能力，可以在网络中形成权威。但其对生产效率提高、生产系统更新和技术改进直接影响不明显，即认同权力对产品升级不存在显著影响。

假设 4.21　生产网络中认同权力对功能升级有正向影响。成立。

结论 5.2.15　生产网络中认同权力提升可以促进功能升级。在生产网络中受到广泛认可的企业，凭借其长期积累的成员信任和提供优质的冲突解决方案能力，可以在网络中形成权威。这种权威和认可可以在市场拓展与品牌建设方面发挥推动作用。拥有认同权力越高，企业进行功能升级的网络环境障碍性越弱，即功能升级的实现受认同权力的直接影响。

假设 4.22　生产网络中认同权力对链升级有正向影响。成立。

结论 5.2.16　生产网络中认同权力提升可以促进链升级。在生产网络中受到广泛认可的企业，凭借其长期积累的成员信任和提供优质的冲突解决方案能力，可以在网络中形成权威。这种权威和认可可以在拓展完全不同生产领域与产品过程中获得支持。拥有认同权力越高，企业进行链升级的网络支持度越高，即链升级的实现受认同权力的正向影响。

三、网络权力中介作用假设检验

（一）产业升级二阶验证性因子分析

运用 AMOS17.0 统计软件，对产业升级进行二阶验证性因子分析，分析结果如图 5.6 所示。

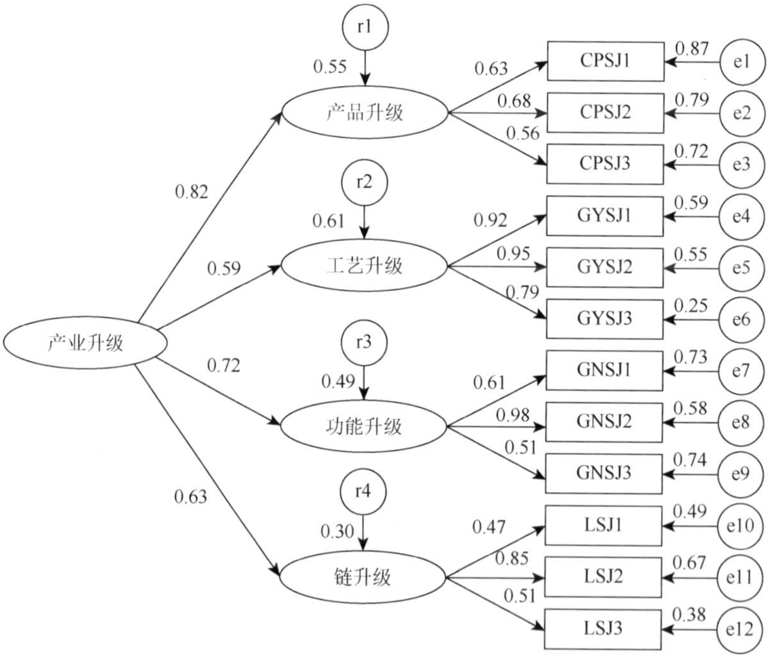

图 5.6　产业升级二阶验证性因子分析模型

产业升级二阶验证性因子分析模型的参数估计摘要，如表 5.43 所示。测量变量在初阶因素的因素负荷量、初阶因素在高阶因素构念的因素负荷量均大于 0.50 小于 0.95，属于理想状态。该模型的组合信度均大于 0.60，平均变异量抽取值均大于 0.50，表明该模型内在质量很好，测量指标变量都能够有效的反应它相对应的潜在变量所包括的因素构念。

表 5.43　产业升级二阶验证性因子参数估计

测量指标	标准化因素负荷量	信度系数	组合信度	平均变异量抽取值
CPSJ1	0.935	0.121	0.669	0.516
CPSJ2	0.430	0.117		
CPSJ3	0.760	0.108		
GYSJ1	0.703	0.302	0.793	0.874
GYSJ2	0.946	0.088		
GYSJ3	0.918	0.093		
GNSJ1	0.622	0.156	0.602	0.743
GNSJ2	0.735	0.141		
GNSJ3	0.547	0.102		
LSJ1	0.935	0.138	0.672	0.612
LSJ2	0.601	0.142		
LSJ3	0.629	0.154		
产品升级	0.583	0.151	0.639	0.804
工艺升级	0.502	0.102		
功能升级	0.734	0.168		
链升级	0.696	0.413		

产业升级二阶验证性因子分析模型适配指标取值，如表 5.44 所示。根据该表中数据得出产业升级二阶验证性因子分析模型的显著性水平 $p = 0.407$，大于 0.05，未达到显著水平，接受虚无假设，表示企业外部社会资本的理论模型与实际数据相契合。卡方和自由度比值 NC = 1.014，小于 3.000；RMSEA = 0.008，小于 0.08；GFI = 0.918，AGFI = 0.909，NFI = 0.902，IFI = 0.998，CFI = 0.998，这些值均大于 0.90。这些适配指标均达到模型的适配标准，模型整体拟合理想。

表 5.44　产业升级二阶验证性因子分析模型适配指标

拟合指数	指标检验结果	适配标准	模型适配判断
p	0.407	＞0.05（未达显著水平）	是
NC	1.014	1＜NC＜3（模型有简约适配程度） NC＞5（模型需要修正）	是

续表

拟合指数	指标检验结果	适配标准	模型适配判断
RMSEA	0.008	＜0.05（适配良好）＜0.08（适配合理）	是
GFI	0.918	＞0.90	是
AGFI	0.909	＞0.90	是
NFI	0.902	＞0.90	是
IFI	0.998	＞0.90	是
CFI	0.998	＞0.90	是

（二）网络权力在节点资源影响产业升级过程中介作用假设检验

1. 制度权力的中介作用假设检验

运用 AMOS17.0 统计软件，分析节点资源对产业升级影响过程中制度权力的中介作用，分析结果如图 5.7 所示。

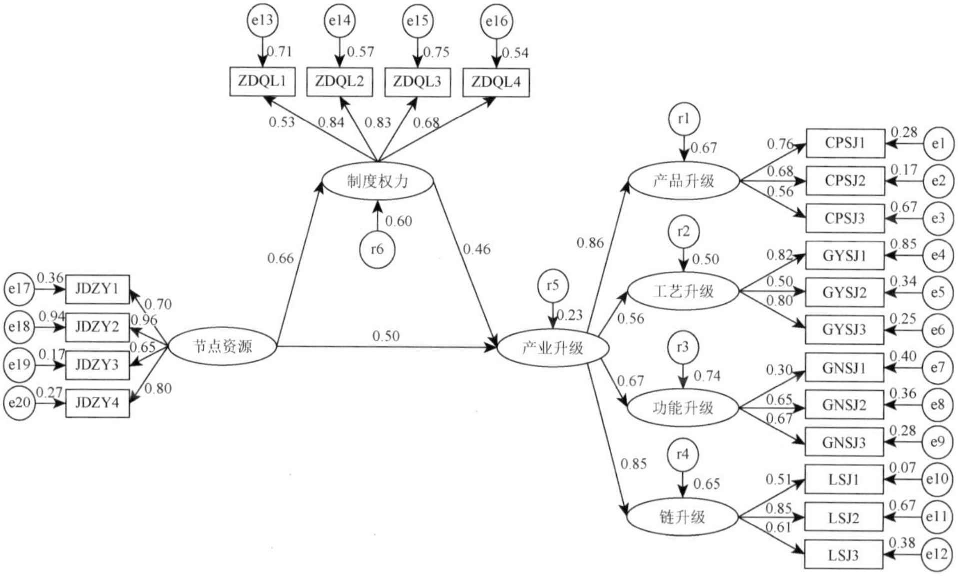

图 5.7 节点资源、制度权力和产业升级关系的结构方程模型

节点资源、制度权力和产业升级关系的结构方程模型修正后适配指标，如表 5.45 所示。该模型的显著性水平 $p = 0.783$，大于 0.05；NC = 0.893，小于 3.000；RMSEA = 0.019，小于 0.08；GFI、AGFI、NFI、IFI 和 CFI 值均大于 0.90。这些指标都达到了模型的适配标准。

表 5.45　节点资源、制度权力和产业升级关系的结构方程模型适配指标

拟合指数	指标检验结果	适配标准	模型适配判断
p	0.783	>0.05（未达显著水平）	是
NC	0.893	1<NC<3（模型有简约适配程度） NC>5（模型需要修正）	是
RMSEA	0.019	<0.05（适配良好）<0.08（适配合理）	是
GFI	0.957	>0.90	是
AGFI	0.919	>0.90	是
NFI	0.941	>0.90	是
IFI	0.998	>0.90	是
CFI	0.998	>0.90	是

节点资源、制度权力和产业升级的回归系数，如表 5.46 所示。按照中介作用的检验程序，首先分别检验节点资源对制度权力的回归系数 a 和制度权力对产业升级的回归系数 b，检验结果二者都显著；其次检验节点资源对产业升级的回归系数 c'显著，说明制度权力在节点资源影响产业升级过程中发挥部分中介效应。

表 5.46　节点资源、制度权力和产业升级的回归系数

变量间关系			对应系数	回归系数	临界比	p	影响是否显著
产业升级	←	节点资源	c	0.683	5.367	***	是
制度权力	←	节点资源	a	0.511	4.142	***	是
产业升级	←	制度权力	b	0.399	3.655	***	是
产业升级	←	节点资源	c'	0.600	6.430	***	是

***表示 $p<0.001$

假设 4.23.2　制度权力在节点资源作用于产业升级过程中发挥部分中介效应。成立。

结论 5.3.1　节点资源对产业升级的影响部分通过制度权力传递。生产网络中节点资源有助于形成制度权力进而作用于产业升级。由于在人力资源和技术资源方面存在差异，拥有较高水平人力资源和技术资源的企业在生产网络中倾向于主导合同制定和奖惩其他网络参与者，并据此实现产业升级。

2. 知识权力的中介作用假设检验

运用 AMOS17.0 统计软件，分析节点资源对产业升级影响过程中知识权力的中介作用，分析结果如图 5.8 所示。

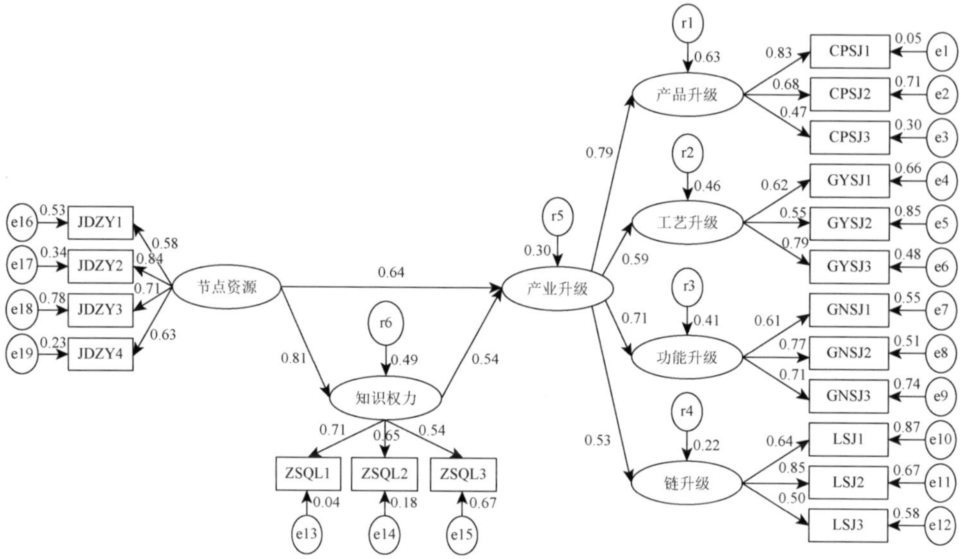

图 5.8　节点资源、知识权力和产业升级关系的结构方程模型

节点资源、知识权力和产业升级关系的结构方程模型修正后适配指标，如表 5.47 所示。该模型的显著性水平 $p = 0.223$，大于 0.05；NC = 1.101，小于 3.000；RMSEA = 0.022，小于 0.08；GFI、AGFI、NFI、IFI 和 CFI 值均大于 0.90。这些指标都达到了模型的适配标准。

表 5.47　节点资源、知识权力和产业升级关系的结构方程模型适配指标

拟合指数	指标检验结果	适配标准	模型适配判断
p	0.223	＞0.05（未达显著水平）	是
NC	1.101	1＜NC＜3（模型有简约适配程度） NC＞5（模型需要修正）	是
RMSEA	0.022	＜0.05（适配良好）＜0.08（适配合理）	是
GFI	0.946	＞0.90	是
AGFI	0.906	＞0.90	是
NFI	0.922	＞0.90	是
IFI	0.992	＞0.90	是
CFI	0.992	＞0.90	是

节点资源、知识权力和产业升级的回归系数如表 5.48 所示。根据这些数据判断出知识权力起到完全中介作用。按照中介作用的检验程序，首先分别检验节点资源对知识权力的回归系数 a 和知识权力对产业升级的回归系数 b，检验结果二者都显著；其次检验节点资源对产业升级的回归系数 $c' = 0.640$，c'在 0.1 水平下

显著则说明知识权力在节点资源影响产业升级过程中发挥部分中介作用，即节点资源对产业升级的影响部分通过知识权力传递。

表 5.48　节点资源、知识权力和产业升级的回归系数

变量间关系			对应系数	回归系数	临界比	p	影响是否显著
产业升级	←	节点资源	c	0.601	4.021	***	是
知识权力	←	节点资源	a	0.437	3.302	***	是
产业升级	←	知识权力	b	0.687	3.744	***	是
产业升级	←	节点资源	c'	0.640	3.409	0.057＜0.1	是

***表示 p＜0.001

假设 4.24.2　知识权力在节点资源作用于产业升级过程中发挥部分中介效应。成立。

结论 5.3.2　节点资源对产业升级的影响部分通过知识权力传递。生产网络中节点资源有助于形成知识权力进而作用于产业升级。由于网络中企业自身节点资源存在差异，如人力资源、技术资源差异，节点资源丰富的企业在网络中具有其他企业不具备的知识专长，企业据此在新产品研发和生产效率提升方面更具有优势，可以有效推动产业升级。

（三）网络权力在关系资源影响产业升级过程中介作用假设检验

1. 制度权力的中介作用假设检验

运用 AMOS17.0 统计软件，分析关系资源对产业升级影响过程中制度权力的中介作用，分析结果如图 5.9 所示。

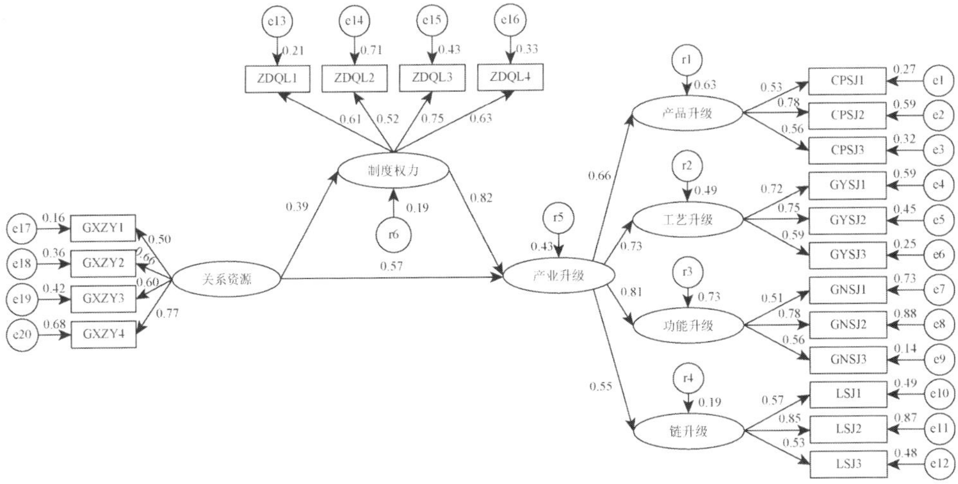

图 5.9　关系资源、制度权力和产业升级关系的结构方程模型

关系资源、制度权力和产业升级的结构方程模型修正后适配指标，如表 5.49 所示。该模型的显著性水平 $p=0.432$，大于 0.05；NC = 1.017，小于 3.000；RMSEA = 0.009，小于 0.08；GFI、AGFI、NFI、IFI 和 CFI 值均大于 0.90。这些指标都达到了模型的适配标准。

表 5.49　关系资源、制度权力和产业升级关系的结构方程模型适配指标

拟合指数	指标检验结果	适配标准	模型适配判断
p	0.432	＞0.05（未达显著水平）	是
NC	1.017	1＜NC＜3（模型有简约适配程度） NC＞5（模型需要修正）	是
RMSEA	0.009	＜0.05（适配良好）＜0.08（适配合理）	是
GFI	0.951	＞0.90	是
AGFI	0.908	＞0.90	是
NFI	0.932	＞0.90	是
IFI	0.999	＞0.90	是
CFI	0.999	＞0.90	是

关系资源、制度权力和产业升级的回归系数如表 5.50 所示。根据检验结果判断制度权力发挥完全中介作用。首先分别检验关系资源对制度权力的回归系数 a 和制度权力对产业升级的回归系数 b，检验结果二者都显著；其次检验关系资源对产业升级的回归系数 $c' = 0.570$，c'不显著则说明制度权力发挥完全中介作用，即关系资源对产业升级产生的影响通过制度权力发生。

表 5.50　关系资源、制度权力和产业升级的回归系数

变量间关系			对应系数	回归系数	临界比	p	影响是否显著
产业升级	←	关系资源	c	0.619	5.363	***	是
制度权力	←	关系资源	a	0.725	6.484	***	是
产业升级	←	制度权力	b	0.410	3.772	***	是
产业升级	←	关系资源	c'	0.570	4.478	0.197	否

***表示 $p<0.001$

假设 4.25.1　制度权力在关系资源作用于产业升级过程中发挥完全中介效应。成立。

结论 5.3.3　关系资源对产业升级的影响完全通过制度权力传递。生产网络中关系资源有助于形成制度权力进而作用于产业升级。生产网络中企业与企业、企业与科研机构及企业与政府紧密的合作关系和良好的合作满意度，表现为关系资源数量和质量的提高，通过合同制定的主导性和奖惩其他网络参与者等方式，逐步固化为企业制度权力，成为推动产业升级的关键。

2. 认同权力的中介作用假设检验

运用 AMOS17.0 统计软件，分析关系资源对产业升级影响过程中认同权力的中介作用，分析结果如图 5.10 所示。

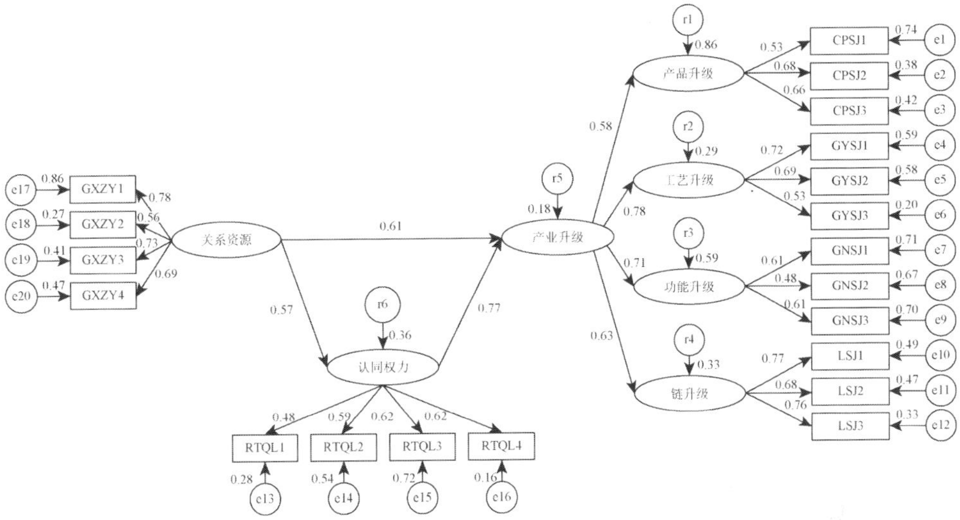

图 5.10　关系资源、认同权力和产业升级关系的结构方程模型

关系资源、认同权力和产业升级关系的结构方程模型修正后适配指标，如表 5.51 所示。该模型的显著性水平 $p=0.219$，大于 0.05；NC = 1.294，小于 3.000；RMSEA = 0.037，小于 0.08；GFI、AGFI、NFI、IFI 和 CFI 值均大于 0.90。这些指标都达到了模型的适配标准。

表 5.51　关系资源、认同权力和产业升级关系的结构方程模型适配指标

拟合指数	指标检验结果	适配标准	模型适配判断
p	0.219	＞0.05（未达显著水平）	是
NC	1.294	1＜NC＜3（模型有简约适配程度） NC＞5（模型需要修正）	是
RMSEA	0.037	＜0.05（适配良好）＜0.08（适配合理）	是
GFI	0.939	＞0.90	是

续表

拟合指数	指标检验结果	适配标准	模型适配判断
AGFI	0.907	>0.90	是
NFI	0.909	>0.90	是
IFI	0.978	>0.90	是
CFI	0.977	>0.90	是

关系资源、认同权力和产业升级的回归系数如表 5.52 所示。首先分别检验关系资源对认同权力的回归系数 *a* 和认同权力对产业升级的回归系数 *b*，检验结果 *a* 显著，*b* 不显著；检验终止，认同权力在关系资源影响产业升级过程中不发挥中介效应。

表 5.52　关系资源、认同权力和产业升级的回归系数

变量间关系			对应系数	回归系数	临界比	*p*	影响是否显著
产业升级	←	关系资源	*c*	0.548	4.381	***	是
认同权力	←	关系资源	*a*	0.408	4.309	***	是
产业升级	←	认同权力	*b*	0.677	4.562	0.231	否
产业升级	←	关系资源	*c'*	0.334	3.824	***	是

***表示 $p<0.001$

假设 4.26.1　认同权力在关系资源作用于产业升级过程中发挥完全中介效应。不成立。

假设 4.26.2　认同权力在关系资源作用于产业升级过程中发挥部分中介效应。不成立。

结论 5.3.4　认同权力在关系资源对产业升级的影响过程中不发挥中介效应。在生产网络中受到广泛认可的企业，凭借其长期积累的成员信任和提供优质的冲突解决方案能力，可以在网络中形成权威，有助于实现产业升级。但认同权力其对以产品数量、质量提高为特征的产品升级不存在显著影响；对以生产效率提高、生产系统更新和技术改进为特征的工艺升级影响不显著。对领导企业权威认同难以实现关系资源向产业升级的转化。

（四）网络权力在结构资源影响产业升级过程中介作用假设检验

1. 制度权力的中介作用假设检验

运用 AMOS17.0 统计软件，分析结构资源对产业升级影响过程中制度权力的中介作用，分析结果如图 5.11 所示。

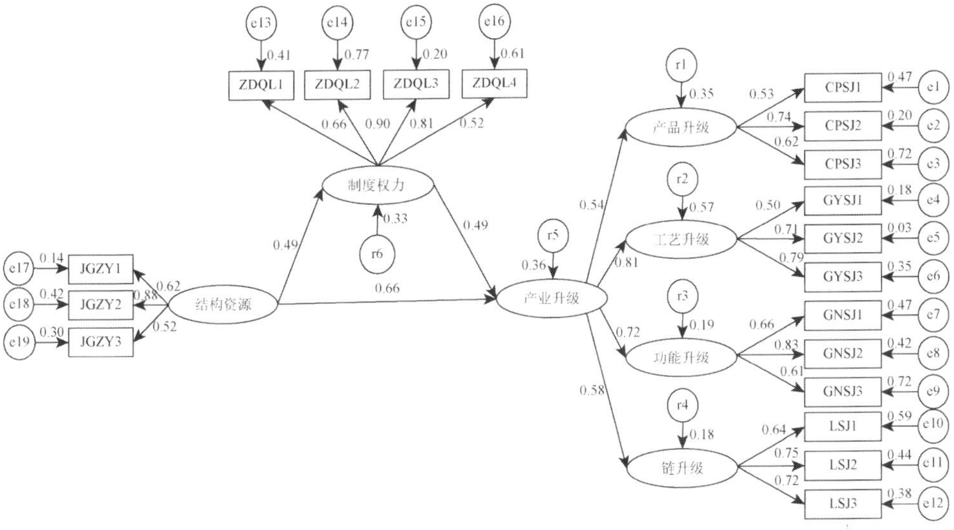

图 5.11　结构资源、制度权力和产业升级关系的结构方程模型

结构资源、制度权力和产业升级关系的结构方程模型修正后适配指标如表 5.53 所示。该模型的显著性水平 $p = 0.189$，大于 0.05；NC = 0.927，小于 3.000；RMSEA = 0.019，小于 0.08；GFI、AGFI、NFI、IFI 和 CFI 值均大于 0.90。这些指标都达到了模型的适配标准。

表 5.53　结构资源、制度权力和产业升级关系的结构方程模型适配指标

拟合指数	指标检验结果	适配标准	模型适配判断
p	0.189	＞0.05（未达显著水平）	是
NC	0.927	1＜NC＜3（模型有简约适配程度） NC＞5（模型需要修正）	是
RMSEA	0.019	＜0.05（适配良好）＜0.08（适配合理）	是
GFI	0.956	＞0.90	是
AGFI	0.921	＞0.90	是
NFI	0.938	＞0.90	是
IFI	0.995	＞0.90	是
CFI	0.995	＞0.90	是

结构资源、制度权力和产业升级的回归系数如表 5.54 所示。首先分别检验结构资源对制度权力的回归系数 a 和制度权力对产业升级的回归系数 b，检验结果二者都显著；其次检验结构资源对产业升级的回归系数 $c' = 0.660$，c'显著则说明

制度权力发挥部分中介作用，即结构资源对产业升级产生的影响部分通过制度权力产生。

表 5.54 结构资源、制度权力和产业升级的回归系数

变量间关系			对应系数	回归系数	临界比	*p*	影响是否显著
产业升级	←	结构资源	*c*	0.623	4.283	***	是
制度权力	←	结构资源	*a*	0.688	5.992	***	是
产业升级	←	制度权力	*b*	0.419	3.841	***	是
产业升级	←	结构资源	*c*'	0.660	4.129	0.048＜0.5	是

***表示 $p<0.001$

假设 4.27.2 制度权力在结构资源作用于产业升级过程中发挥部分中介效应。成立。

结论 5.3.5 生产网络中结构资源有助于形成制度权力进而实现产业升级。由于网络密度、网络中心性的差异，生产网络中占据网络核心位置企业，在信息控制和关系资源方面的优势有助于奖惩措施的实施和在合同制定过程中主导性的发挥，进而实现产业升级。

2. 结构权力的中介作用假设检验

运用 AMOS17.0 统计软件，分析结构资源对产业升级影响过程中结构权力的中介作用，分析结果如图 5.12 所示。

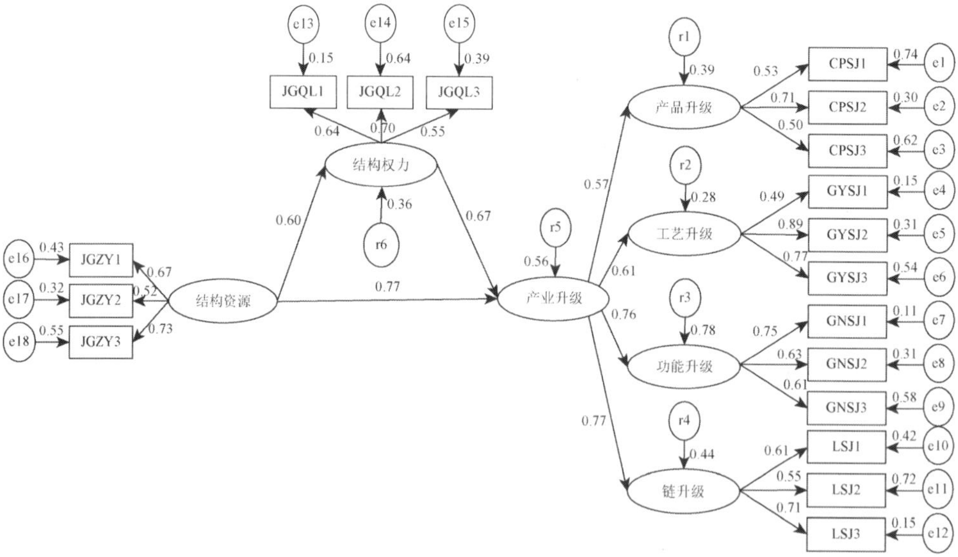

图 5.12 结构资源、结构权力和产业升级关系的结构方程模型

结构资源、结构权力和产业升级关系的结构方程模型修正后适配指标如表 5.55 所示。该模型的显著性水平 $p = 0.262$，大于 0.05；NC = 1.007，小于 3.000；RMSEA = 0.006，小于 0.08；GFI、AGFI、NFI、IFI 和 CFI 值均大于 0.90。这些指标都达到了模型的适配标准。

表 5.55　结构资源、结构权力和产业升级关系的结构方程模型适配指标

拟合指数	指标检验结果	适配标准	模型适配判断
p	0.262	＞0.05（未达显著水平）	是
NC	1.007	1＜NC＜3（模型有简约适配程度） NC＞5（模型需要修正）	是
RMSEA	0.006	＜0.05（适配良好）＜0.08（适配合理）	是
GFI	0.959	＞0.90	是
AGFI	0.919	＞0.90	是
NFI	0.945	＞0.90	是
IFI	0.999	＞0.90	是
CFI	0.999	＞0.90	是

结构资源、结构权力和产业升级的回归系数如表 5.56 所示。根据这些数据判断出结构权力发挥部分中介作用。首先分别检验结构资源对结构权力的回归系数 a 和结构权力对产业升级的回归系数 b，检验结果 a 显著，b 在 0.05 水平下显著；其次检验结构资源对产业升级的回归系数 $c' = 0.770$，c'显著则说明结构权力发挥部分中介效应，即结构资源对产业升级产生的影响部分通过结构权力产生。

表 5.56　结构资源、结构权力和产业升级的回归系数

变量间关系			对应系数	回归系数	临界比	p	影响是否显著
产业升级	←	结构资源	c	0.575	4.312	***	是
结构权力	←	结构资源	a	0.529	4.111	***	是
产业升级	←	结构权力	b	0.358	4.834	0.024＜0.05	是
产业升级	←	结构资源	c'	0.770	4.066	***	是

***表示 p＜0.001

假设 4.28.2　结构权力在结构资源作用于产业升级过程中发挥部分中介效应。成立。

结论 5.3.6　生产网络中结构资源有助于形成结构权力进而实现产业升级。由于网络密度、网络中心性的差异，生产网络中占据网络核心位置企业，在选择合作伙伴方面具有更为广泛的自主性，通过对网络核心位置能力的掌控，可以实现产业升级。

四、网络规模调节作用假设检验

本节对调节变量的检验程序如下。第一步，以网络资源为自变量，以网络权力为因变量建立回归模型；第二步，以网络资源和网络规模为自变量，以网络权力为因变量建立回归模型；第三步，以网络资源、网络规模和网络资源与网络规模交互作用为自变量，以网络权力为因变量建立回归模型，然后检验网络资源与网络规模的交互作用对网络权力的影响是否显著。如果显著，则可以判断此调节作用存在，反之则没有起到调节作用。

检验结果如表 5.57 所示，层级回归分析结果表明，第三步回归模型中节点资源与网络规模的交互作用对制度权力的标准化回归系数 β 是 0.693＞0，$F=198.638$，在 $p<0.001$ 水平上显著。证明网络规模在节点资源与制度权力的关系中具有显著的调节作用。

表 5.57 网络规模在节点资源与制度权力间调节作用层次回归分析结果

变量	制度权力		
	第一步	第二步	第三步
节点资源	0.436***	0.481***	0.134***
网络规模		0.583***	0.258***
节点资源×网络规模			0.693***
R^2	0.190	0.529	0.480
F	50.488***	104.425***	198.638***

***表示 $p<0.001$

假设 4.29 网络规模在节点资源与制度权力的关系中具有显著的调节作用，成立。

结论 5.4.1 生产网络中节点资源对制度权力的影响受到网络规模大小的影响。生产网络规模越大，节点资源水平越高，越有助于制度权力的形成。由于在人力资源和技术资源方面存在差异，拥有较高水平人力资源和技术资源的企业在生产网络中倾向于主导合同制定和奖惩其他网络参与者。网络规模越大合同制定主导性越强，奖惩其他网络参与者越多，形成制度权力水平越高。

检验结果如表 5.58 所示，层级回归分析结果表明，第三步回归模型中节点资源与网络规模的交互作用对知识权力的标准化回归系数 β 是 0.547>0，$F=2.380$，在 $p<0.05$ 水平上显著。证明网络规模在节点资源与知识权力的关系中具有显著的调节作用。

表 5.58　网络规模在节点资源与知识权力间调节作用层次回归分析结果

变量	知识权力		
	第一步	第二步	第三步
节点资源	0.204**	0.240***	0.142**
网络规模		0.458***	0.039*
节点资源×网络规模			0.547*
R^2	0.042	0.250	0.243
F	9.343**	16.302***	2.380*

***表示 $p<0.001$，**表示 $p<0.01$，*表示 $p<0.05$

假设 4.30　网络规模在节点资源与知识权力的关系中具有显著的调节作用，成立。

结论 5.4.2　生产网络中节点资源对知识权力的影响受到网络规模大小的影响。生产网络规模越大，节点资源水平越高，越有助于知识权力的形成。由于在人力资源和技术资源方面存在差异，拥有较高水平人力资源和技术资源的企业可以更快掌握专业知识、获取信息并进行趋势预测。网络规模越大知识获取量越大，形成知识权力水平越高。

检验结果如表 5.59 所示，层级回归分析结果表明，第三步回归模型中关系资源与网络规模的交互作用对制度权力的标准化回归系数 β 是 0.242>0，$F=4.558$，在 $p<0.05$ 水平上显著。证明网络规模在关系资源与制度权力的关系中具有显著的调节作用。

表 5.59　网络规模在关系资源与制度权力间调节作用层次回归分析结果

变量	制度权力		
	第一步	第二步	第三步
关系资源	0.121**	0.210***	0.338**
网络规模		0.578***	0.798**
关系资源×网络规模			0.242*
R^2	0.015	0.341	0.343
F	3.214***	14.021***	4.558**

***表示 $p<0.001$，**表示 $p<0.01$，*表示 $p<0.05$

假设 4.31　网络规模在关系资源与制度权力的关系中具有显著的调节作用，成立。

结论 5.4.3　生产网络中关系资源对制度权力的影响受到网络规模大小的影响。生产网络规模越大，关系资源水平越高，越有助于制度权力的形成。较大规模的生产网络中企业与企业、企业与科研机构及企业与政府合作关系的数量较多，在合同制定的主导性和奖惩其他网络参与者方面关系资源发挥作用越大。网络规模越大关系数量越大，形成制度权力水平越高。

检验结果如表 5.60 所示，层级回归分析结果表明，第三步回归模型中关系资源与网络规模的交互作用对认同权力的标准化回归系数 β 是 0.177>0，$F=24.453$，在 $p<0.001$ 水平上显著。证明网络规模在关系资源与认同权力的关系中具有显著的调节作用。

表 5.60　网络规模在关系资源与认同权力间调节作用层次回归分析结果

变量	认同权力		
	第一步	第二步	第三步
关系资源	0.075^{***}	0.078^{*}	0.015^{*}
网络规模		0.511^{***}	0.350^{**}
关系资源×网络规模			0.177^{*}
R^2	0.000	0.255	0.256
F	0.000^{***}	36.614^{***}	24.453^{***}

***表示 $p<0.001$，**表示 $p<0.01$，*表示 $p<0.05$

假设 4.32　网络规模在关系资源与认同权力的关系中具有显著的调节作用，成立。

结论 5.4.4　生产网络中关系资源对认同权力的影响受到网络规模大小的影响。生产网络规模越大，关系资源水平越高，越有助于认同权力的形成。较大规模的生产网络中企业与企业、企业与科研机构及企业与政府合作关系的数量较多，形成的权威和领导力水平越高。网络规模越大依赖关系的范围越广，形成认同权力水平越高。

检验结果如表 5.61 所示，层级回归分析结果表明，第三步回归模型中结构资源与网络规模的交互作用对制度权力的标准化回归系数 β 是 0.204>0，$F=33.319$，在 $p<0.001$ 水平上显著。证明网络规模在结构资源与制度权力具有显著的调节作用。

表 5.61　网络规模在结构资源与制度权力间调节作用层次回归分析结果

变量	制度权力		
	第一步	第二步	第三步
结构资源	0.045*	0.141*	0.288*
网络规模		0.570***	0.731***
结构资源×网络规模			0.204*
R^2	0.002	0.317	0.319
F	0.453*	49.681***	33.319***

***表示 $p<0.001$，*表示 $p<0.05$

假设 4.33　网络规模在结构资源与制度权力的关系中具有显著的调节作用，成立。

结论 5.4.5　生产网络中结构资源对制度权力的影响受到网络规模大小的影响。生产网络规模越大，结构资源水平越高，越有助于制度权力的形成。较大规模的生产网络中由于网络密度、网络中心性的差异，占据网络核心位置企业，在信息传递和控制方面的优势更加明显，在奖惩措施的实施和在合同制定过程中主导性的发挥方面结构资源发挥作用越大。网络规模越大信息控制水平越高，形成制度权力水平越高。

检验结果如表 5.62 所示，层级回归分析结果表明，第三步回归模型中结构资源与网络规模的交互作用对结构权力的标准化回归系数 β 是 $0.526>0$，$F=29.687$，在 $p<0.001$ 水平上显著。证明网络规模在结构资源与结构权力具有显著的调节作用。

表 5.62　网络规模在结构资源与结构权力间调节作用层次回归分析结果

变量	结构权力		
	第一步	第二步	第三步
结构资源	0.115**	0.204***	0.173*
网络规模		0.524***	0.109*
结构资源×网络规模			0.526**
R^2	0.013	0.279	0.295
F	2.886***	41.508***	29.687***

***表示 $p<0.001$，**表示 $p<0.01$，*表示 $p<0.05$

假设 4.34　网络规模在结构资源与结构权力的关系中具有显著的调节作用，成立。

结论 5.4.6　生产网络中结构资源对结构权力的影响受到网络规模大小的影响。生产网络规模越大，结构资源水平越高，越有助于结构权力的形成。较大规模的生产网络中由于网络密度、网络中心性的差异，占据网络核心位置企业，在信息传递和控制方面的优势更加明显，在选择合作伙伴和保持在网络核心位置的能力方面结构资源发挥作用越大。网络规模越大信息控制水平越高，形成结构权力水平越高。

综上，本章在信效度分析和验证性因子分析基础上，采用结构方程模型拟合网络资源、网络权力对产业升级的影响路径，结果显示拟合指数均达到模型的适配标准。检验了网络资源、网络权力和产业升级的结构性假设、网络资源对网络权力影响假设、网络权力对产业升级影响假设。

在全球生产网络中，企业占据的网络资源可以影响网络权力的形成和提高。为了能够在企业网络中获得制定规则的话语权，影响控制其他企业，为自身获取利益，企业可以通过提升网络中的节点、关系和结构资源获取网络权力。

企业可以通过提升网络权力实现产业升级。在全球生产网络中企业可以通过获取制度权力、知识权力、结构权力和认同权力推进产品升级、工艺升级、功能升级和链升级，实现产业升级。网络中企业可以通过权力的获取和使用，推动网络整体发展升级。由此可知，网络权力是产业升级前置性因素，网络权力积累是实现产业升级的重要途径。

网络权力在网络资源作用于产业升级的过程中发挥中介作用。网络资源作用于产业升级的过程受到网络权力的影响和制约。网络中企业的节点资源通过企业在网络中知识权力和制度权力作用于产业升级。关系资源完全通过制度权力作用于产业升级。结构资源通过结构权力和制度权力作用于产业升级。由此可知，网络资源累积通过网络权力显现化，并通过固化为企业权力形式作用于产业升级。在网络资源影响下，网络权力是实现升级的具体路径。

网络规模在网络资源对网络权力影响过程中发挥调节作用。网络规模在节点资源与制度权力和知识权力的关系中具有显著的调节作用。网络规模在关系资源与制度权力和认同权力的关系中具有显著的调节作用。网络规模在结构资源与制度权力和结构权力的关系中具有显著的调节作用。研究结果表明，网络资源对网络权力的影响因网络规模的大小而产生作用不同。网络规模越大，网络资源对网络权力的影响就越显著。在分析网络资源、网络权力对产业升级的作用，需要考虑所研究生产网络的规模属性。

第六章　网络资源、网络权力与产业升级动态演化

第一节　网络资源、网络权力与产业升级系统动力学建模

一、产业升级的系统分析

（一）选择系统动力学建模的依据

系统动力学是 1956 年由美国麻省理工学院 Forrester 教授创立的，分析研究信息反馈系统，认识系统问题和解决系统问题的交叉学科。系统动力学主要研究信息反馈系统，并从系统内部的组织结构、信息流动、物质流动，以及由此形成的反馈结构出发，构建系统的动态模型。系统动力学将定量方法和定性分析结合，运用综合推理的方法，借助计算机模拟进行调查研究与政策分析。基于如上原因系统动力学被视为研究社会、经济及生态等复杂大系统规律的实验室。

系统动力学建模方法是一种由系统论演化的科学方法。这种方法分析因素之间类似于流体在回路中流动的运动规律，进而通过回路、积累、信息、延迟和决策来分析整个系统。总结起来，这种方法基于因素建立系统的结构模型，用回路描述系统结构框架，用因果关系图和流图描述系统要素之间的逻辑关系，用方程描述系统要素之间的数量关系，用专门的仿真软件进行模拟分析。整个分析过程从定性、半定性到定量，最后又把定量的数学模型简单地转化成计算机程序，利用计算机进行最终仿真分析。

从前文分析可知，在同一时间截面网络资源、网络权力是影响产业升级的前置因素，同时产业升级具有动态性特征。产业升级是一个复杂的非线性动态反馈系统，分析研究产业升级问题，有必要用系统分析的方法，从系统整体角度来辨识产业升级规律。系统动力学认为，系统的行为模式与特性主要取决于其内部的动态结构与反馈机制；系统在内外动力和制约因素的作用下按一定的规律发展。系统动力学是专门研究信息反馈系统的学科，它采用模拟技术，以结构—功能模拟为突出特点，从系统的微观结构入手建模，构造系统的基本结构，进而模拟与分析系统的动态行为，适合探究网络资源和网络权力影响下的产业升级随时间变化的运行规律。

（1）产业组织是一个系统，研究网络资源、网络权力在产业升级过程中的作

用，需在系统边界内讨论网络资源、网络权力各因素与产业升级的动态变化。产业升级是一个非线性系统，研究网络资源、网络权力对产业升级的作用必须考虑组织的非线性特性，如果将非线性问题线性化，会使得研究结论较为简单，使所研究的结果解释性不充分。

（2）网络资源、网络权力对产业升级的作用符合因果关系。产业升级的众多因素相互作用，形成若干因果关系环，正、负反馈环并在产业组织系统中同时存在。需按照因果关系进行研究，从而反映出网络资源、网络权力与产业升级的动态作用。

（3）产业升级系统具有多回路特性，其中，存在着许多正、负反馈回路，这些回路决定着产业的组织结构和行为。本书研究网络资源、网络权力对产业升级的作用是从产业组织的各个反馈回路的出发进行研究的。

（二）问题描述

产业升级系统具有高阶、非线性等复杂系统的特征，是一个复杂的社会经济系统，要建立产业升级系统的动力学模型，除了涉及建模理论和技术外，还需要明确产业升级系统的功能、结构和目标。

从前文分析可知产业组织中网络资源是驱动产业升级的基础要素，沿网络权力形成的过程传递，经过实践及资源的整合和配置，最终反映为产品升级、工艺升级、功能升级和链升级的变化。研究中将产品升级用新增产品数量的增长表示，工艺升级表现为生产效率的提升，功能升级表现为研发投入的增加，链升级则表现为其他领域市场份额的增加。因此，把反映新产品、生产效率、研发投入和其他领域市场份额等动态变化特征的相关变量作为描述产业升级系统的关键状态变量。但是，这些变量往往与其他变量一起作用于产业升级过程。

在现实中出现的很多让人费解的问题，如某一产业中的企业具有相似的人力资源构成，但在新产品研发和生产方面却存在很大的差异。同样与上下游企业都有业务往来，不同的企业的境遇却有很大不同。在网络资源随时间不断变化的前提下，企业如何基于有效资源积累形成不同水平的网络权力进而才能有效实现升级？这些疑问的产生是缺乏对这些因素之间的深层次关系的分析。因此，本节在分析变量之间的影响关系基础上，还需要考量这些因素的强度对系统的影响，分析变量弹性情况。

（三）系统边界划分

产业升级系统不是一个孤立的和其他系统无任何联系的系统，而是包含从微观个体企业到宏观产业整体的社会经济系统，同时与外部环境存在密切联系，是一个复杂的动态系统。由于产业升级系统涉及的内容较多，如果考虑所有因素必然会使系统模型过于庞大。此外，产业升级系统在实际应用中也会受到许多随机因素的影响，不仅存在于系统内部的，也涉及许多系统外部环境因素，因而需要加以简化，从而建立既符合研究需要又简化的系统模型。为了简化研究问题，需要进一步确定所研究系统的边界。根据前文对已有研究理论综述和基于网络资源、网络权力的产业升级的研究结论，产业升级的核心包括产品升级、工艺升级、功能升级和链升级，其中，网络资源和网络权力是关键的影响因素。在基于网络资源和网络权力的产业升级的系统动力学模型研究中，考虑到网络资源、网络权力和产业升级系统特点，重点确定如下几个相关研究因素，分别是：产品升级、工艺升级、功能升级、链升级、节点资源、关系资源、结构资源、结构权力、知识权力、认同权力、制度权力。具体指标包括：新产品数量、生产效率、研发投入和其他领域市场份额指标、企业技术人员数量、与企业有业务往来企业数量、产业中企业总数量、网络权力各维度对产业升级各维度的影响系数等。系统要素界定了研究范围，系统的行为变化取决于系统要素的构成及相互关系。对产业升级系统的构成进行深入的理解是建立系统模型的关键。系统机制的形成主要取决于该系统中的各个反馈回路的建立。因此在深入剖析产业升级系统的基础上，分析系统整体与局部之间及各子系统之间的关系，进而探讨因果关系链和因果反馈回路，以得到最能表征产业升级的系统结构。

二、产业升级的系统动力学建模基础

（一）建模原则

产业升级系统不是一个独立的和其他系统无任何联系的系统，而是包含从微观个体企业到宏观产业整体的社会经济系统，同时与外部环境存在密切联系，是一个复杂的动态系统。因此应在遵循系统动力学建模规律的基础上，结合产业发展基本规律构建模型。本书在产业升级建模时需把握如下几个原则。

（1）从微观出发，兼顾宏观整体。在建模中从与企业相关的微观因素出发，如新产品数量、生产效率、研发投入和其他领域市场份额指标、企业技术人员数量、与企业有业务往来企业数量等。同时考虑对企业微观因素的整体效果即存在影响的宏观因素，如产业中企业总数量等。因此，建模中应遵循“以微观入手、兼顾宏观整体”的基本原则。

（2）简化模型结构。产业升级是涉及多层面、多因素的复杂系统。如果追求与现实的高度匹配，产业升级的系统动力学模型会非常庞大。在建模时本节以产品升级、工艺升级、功能升级和链升级为出发点，尽量将现实中资源和权力因素抽象到模型中，并尽力简化模型的结构。因此本节产业升级的系统动力学模型不是对现实中产业升级的具体呈现，而是对影响产业升级的资源和权力因素的高度概括。

（3）契合现实系统。虽然在建模中尽力简化模型结构，但契合现实系统仍是建模的主要目的。建模和后续的仿真是为了更好地了解现实系统的运行机制和运行规律。因此在构建模型过程中从选取指标、构建因果关系图和系统动力学流图的设计，都要力求贴近现实世界，使得模型和仿真结果更好地拟合现实系统。

（二）建模过程

依据系统动力学建模的一般程序，产业升级系统动力学建模有固有的建模步骤。首先，建模始于对产业升级的调查研究；其次，在调研的基础上，进行系统分析，确定其系统结构，形成相应的流图；最后，在流图的基础上设计方程和参数。构建出系统动力学模型后，还需对模型进行检验，以验证其与现实的拟合程度。经过检验的系统动力学模型就可以进行仿真实验，从而为系统行为和政策分析奠定基础。

本书所建立的基于网络资源、网络权力的产业升级系统动力学模型是系统动力学在产业发展过程中的应用。在具体建模时，已有的理论和调研分析是建模的起点，涉及对产业升级及系统动力学两个领域的理论分析和产业升级现状调研与认识。本节建模的逻辑思路，如图 6.1 所示。

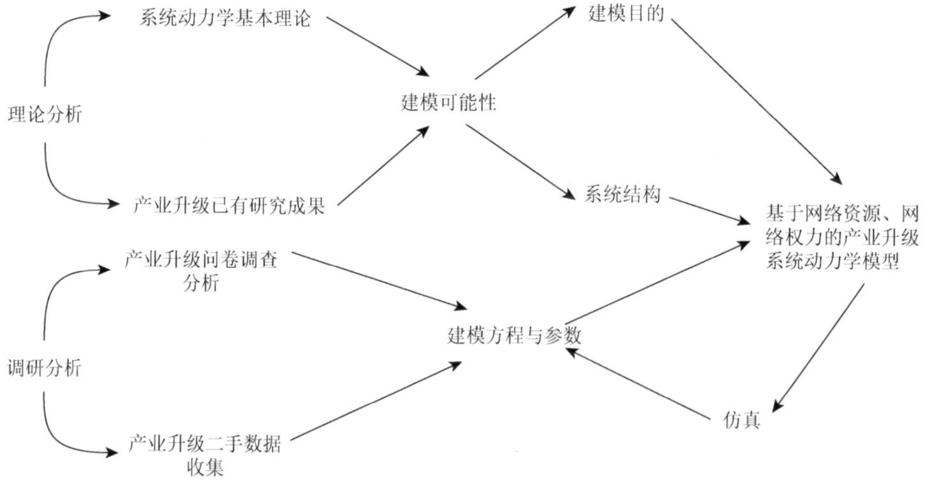

图 6.1　建模的逻辑思路

（三）建模解决的问题

通过基于网络资源、网络权力的产业升级系统动力学模型的建立和仿真，本书试图解决如下三个方面的问题。

（1）明确网络资源、网络权力作用于产业升级的内在因果机理。在前文的研究中已论证了网络资源、网络权力对产业升级存在显著性影响。但未能明确三种网络资源和四种网络权力与产业升级的因果逻辑。因此通过建立网络资源、网络权力和产业升级系统动力学模型，分析网络资源和网络权力的哪些变量对产业升级存在影响，通过何种路径影响产业升级。

（2）归纳网络资源、网络权力作用于产业升级的动态作用机制。在建立产业升级系统动力学模型的基础上，分析网络资源、网络权力影响产业升级的动态作用机制，剖析动态作用机制的内在逻辑，并归纳网络资源、网络权力作用于产业升级的演化规律。

（3）提供网络资源、网络权力影响下的河北省钢铁产业升级对策建议。以河北省钢铁产业为例进行仿真模拟，以此验证网络资源、网络权力对产业升级的系统动力学模型的有效性。河北省钢铁产业升级的发展对策需建立在对其驱动因素认识和把握的基础上。通过厘清产业升级的内在因果机理，以及探索产业升级动态作用机制，为发展对策提供理论依据。建立系统动力学模型，以 Vensim 作为仿真实验的平台，对河北省钢铁产业发展进行仿真，为实现河北省钢铁产业升级提供发展对策。

三、产业升级的基本回路和相关变量

（一）产品升级子模块

为进一步探索网络资源、网络权力对产业升级的影响，本节构建了产品升级子模块。依据前文产品升级定义，产品升级是指产业内企业生产更高级和更复杂的新产品。在这一子模块中网络资源和网络权力对产品升级作用体现为结构权力、知识权力和制度权力的提升。结构权力的提升来源于结构资源的获取，知识权力的提升来源于节点资源的积累，制度权力的提升则来源于节点资源、关系资源和结构资源。具体而言，产业中节点企业人才数量增加会给企业带来知识权力的积累，也会使得企业在产业内主导性有所提升，从而提升表现为奖励和惩罚能力的制度权力。产业中企业总量决定了节点企业拥有结构资源的多少，从而影响节点企业的结构权力，与企业有业务往来的企业数量体现企业关系资源拥有水平，通过对网络中心位置的占据和不可替代性的提升，制度权力得到进一步加强，共同作用于产品升级。依据如上因果关系产品升级子模块的因果关系，如图6.2所示。

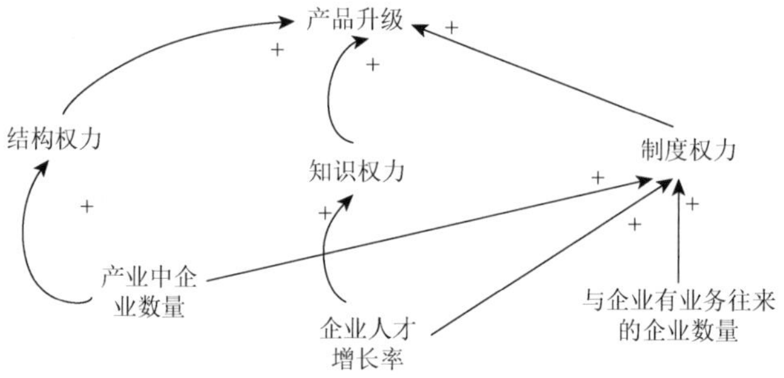

图6.2　产品升级子模块因果关系图

（二）工艺升级子模块

依据前文对工艺升级定义，工艺升级是指产业内企业提高生产率、生产技术及优化生产系统。在这一子模块网络资源和网络权力对工艺升级作用体现为知识权力和制度权力的提升。知识权力的提升来源于节点资源的积累，制度权力的提升则来源于节点资源、关系资源和结构资源共同作用。具体而言，产业中节点企业人才数量增加会给企业带来知识权力的积累，也会使得企业在产业内主导性有所提升，从而影响生产效率的提升。节点企业生产效率提升可以带来整个产业生产效率的提升，实现工艺升级。依据如上逻辑分析工艺升级子模块的因果关系，如图6.3所示。

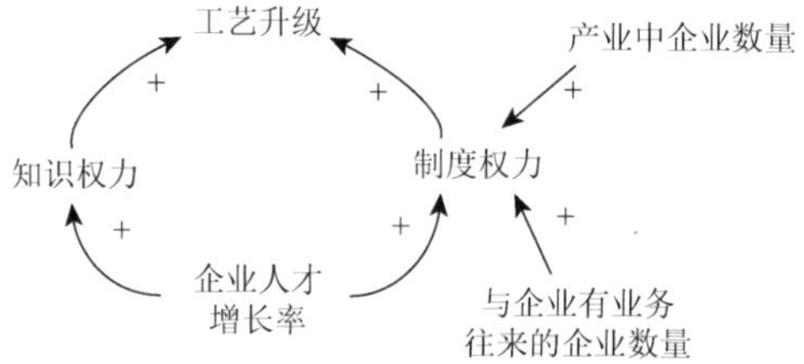

图6.3　工艺升级子模块因果关系图

（三）功能升级子模块

功能升级是指产业内企业提升营销或研发等功能。网络权力对功能升级的支持表现在三个方面。首先，知识权力的积累对功能升级重要指标——研发活动至关重要；其次，结构权力和认同权力为功能升级拓展市场能力与品牌建设提供支持；最后，制度权力使得功能升级得到全面保障。选择影响网络权力的节点资源、关系资源和结构资源，进而对产业升级的功能升级进行分析。这一影响的逻辑：网络中企业数量及企业在网络中的非替代性的提升会实现市场的拓展；节点企业的人才增长会通过核心技术的掌控增加研发活动；合作企业数量增加会提升合作企业对节点企业品牌认同，从而进一步拓展市场。同时，网络中企业数量、合作企业数量和人才增加都会影响制度权力而实现功能升级。功能升级子模块的因果关系，如图 6.4 所示。

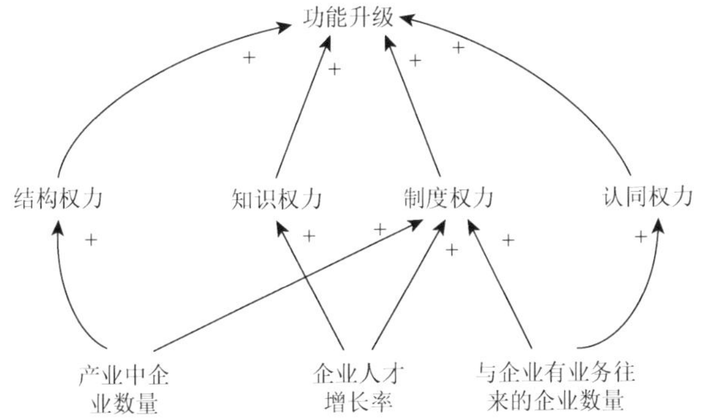

图 6.4　功能升级子模块因果关系图

（四）链升级子模块

链升级是指产业内企业放弃现有产品转型至全新的产品价值链进行生产。网络权力对链升级的支持表现为网络权力的四个维度，首先，知识权力的积累经历创新使企业转型至全新产品；其次，结构权力和认同权力为链升级提供支持；最后，制度权力使得链升级得到全面保障。本节选择影响网络权力的节点资源、关系资源和结构资源，进而对产业升级的链升级进行分析。这一影响的逻辑：网络中企业数量及企业在网络中的非替代性的增加会提高企业转型生产全新产品的机会；节点企业的人才增长会通过对核心技术的掌控增加研发活动从而开发与价值链完全不同的新产品；合作企业数量增加会提升合作企业对节点企业品牌认同，为企业向全新价值链产品变革提供可能。同时，网络中企业数量、合作企业数量和人才增加都会影响制度权力通过构建新规则实现链升级。链升级子模块的因果关系，如图 6.5 所示。

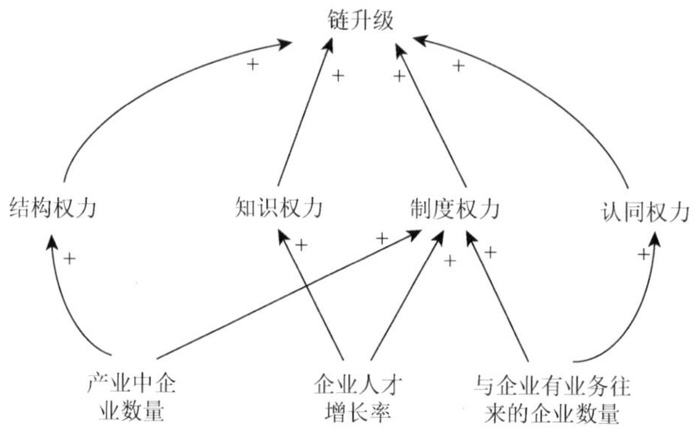

图 6.5　链升级子模块因果关系图

四、产业升级的系统动力学模型

（一）仿真模型因果关系分析

网络资源、网络权力的产业升级系统动力学模型的主要因果关系有以下几个方面。

（1）产品升级受结构权力、知识权力和制度权力的影响。三类网络权力分别从企业数量、人才增长率和有业务往来企业数量等关系资源、节点资源和结构资源等方面对产业升级形成影响，是产业升级的基本驱动因素。

（2）知识权力和制度权力对工艺升级的支持主要通过人才增长率、有业务往来企业数量等节点资源和结构资源支持体现的。一方面，知识权力作用下的生产效率提高和生产系统的更新其途径主要是技术人才的输入。另一方面，以有业务往来企业数量为特征结构资源对生产效率提高和生产系统更新提供了结构支持。

（3）结构权力、知识权力、认同权力和制度权力对功能升级的支持通过企业数量、人才增长率和有业务往来企业数量等关系资源、节点资源和结构资源等方面体现。首先，四种网络权力对研发投入和品牌建设至关重要；其次，企业数量、人才增长率和有业务往来企业数量等为四种网络权力的形成提供来源；最后，三种网络资源和四种网络权力共同为功能升级提供支持。

（4）链升级受结构权力、知识权力、认同权力和制度权力四种网络权力的影响。企业数量、人才增长率和有业务往来企业数量等网络资源的积累为企业网络权力四维度增长提供了原始驱动，从而使企业具有进入其他市场的能力。其他领域获取市场份额是产业升级中链升级的主要内容，四种网络权力和三种网络资源是链升级的影响因素。

（5）产业中企业数量受到网络成本和竞争能力的影响。若竞争能力不断增强，则有企业进入该网络，产业网络企业数量增加；反之，若竞争能力减弱，表明产业竞争能力减弱，则产业网络中有退出的企业，产业网络企业数量减少。

（6）产业网络税收转移代表政策倾向性。政府根据政策需要制定相对较低的税率以扶持相关产业，吸引企业进入，产业中企业数量增加。随着产业内企业的增加，收益相应增加，同时税收也相应提高，为了维持产业中企业数量，拨付基础建设投资费用有所增加，因此减少了产业税收转移。

依据如上六个方面的因果关系，本节建立基于网络资源、网络权力的产业升级的因果关系，如图 6.6 所示。

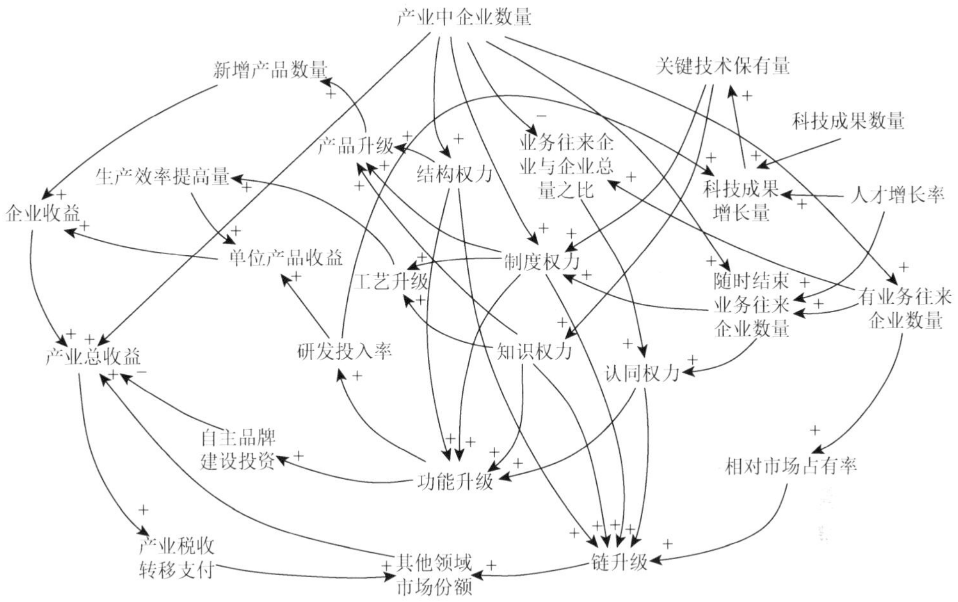

图 6.6　产业升级因果关系图

（二）系统动力学模型变量分析

在外部变动的环境中，产业需要通过资源和权力因素来促使其升级。因此，产业升级过程是通过知识权力、认同权力、制度权力、结构权力等因素的内部反馈机制来实现的。这些因素互动的反馈回路构成了系统动力分析中的基本要素。在上述分析产业升级系统运行过程和基本要素的基础上，本节将采用系统动力学分析方法表示反馈系统各部分的相互联系，建立和反映相关变量间的数量关系。

1. 影响知识权力的资源变量选择

知识权力是指企业由于自身所拥有的知识资源能够对生产网络中其他企业的

行为产生影响的能力。参考第五章网络资源对网络权力的影响分析，节点资源对知识权力具有显著正向作用，加之构建系统需要，本节选择关键技术保有量作为影响知识权力的节点资源。关键技术保有量是指企业拥有的先进技术的水平，拥有关键技术的企业可以在技术创新方面具有前期优势，是节点资源的重要表现也是知识权力的影响因素，因此将其作为资源变量纳入模型。

2. 影响制度权力的资源变量选择

企业的制度权力是企业在与生产网络中其他企业的合作中制定规则的能力。制定交易合同的活动中处于主导地位的企业具有制度权力，企业拥有制度权力表现为对不配合的节点成员使用惩罚行为，对配合的节点成员经常使用奖赏行为。参考前文网络资源对网络权力的影响分析，节点资源、关系资源和结构资源均对制度权力有显著正向影响。在模型中选择关键技术保有量、随时结束业务往来企业数量和产业中企业数量表示节点资源、关系资源和结构资源，并据此分析资源变量对制度权力的作用过程。

3. 影响认同权力的资源变量选择

认同权力是指其他企业对目标企业的认可和依赖从而使其有能力影响其他企业的能力。量表显示认同权力由其他成员企业对其口碑、目标企业领导力和被信任程度等因素构成。依据前文网络资源对网络权力的影响分析，关系资源对认同权力具有显著正向影响。在模型中设定企业的认同权力由关系资源即随时结束业务往来企业数量影响，从而反映关系资源影响认同权力的过程。

4. 影响结构权力的资源变量选择

结构权力是指由于企业在网络中所处的特殊地位使其可以对网络中其他企业的行为产生影响的能力。由量表可知结构权力体现为企业占据网络位置和企业的非替代性，即企业的结构权力表现为企业所在网络的中心性。依据前文网络资源对网络权力的影响，结构资源对结构权力具有显著的正向影响。在模型中，选择产业中企业数量表示结构资源，进一步表示结构资源影响结构权力的过程。

（三）仿真模型流图

在构建产业升级因果关系图的基础上，还需构建产业升级系统流图来进一步描述系统，从而为系统仿真和定量分析提供研究基础。依据基于网络资源、网络权力的因果关系图，将变量因果关系图中的符号由点改为对应的符号，进一步明确相关变量，并遵循相应的流线连接变量的关联关系，构建系统流图。流图是进行定量分析的有力工具，是为了便于掌握系统的结构及行为的动态性而引入的图像模型。它根据变量关系来分析系统中的反馈回路，由积累、流率、物质流、信息流等符号构成的，可直观形象地反映系统结构和动态特征。流图中水平变量已经具备了定量分析的表达式，再通过建立流率变量和辅助变量的关系式实现定量分析。产业升级系统动力学流图是进行仿真分析的主模型。

根据以上建立的各变量间相互关系，可构建出网络资源、网络权力对产业升级影响仿真模型流图。本书使用 Vensim PLE 仿真工具构建出基于网络资源、网络权力的产业升级系统流图，如图 6.7 所示。

（四）系统动力学模型公式构建

在系统动力学模型中主要包括如下几种变量：状态变量（水平变量），即反映物质、能量信息等对时间的累积，本产业升级系统动力学模型中有三个状态变量：产业中企业数量、产业税收转移支付、关键技术保有量。速率变量即描述系统的累积效应变化快慢的变量，本书中速率变量有进入企业数量、退出企业数量、产业税收收入、产业转移支出。辅助变量是表达决策过程的中间变量，本书辅助变量包括科技成果增长量、关键技术保有量、随时结束业务往来企业数量、新增产品数量、研发投入率、自主品牌建设投资、产业总收益等。常量是研究过程中变化较小或者相对不变的量，常量包括人才增长率、企业平均产量、税率等。部分需要说明的变量符号及变量定义见表 6.1。

明确产业升级系统动力学模型中变量及其含义的基础上构建主要变量间函数关系如下。

产业中企业数量是存量，是进入企业数量与退出企业数量之差，模拟初期假设产业有 200 家企业。

产业中企业数量 = INTEG（进入企业数量 – 退出企业数量，200）

当利润率小于 0，则没有利润可供新企业获取，在此情况下产业对新进企业吸引力降低，企业不愿进入产业，新增企业的数量为 0；当利润率大于 0 时，增加企业数量设为产业中企业数量与 1/2 利润率乘积。

进入企业数量 = IF THEN ELSE（利润率，0，0，利润率×产业中企业数量/2）

若利润率大于 0，则没有企业退出，当利润率继续下滑时，假定企业的退出数等于利润率绝对值×2 与产业中企业数量的乘积。

退出企业数量 = IF THEN ELSE（利润率，0，0，ABS（利润率）×2×产业中企业数量）

产业总收益是产业中企业产出的总和。

产业总收益 = 单位产品收益×产业总产量 + 补贴×支持度

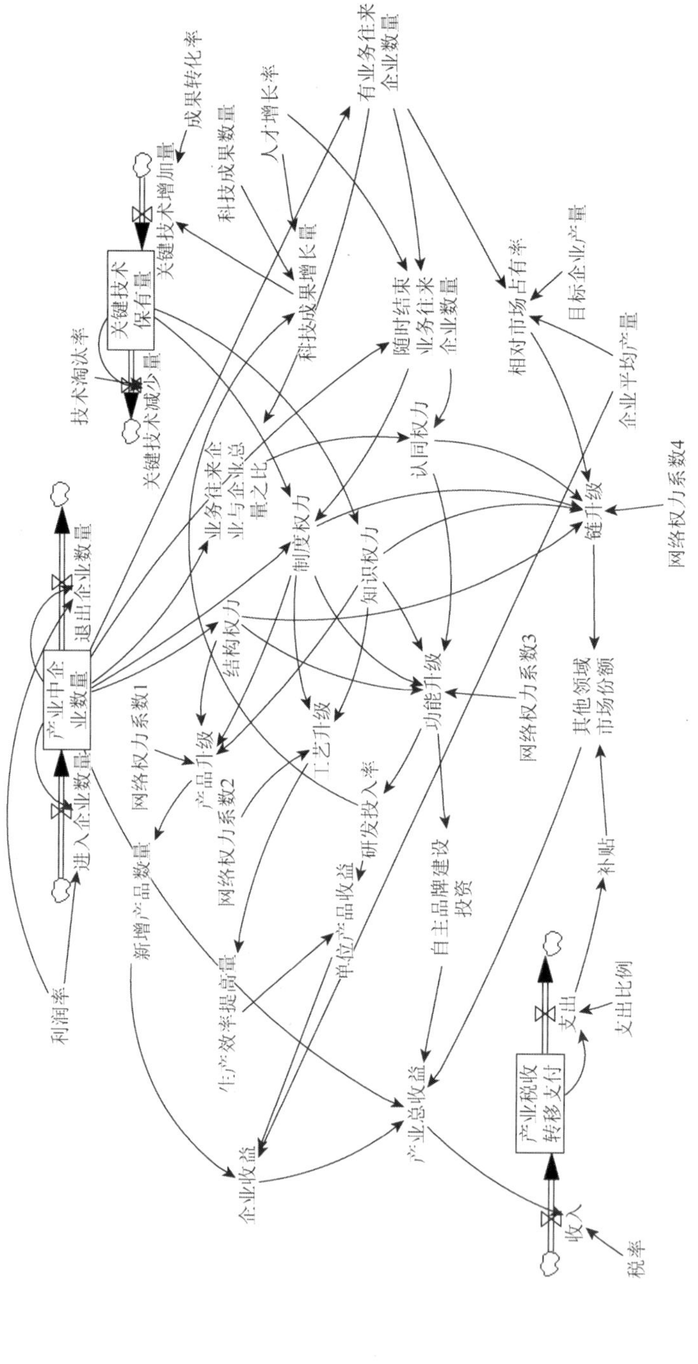

图 6.7　产业升级系统动力学流图

表 6.1　产业升级的系统动力学模型变量集

变量名	变量说明
产业中企业数量	表示产业中企业数量总和
人才增长率	表示每年产业人才变化
进入企业数量	表示每年产业中企业的增加量
退出企业数量	表示每年产业中企业的减少量
税收	表示每年产业中转移支付的增加量
支出	表示每年产业网络中转移支付的减少量
产业税收转移支付	表示产业的经济收入
其他领域市场占有率	表示企业在其他领域产量占总量的百分比
科技成果增长量	表示企业创新性成果增加量
关键技术保有量	表示企业掌握的关键技术水平
有业务往来企业数量	表示在产业中与企业有合作关系的企业总数
随时结束业务往来企业数量	表示在业务关系占据主导地位发挥影响作用的企业数量
研发投入率	表示每年企业对研发的投入额占收入的比率
企业收益	表示每年企业收入
新增产品数量	表示每年关键技术带来的新产品数量
产业总收益	表示每年产业总收入
单位产品收益	表示出售单位产品的收入
税率	表示税收比例
支出比例	表示支出占转移支付的百分比

产业总产量 = 企业平均产量×产业中企业数量 + 新增产品数量

产业税收转移支付 = INTEG（收入 − 支出）

关键技术保有量是存量，是关键技术增加量和减少量之差，即

关键技术保有量 = INTEG（关键技术增加量 − 关键技术减少量）

关键技术增加量 = 科技成果增长量×成果转化率

关键技术减少量 = 关键技术保有量×技术淘汰率

科技成果增长量 = 科技成果数量×（人才增长率 + 研发投入率）/2

随时结束业务往来企业数量 = [（产业中有业务往来的企业数量/产业中企业数量）+ 人才增长率]×产业中有业务往来的企业数量

相对市场占有率的测量有两种方式，一是三大竞争者方式，二是最大竞争者方式。鉴于仿真选用的钢铁产业产能过剩的实际情况，传统市场占有率不能充分

体现其他企业对目标企业的认同性，引入有业务往来企业数量和企业平均产量两个变量乘积作为对比项。

相对市场占有率 = 目标企业产量/有业务往来企业数量×企业平均产量

产品升级、工艺升级、功能升级和链升级的测量依据前文不同网络权力对产业升级的影响系数。同理工艺升级、功能升级和链升级均可用量化表示。

产品升级 = 制度权力×0.85 + 结构权力×0.77 + 知识权力×0.76

第二节　河北省钢铁产业升级系统动力学仿真

一、河北省钢铁产业发展状况及存在的问题

钢铁产业是国民经济重要的基础性产业，是国家经济水平和综合国力的重要体现，钢铁产业的发展直接影响着国防工业、建筑、交通、机械、造船、汽车、家电、医疗卫生等相关行业。

作为世界钢铁生产和消费大国，我国钢铁产业的发展经历了一个相对曲折的过程。中华人民共和国成立初期，国家确定了“工业兴国”的战略方针，并优先发展重工业，依靠计划经济体制，集中各类资源对钢铁工业进行了重点建设。但受发展体制和时政运动等诸多因素影响，新中国钢铁产业在头 30 年里发展并不顺利。进入 21 世纪以来，伴随着全球生产网络的兴起、国际产业的转移和中国国民经济的高速发展，中国钢铁工业取得了巨大成就。进入二次重工业化阶段，在建材、汽车、铁路、造船、飞机、机械等下游行业快速发展的带动下，钢铁产业迎来了高速发展的黄金机遇期。自 1996 年起，中国钢铁产量已连续多年位居世界第一；“十一五”期间，我国粗钢总产量超过 26 亿吨，是“十五”期间的 2.2 倍以上；2013 年粗钢产量达到 7.79 亿吨，占世界总产量的 48.5%，将近一半。国家统计局数据显示 2019 年我国粗钢产量达到 9.96 亿吨，同比增长 8.3%；生铁产量为 8.09 亿吨，同比增长 5.3%；钢材产量为 12.05 亿吨，同比增长 9.8%，粗钢、生铁和钢材产量均创历史新高。在全球钢铁生产大企业集群中，中国企业也占据主要地位，世界钢铁协会发布的《世界钢铁统计数据 2020》显示 2019 年全球粗钢产量前 10 名的钢铁企业中，中国有 6 家钢铁企业上榜，分别是：中国宝武钢铁集团有限公司、河钢集团有限公司、江苏沙钢集团有限公司、鞍钢集团有限公司、北京建龙重工集团有限公司、中国首钢集团。

河北省是我国钢铁产量第一大省，钢铁工业作为最重要的主导产业，在经济和社会发展中占有举足轻重的地位，是建设沿海经济强省的第一大战略支撑产业，是实现京津冀协同发展国家战略，创建低碳社会、绿色河北的重要载体。2004 年开始河北省不断加大产业升级优化力度，通过“调结构、转方式”取得了阶段性成果。

在全球网络化经济的快速发展背景下，受国内、国际两个市场的拉动，河北省粗钢产量快速增长。2008 年，全省粗钢产量进一步跃升到 11 589 万吨，约占全国粗钢产量的 23%；生产生铁 11 355.66 万吨、钢材 11 571.79 万吨、铁矿石 38 097.21 万吨，比上年同期分别增长 3.43%、10.06%和 34.73%，占全国总量的比重分别为 24.13%、19.89%和 46.23%，继续保持了钢铁第一大省的地位。2018 年，河北省钢铁工业主营业务收入 11 602 亿元，同比增长 32.17%，主营业务收入、利润分别占河北省工业的 30.66%、41.05%。2019 年前 11 个月，河北省生产粗钢 2.21 亿吨、生铁 1.98 亿吨和钢材 2.60 亿吨，同比分别增长 3.8%、2.7%和 7.5%。2019 年前 10 个月，河北省出口钢材 543 万吨，同比减少 3.1%；吨钢平均价格为 5185.8 元，同比上涨 7.7%。截至 2019 年 11 月底，钢材综合价格指数为 108.17 点，同比上升 1.05 点。其中，长材价格指数为 116.40 点，同比上升 3.05 点；板材价格指数为 102.36 点，同比下降 0.29 点。截至 2019 年 11 月底，主要原料采购成本与上年底相比，进口铁矿石上升 19.76%，国产铁精矿上升 8.22%，废钢上升 4.69%。河北省会员钢铁企业生铁累计制造成本同比上涨 9.77%。2019 年前 10 个月，河北省钢铁企业营业收入达到 1.11 万亿元，同比增长 6.87%；利润为 499.19 亿元，同比降低 36.70%；吨钢利润为 247 元，同比下降 39.65%。此外，2019 年河北省规模以上黑色金属冶炼和压延加工业主要经济指标，如表 6.2 所示。

表 6.2　2019 年河北省规模以上黑色金属冶炼和压延加工业主要经济指标

行业	企业个数	亏损企业		营业收入		利润总额		亏损企业亏损总额	
	12 月末/个	12 月末/个	增长	1～12 月/亿元	增长	1～12 月/亿元	增长	1～12 月/亿元	增长
黑色金属冶炼和压延加工业	369	77	–14.4%	12 647.7	3.7%	644.1	–28.9%	16.3	–9.5%

资料来源：河北省统计局

从产业发展阶段看，中国经济增速已进入新常态，钢铁工业也随之开始由快速成长阶段向低速、平稳发展的阶段过渡。全球网络经济快速发展的背景下，产能过剩、同质化无序竞争、集中度偏低、铁矿石谈判缺乏话语权、技术研发难度加大等问题凸显，且都具长期性。从时代特征看，绿色发展、金融深化和收入倍增，结构优化升级和发展方式向绿色低碳转型是当前经济发展的主要任务，也对钢铁工业的发展提出了更高要求和发起了更严峻的挑战。根据《钢铁工业“十二五”发展规划》要求，中国钢铁工业结构需调整，基本形成生产力布局较为合理，资源保障程度显著提高，钢铁总量和品种质量基本满足国民经济发展需求，部分企业具备较强的国际市场竞争力和影响力的局面。充分认识钢铁行业微利经营的长期性，找准现阶段存在的根本问题，是河北省钢铁产业实现由大到强转型升级的必由之路。

（一）产业结构失衡，产业集中度低

钢铁产业作为规模效应显著的行业，产业集中度是最能反映其产业竞争性和垄断性的重要标志。产业集中度指市场上的某种行业内少数企业的生产量、销售量、资产总额等方面对某一行业的支配程度，它一般是用这几家企业的某一指标占该行业总量的百分比表示。

由历史原因和发展阶段决定，河北钢铁企业数量过多、产业集中度偏低，影响了钢铁产业的规模效应，致使钢铁产业大而不强。2013 年，河北省粗钢产量排前五位的河钢集团有限公司、河北津西钢铁集团股份有限公司、唐山国丰钢铁有限公司、邯郸纵横钢铁集团有限公司、河北普阳钢铁有限公司合计粗钢产量占全省比重达 44.09%。与世界主要产钢国家占比超过 60%的差距较大，难以形成产业健康发展的合力，导致在资源保障程度、市场竞争秩序、产业结构调整、淘汰落后产能、技术研发创新、节能降耗等产业协调发展的重大问题上，缺乏有效的行业约束和自律能力，同质竞争严峻，阻碍了产业健康发展和竞争力的提高。

同时，在工业化和城镇化建设背景下，短期内河北大量中、小钢铁企业的低端产能占有明显的成本和市场优势，而大型钢铁企业的自主成长能力和抗风险能力有限。受困于体制机制束缚，企业跨所有制兼并重组面临内部结构和外部市场的双重挑战，主动性不强且阻力重重，落后企业、亏损企业退出难，优化布局难以推动，致使当前钢铁产业的产业集中度依然偏低。

存在产业链整合不足与产业集中度过低，兼并重组难与联盟共赢不够的问题，如继续单纯依靠市场调控，缺乏政策有效引导和顶层统筹的决心。根据 2014 年 6 月 30 日国家发展和改革委员会批复的《河北省钢铁产业结构调整方案》，河北省钢铁产业将全面推进联合重组，“十三五”末全省钢铁冶炼企业数量减少 60%，组建 15 家左右的大型钢铁企业集团。该方案的公布，表明希望通过机制和体制创新，消除影响企业重组的体制性障碍，实现河北省钢铁产业集中度的提高和结构调整。

2019 年，从地域来看，河北省钢铁企业一是区域集群现象突出，唐山市炼铁、炼钢设备能力分别占全省的 50%、53.8%，邯郸市炼铁、炼钢设备能力分别占全省的 20%、17.34%，这两个城市承担着巨大的环保压力；二是多数钢铁企业区位优势逐渐丧失，目前仍有一半以上钢铁产能分布在城市建成区及周边地区，沿海临港和有资源优势的地区的钢铁产能仅占全省总产能的 40%；三是钢材净流出地区多为外地，统计数据显示，2018 年河北省钢铁企业仅有 37.3%的钢材在省内消费，其他钢材都销往省外或出口，这无疑使河北省钢铁企业要承担较高的物流费用。

（二）产品结构需要改善，产品附加值有待提高

现阶段中国钢铁市场竞争的基本特征为“低端无序、高端不足”。过多低端产品，造成无序盲目竞争；而高端产品不能满足市场需求，仍要依靠进口解决。2009 年中国粗钢产量达到 5.678 亿吨，同比增长 13.5%。在此情况下，中国仍进口钢材 1763 万吨，同比增长 14.59%，其中 80%是板材。2013 年中国钢产量达到 7.79 亿吨，仍有 1407.8 万吨高附加值产品需要进口。由此可见，中国钢铁工业的高端产品供给不足，与国外企业存在一定差距，尚未占据高端市场空间。

河北省钢铁产业由于产品档次不高、品种单一，高附加值、高技术含量及高端名牌产品少；缺乏可差异化的核心竞争力和拳头产品；出口产品附加值低；高端产品国内竞争力不足，更缺乏国际市场竞争力。因此钢铁产品整体处于行业低端市场，整体盈利水平相对较差。尽管“十一五”以来加强了产业的优化和调整，但目前河北省钢铁产品结构仍主要面向低端市场，钢材品种以中厚宽钢带、热轧宽带钢、钢筋、线材、小型材等低端产品为主，其中，中厚宽钢带在河北钢铁总产量占比由 2008 年的 15.9%下降到 2012 年的 14.47%，热轧宽带钢占比由 2008 年的 17.84%下降到 2012 年的 15.46%，但线材占比 13.3%，钢筋占比 9.95%，基本与 2008 年持平，而涂镀层板、热轧薄板、冷轧薄板等板材所占比例均很小。除新兴铸管外，有竞争力的高强度汽车板、高速铁路用钢、造船板等板材产品的国内市场占有率很低。到 2019 年河北省钢铁产业钢材品种虽然基本实现了全覆盖，但高端产品仅占 10%，中高端产品占 25%，中端产品占 42%，中低端产品占 16%，低端产品占 7%，即中端及以下产品总共占了 65%，高端产品占全国高端产品的比重明显偏低。

在未来的发展中，河北省钢铁产业亟待提高技术进步水平，通过产品研发、生产工序的改进等措施进一步优化产品结构，扩大市场份额。围绕下游用户需求积极开发新产品，然后在开发新产品的基础上，进一步保证产品质量长期稳定，持续不断地为下游用户提供优质产品。同时，努力开发国内短缺的高端钢材品种，减少进口，推动产品结构升级。大力发展高强度钢材、耐腐蚀钢材和节能高效钢材，满足建筑、机械、能源、化工、汽车、家电、船舶、交通、铁路、军工及新兴产业等国民经济用钢行业发展新需要。

（三）产能过剩，技术淘汰率低

改革开放以来，经过 40 多年的快速扩张，我国已经形成了 10 亿吨的钢铁产能，尤其受高涨的国内需求、基础设施建设和汽车制造需要的影响，近数年内钢铁产业加速发展，由 2006 年中国的钢铁产量占世界总产量的 34%发展到 2013 年

已近50%，而相比2006～2013年全球钢铁产量25%的增速，中国增速达到75%，是全球产量增速的3倍。当前，全球钢铁需求放缓，过剩产能达3亿吨。2013年，世界钢铁产量16亿吨，过剩产能将近3亿吨，平均产能利用率81%，低于平衡状态的85%。北美洲已经成功调整钢铁生产设备，大量过剩产能显著存在于俄罗斯、亚洲和南美洲，其中中国的过剩产能已超过2亿吨。2012年全国粗钢生产7.17亿吨，产能利用率只有72%，生产能力过剩的问题十分突出。

钢铁行业发展已经进入以低增长、低盈利为主要特征的结构调整深度转型期。在未来相当长的时期，制约行业健康发展的是经济减速、需求低增长与庞大产能之间的巨大矛盾。

当前，世界钢铁产量排名出现了“中国第一，河北第二，唐山第三”的现象，充分反映了河北省钢铁产能、产量均遥遥领先于其他产钢省份的状况。2018年底，河北省钢铁企业1000立方米及以上高炉产能占总产能的比重达71%，100吨及以上转炉产能占总产能的比重达64%，均高于全国平均水平。但是多数民营钢铁企业的高炉容积未超过2000立方米，转炉的公称吨未超过200吨。

河北省产品结构以传统为主，低端产能过剩问题尤为突出，亟待解决。以热轧带钢产品为例，主要生产钢质较低的普碳钢，大量过于落后的轧机仍在运行，亟待进一步技术改造及淘汰落后设备，同时存在热轧带钢生产企业在粉尘、炉渣处理，废水处理等方面投入少、措施不力等一系列问题。河北钢铁产业短期内要完成国家下达的化解过剩产能的硬任务，推进转型升级，提高盈利水平。加快落后产能淘汰重点应从加强落后低端产能改造、提高技术淘汰率入手，当前实现产业结构调整的有效手段。

（四）节能减排任务依然繁重，政策治理有待加强

钢铁工业是高耗能行业，年耗能约占全国能源消费总量的10%，其能源费用是钢铁生产成本的重要组成部分。近年来伴随气候变化、京津冀地区雾霾天气等导致的环境承载压力剧增。河北省钢铁持续推进节能减排工作，通过加强行业指导、调整产业结构、强化企业节能管理、推广节能先进技术等措施，推动了行业能源效率的不断提高，节能技术水平和管理水平不断提升。然而作为第一支柱产业，河北省钢铁产业规模庞大，尽管近年来吨钢能耗整体呈下降趋势，但由于产能不减反升，总能耗和污染排放一直不断增加。同时，受到原材料品质下降、行业利润下滑等诸多因素影响，节能减排和环保成本加大，减排任务依旧艰巨。

河北省钢铁企业数量多、分布广、能源管理水平差异大，整体节能意识亟待提高。尽管一些大中型国有企业如唐山钢铁集团有限责任公司、石家庄钢铁有限责任公司、邯郸钢铁集团有限责任公司等能源管理水平较高，但在一定时期也存

在管理弱化倾向，而部分新建的民营企业，能源管理十分薄弱，部分企业既无机构，又无人员，也没有建立和执行能源合同管理制度。这从侧面反映出部分企业过分强调短期经济效益，对节能减排的战略意义认识不深，缺乏环保意识和社会责任感，没有树立以节能求生存、以节能求效益、以节能求发展的观念。

（五）自主创新能力有待提高

当前，河北省钢铁企业自主创新能力不强，核心技术掌握程度较低，创新驱动发展后劲不足的状况与占全国四分之一钢产量的地位很不相称。从历史上看，河北省钢铁行业以往的经济增长主要依靠要素驱动和投资拉动，长期热衷于项目投入，依赖政府补贴和金融信贷，致使技术创新和人力资本对经济及效益增长的贡献明显不足。突出表现在，河北省钢铁工业先进生产技术、新工艺仍主要依靠引进和模仿，新产品自主研发能力较弱，一些高档关键品种钢材仍需进口。

对比国内外先进企业，河北省钢铁企业科技人才比例、研发投入、工艺创新、产品研发、基础研究和应用研究、成果转化和技术转移及技术创新机制等方面都存在较大差距。根据国家发展和改革委员会对国家认定企业技术中心所在企业 2012 年科技活动经费支出额前 100 名企业、发明专利拥有量前 50 名企业的评价结果名单，邯郸钢铁集团有限责任公司和唐山钢铁集团有限公司的科技活动经费支出额分别只有 20.12 亿元和 19.69 亿元，在全国钢铁企业中仅排第 8、9 位。发明专利拥有量方面河北省没有一家钢铁企业进入全国前 50 名。而且，河北省各钢铁企业的研发投入主要集中于大型国有企业，结构和比例严重失衡，企业自主创新能力整体较弱且差别很大，致使技术含量高、附加值高、具发展潜力的产品产量占比仍然较小，产品结构不合理、同质化、低端化问题严重。产量占比较高的中小钢企产品质量也存在产品性能不均匀、纯净度波动大、含碳量偏差大、非金属夹杂多等诸多质量问题，使得产品很难占据高端市场份额，而低端产品销售价格相对较低，加剧了整体效益下降。

河北省钢铁企业研发投入相对较低，特别是在新材料研发投入方面明显不足。研发机构数量少，高端产品研发人才缺乏。作为钢铁大省，截至 2019 年底只有河北钢铁集团唐山钢铁股份有限公司、河北钢铁集团邯郸钢铁集团有限责任公司、新兴铸管股份有限公司三家企业入围钢铁技术中心。高新技术企业少，发明专利数量相对较少，至今全省没有独立于企业之外的专门从事钢铁新材料研发的专业机构。

同时，河北省钢铁产业缺乏创新型领军人才和核心团队，具有核心技术和管理技能的高端人才匮乏，与国外创新优势企业还没有建立起长期的战略同盟。大型企业研发动力不足，中小企业创新能力过弱、活力不足，对外技术引进总量少，高新技术产品特别是汽车、造船、飞机、机械等一些产业所需的特殊钢材产品的生产规模小，带动能力弱，转型升级、创新驱动的动力和能力总体不足。上述问题已成为河北省钢铁业产品结构优化升级、市场竞争力提升和建设钢铁强省的主要瓶颈，影响了河北省钢铁行业整体竞争力的提高。

（六）钢材出口大幅度增长与利润率降低现象并存

面对国内需求增长放缓和产量增长过快、产品供大于求的困境，河北省钢铁企业通过努力开拓国外市场，扩大钢材出口总量，以期缓解巨额产能和市场需求的矛盾。2014 年，河北省出口钢材总量 2717.14 万吨，金额达 155.00 亿美元，同比分别增长 89.30%、63.82%，占全国出口总量的 28.93%，在全国各省区市中连续排名第一位，创历史最高水平。同期，河北省进口钢材 25.09 万吨，金额 3.026 亿美元，同比分别降低 8.59%、9.21%。但受产品结构影响，河北省钢铁出口产品附加值远远低于进口产品，导致平均价格与进口钢材平均价格差距很大，出口钢材的平均价格同比下降 15.56%，比全国平均钢材出口价格低 197.17 美元，产品结构的弊端进一步凸显。

价格下降，导致利润暴跌。自 2008 年国际金融危机爆发以来，发达国家经济低速增长，总需求水平仍不足，明显降低对发展中国家的进口需求，对发展中国家经济产生显著影响，加之过剩的供给及其引起的销售价格的下调，使得全球钢铁企业的利润率持续走低。按地区来看，从 2008 年到 2012 年，中国大型钢铁制造商的利润率从高于 8%下跌到了 1.3%；美国从 13%下跌到不足 4%；欧洲从 12.6%下降到 3%；日本钢铁制造商的利润率最低，2008 年为 7%，2012 年为 0.8%。2014 年钢材价格持续下滑形势严峻，产业利润受到严重影响。河北省冶金行业协会统计显示，2014 年河北钢铁行业实现工业增加值 2256.3 亿元，同比增长 5.1%，主营业务收入完成 11 194.02 亿元，同比下降 3.17%，利税总额、利润总额分别完成 304.40 亿元、209.84 亿元，同比分别增长 13.05%、28.60%。尽管上述指标好于全国重点钢铁企业，但吨钢利润只有 113.24 元，销售利润率只有 1.87%。现有数据显示，2019 年 1～8 月，河北省出口钢材 1553 万吨，同比增长 59.69%，占全国钢材出口的 27.24%，出口值 92.44 亿美元，增长 43.38%。尽管河北省钢铁产品出口量大幅增长，但出口价格却同比下降，这表明钢铁出口量仍处于低端水平。扣除税款后，利润仍然微薄甚至亏损。据统计，2019 上半年，河北省钢材平均每吨出口价格为 603.55 美元，同比下降 9.78%，比全国平均钢材出口价格 795 美元低 191 美元。在出口产品中，棒材和线材占 39.22%，中厚板占 36.46%，角型材占 13.60%，管材占 5.62%。

近年来钢铁产业绿色发展逐渐受到重视，生态文明建设和环境保护被提升到了新高度。国务院2017年印发的《"十三五"节能减排综合工作方案》明确提出"到2020年，全国万元国内生产总值能耗比2015年下降15%，能源消费总量控制在50亿吨标准煤以内。"环境约束日趋强化，以河北省为主战场的京津冀及周边地区等钢铁重要生产区域的环境容量和承载力制约越来越大，环保政策也随之收紧。2018年2月，河北省政府制定《河北省人民政府关于加快推进工业转型升级建设现代化工业体系的指导意见》。

绿色环保发展已经成为河北省区域钢铁企业生死存亡的红线。只有充足的环保投入、确保环保达标排放的钢铁企业才能得到长足发展，否则生存空间将越来越小，直至淘汰退出。从目前来看，河北省钢铁企业环保投入相差悬殊。根据河北省冶金行业协会调研数据，纳入协会统计的河北省钢铁企业2018年12月吨钢环保运行成本平均135.48元/吨，其中，最高环保运行成本268.43元/吨、最低环保运行成本21.67元/吨。

根据2019年中华人民共和国工业和信息化部（简称工信部）最新符合规范条件钢铁企业名录，河北共有74家拥有冶炼能力的钢铁企业名列其中，合计炼铁产能26 757万吨，粗钢产能30 797万吨。其中，粗钢产能规模在1000万吨以上5家，500万～1000万吨11家，500万吨以下58家。综合产能规模、环保水平和行业地位等因素，河钢集团有限公司、首钢京唐钢铁联合有限责任公司、首钢股份公司迁安钢铁公司、新兴铸管股份有限公司等重点企业综合竞争优势更为突出。

行业发展阶段、时代特征和国际环境等因素决定了钢铁行业微利经营的长期性，产品结构不合理、缺乏市场竞争力导致河北省钢铁产业整体效益受市场需求和价格波动影响较大，产业发展与市场选择间的矛盾日益突出，亟须进一步创新经营方式、加快战略部署的调整。

从根本上解决这一问题，一方面需要加快产品结构、工艺水平的调整和提高速度，不断开发新产品，增加高附加值产品比例和市场份额，增强企业在市场上的排他性，通过产品的不断升级实现利润的增长；另一方面企业应从过去的单一钢铁产品生产商向综合服务商转变，加强服务和全产业链建设步伐，尝试不断向产业上下游其他的领域延伸，涉及与产业相关的物流、贸易、加工配送，探索提升服务价值的有效途径，通过产业链升级实现企业在产业中核心竞争力的提升；同时，需要结合企业实际，发挥优势，加快发展市场前景好、竞争力强、经济效益明显的相关产业。

（七）重点企业转型升级优势明显

经过"十二五"期间的产业整合，通过外部政策支持、资金配套、加大兼并重组力度、内部增强管理等手段，河北省重点钢铁企业在产业中的综合竞争优势不断得到强化，在产业升级中的示范、引领作用日益凸显。河北省符合规范条件钢铁企业规模分类情况，如图 6.8 所示。综合产能规模、环保水平和行业地位等因素，河钢集团有限公司、首钢京唐钢铁联合有限责任公司、首钢股份公司迁安钢铁公司、新兴铸管股份有限公司等重点企业综合竞争优势更为突出，有望获得较大发展空间。

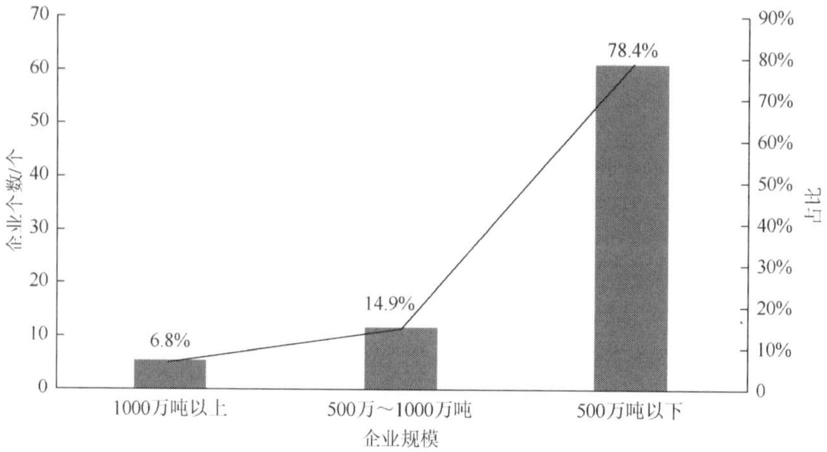

图 6.8　河北省符合规范条件钢铁企业规模分类情况

资料来源：工信部网站，平安证券研究所

小计数字的和可能不等于总计数字，是因为有些数据进行过舍入修约

以河钢集团有限公司为例，2013 年底集团铁、钢、轧三大主体工序成本达到行业先进水平，领跑行业绿色发展，国际化经营成效显著，境内外资源占有与开发取得重大进展。连续五年进入世界企业 500 强，列第 269 位。河钢集团有限公司在提升成本控制能力、调整完善营销模式、加快提质增效步伐、加强专业管理的基础上，通过统筹利用国内外两种资源、两个市场，使其国际化经营取得积极进展，国内外影响力继续提升。该集团与德高控股集团有限公司、韩国浦项钢铁集团、西门子奥钢联冶金技术有限公司、美国哈斯科集团、法国威立雅环境集团等国际知名公司建立了从股权、技术、管理、金融、渠道直到实体项目的紧密联系和深度合作。借助德高和境外公司平台，实现国际贸易全部境外融资，外币融资规模达到 40 亿美元，全年创效 8.18 亿元，出口钢材比例达到 12%，产品出口结构进一步优化。积极掌控境外资源，全面接管运营南非 PMC 公司，完成了阿尔德隆矿业公司旗下佳美铁矿股权收购工作，掌控境外资源达 12.4 亿吨。同时，立足培育新的效益增长点，推动相关产业协同发展。发挥财务公司资金管控和全方位金融服务平台作用，可归集资金集中度达到 45.31%，全年资金运营创效 1.79 亿元。港口物流园

区建设正按计划稳步推进，其中，曹妃甸通用码头基本建成；河北钢铁交易中心投入运行，并启动三地物流园区实体建设。河北宣化工程机械股份有限公司（简称河北宣工）依托西山铸造项目全面达产达效和南厂区技术改造，市场占有率稳步提升，国际市场拓展取得重要进展。与韩国、法国等企业合作建设钢渣综合利用、LED 光源、污水处理等节能减排和新兴产业项目。唐山钢铁集团有限责任公司也在产品创效能力、能源环保管理、国际化发展、管理体制及非钢产业发展等方面不断得到提升，发挥了重要示范和带头作用。

截至 2018 年，河钢集团有限公司在全球拥有员工近 12 万人，其中，海外员工 1.2 万人，实现年营业收入 3368 亿元，总资产达 4375 亿元。连续 11 年位列世界企业 500 强，2019 年居第 214 位。2018 年粗钢产量 4489 万吨，占全国总量 4.84%，位居全国第 2 位，全球第 4 位。河钢集团有限公司拥有 5000 多万吨钢铁产能规模，规模优势突出。产品品种覆盖除无缝钢管外所有品种领域，在汽车板、特高压输电用角钢、高铁轨道弹簧钢等方面拥有领先地位，2018 年品种钢比例达到 61.88%。多项产品保持国内第一品牌地位。截至 2018 年末，公司境内实际掌控铁矿资源量约 35.66 亿吨，其中，部分资源的整合工作正在推进当中，并得到河北省人民政府与河北省国土资源厅的大力支持。除自有铁矿外，公司还加强了对海外资源的开发。近年来先后获得加拿大阿尔德隆矿业 19.9%股权、佳美铁矿 25%股权、南非 PMC 矿业公司 100%股权，获取了稳定的海外矿产资源和开发收益。此外，河钢集团有限公司在国内拥有 3200 立方米高炉、2500 立方米高炉、2000 立方米高炉各 5 座，120 吨以上转炉 22 座，100 吨超高功率电炉 3 座，配备有 48 条热轧产线（含 6 条中厚板产线），10 条冷轧线，整体装备水平位居行业前列。自组建以来，公司共实施了 460 个重点节能减排和污染治理项目，主要能源环保指标居国内领先水平。2018 年公司在行业内率先推进超低排放改造，公司吨钢综合能耗、吨钢耗新水同比分别降低 4.5%和 1.6%，吨钢二氧化硫、氮氧化物、烟粉尘排放量较上年分别下降 10.3%、23%和 12.2%，主要能源环保指标继续保持行业先进水平。

综上所述，龙头企业、优势重点企业发挥在技术升级、节能减排、管理创新、绿色发展等方面的带动和示范作用，能够促进本地区钢铁产业的协同发展，为河北省钢铁产业结构的优化升级打下基础。

二、河北省钢铁产业升级系统仿真

（一）模型运行的基础数据

在设定水平方程、速率方程和辅助变量方程基础上，运用 Vensim 软件构建系统动力学仿真模型，测试系统对不同参数的敏感程度。同时，为了对仿真结果的准确性进行评估和控制，本书选取 2019 年河北省钢铁产业相关数据作为起始数据，仿真区间为十年的变化过程。

系统初始值 TIME = 0-10（year），DT = 0.5（year）。河北省冶金行业协会的统计数据显示河北省钢铁工业的销售利润率为 5%，模型中利润率初始值为 5%。河北冶金科学技术奖暨河北钢铁集团科学技术奖共征集科技成果 238 项，模型中科技成果数量初始值为 238。2019 年，河北省规模以上钢铁工业企业实现利润总额 2013.1 亿元，同比下降 8.0%。其中，黑色金属冶炼和压延加工业（钢铁行业）2019 年营业收入 12 647.7 亿元，同比增长 3.7%，利润总额 644.1 亿元，同比下降 28.9%，占工业企业利润总额的 32.0%；亏损企业 77 家，亏损总额 16.3 亿元，同比减少 9.5%。人才增长率初始值设为 1%，成果转化率为 10%，技术淘汰率为 1%，税率为 17%，支出比例为 5%，网络权力系数选用前文网络资源对网络权力影响系数。

（二）产品升级系统仿真

1. 人才增长率的变化

测试网络资源、网络权力基础上的产品升级，在给定的初始值中除人才增长率外，其他参数保持不变，人才增长率由初始值 1%上升至 5%和 15%系统的测试结果如图 6.9 和图 6.10 所示。其中，人才增长率 3 表示人才增长率初始值 1%，人才增长率 2 表示人才增长率为 5%，人才增长率 1 表示人才增长率为 15%。

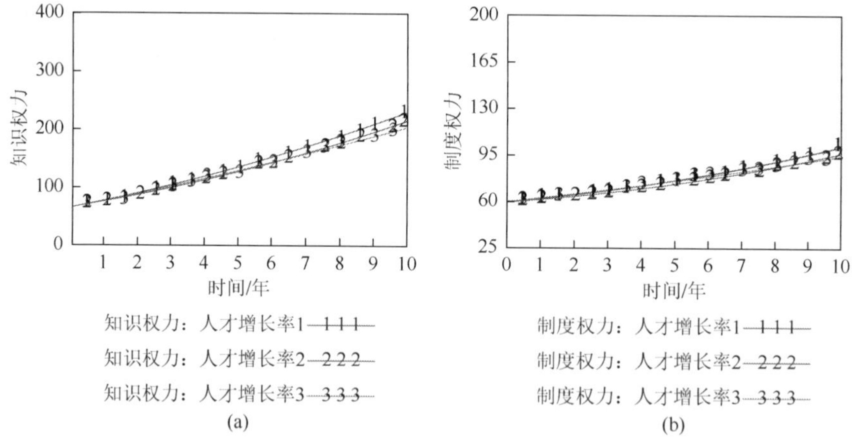

图 6.9　人才增长率变动下知识权力和制度权力变化过程

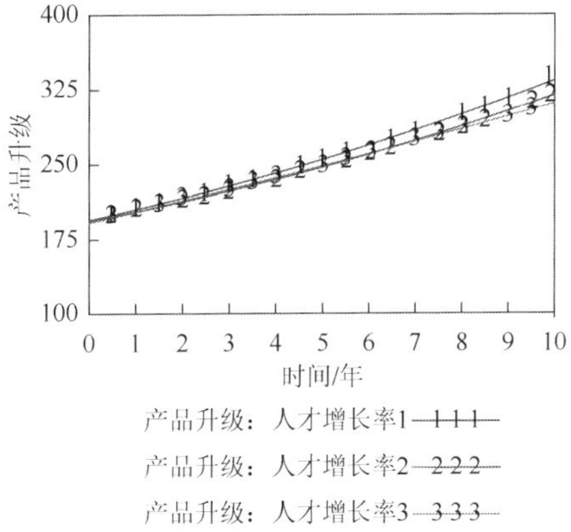

图 6.10　人才增长率变动下产品升级变化过程

如图 6.9、图 6.10 所示，随着人才增长率的增长，科技成果量增加，知识权力、制度权力和产品升级呈上升趋势，并且人才增长水平越高，影响越大。随着人才增长，人力资源的知识贡献使得知识权力得以提升。在企业知识更新和价值创新基础上，企业话语权提高，逐渐开始有意识或无意识对其他企业实施奖惩措施，企业在网络中的主导性得以提升。

对于河北省钢铁产业而言，目前高端人才较为稀缺，人才增长率水平较低。人才增长通过知识权力和制度权力的累积效应作用于产品升级，是产品升级的根本驱动因素。在短期内人才增长率的提升对权力获取和产品升级影响效果差异不大，可见人才增长作用的凸显需要前期不断积累。

河北省部分钢铁企业已经意识到人才对于企业转变发展思路和改革创新的重要作用。如河钢集团有限公司正式启动社会招聘机制，面向社会公开聘请九类高端人才。这九类招聘岗位分别是河钢集团有限公司销售总公司副总经理、品种钢销售主管经理、钢铁技术研究总院技术专家、专业技术人员、技术工程师，国贸公司期货部经理、投融资总监等，其中，有三类岗位专门面向在海外取得硕士研究生以上的人才招聘。通过高端人才的不断累积和知识更新，实现新产品在数量和更新速度上的提升，实现钢铁产业产品升级。

2. 利润率的变化

为测试利润率对产品升级的影响，模型设置的初始值中除利润率外，其他参数保持不变，利润率选择河北省钢铁产业目前利润率 1%、5%和韩国钢铁产业相对较高的利润率 7.5%，系统测试结果如图 6.11 所示，利润率 1 表示利润率为 1%，利润率 2 表示利润率为 5%，利润率 3 表示利润率为 7.5%。

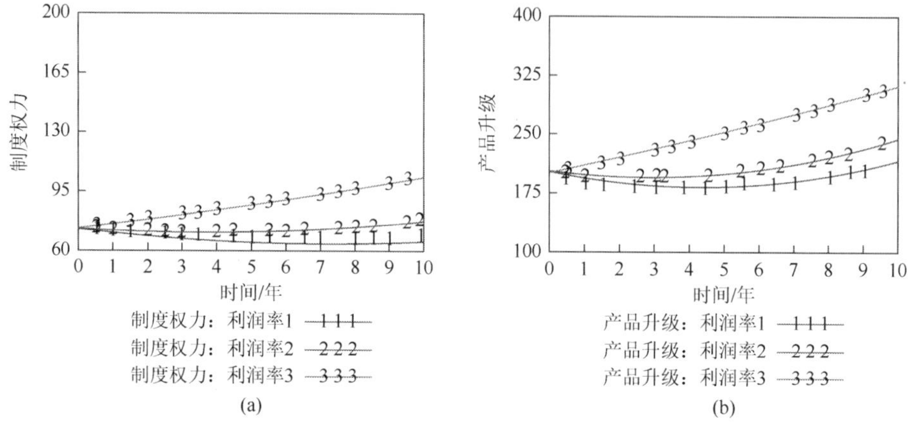

图 6.11　利润率变动下制度权力和产品升级变化过程

如图 6.11 所示，当河北省钢铁产业利润率维持 1%时，制度权力会在原有基础上继续降低，较难实现产品升级。随着利润率的不断提升，产业中企业数量有所增加，有业务往来企业数量增加，结构权力和制度权力提升不明显。当利润率在 5%以上，特别是达到 7.5%时，结构权力、知识权力和制度权力，从初期就有较明显的差异，在 10 年仿真时间范围内得以显著提升，从而实现新产品更快的更新速度和更新数量。

产品线档次低、利润率低是河北省钢铁行业的长期弊病。依据研究结果，河北省钢铁的装备水平已经具备了生产高品质产品的能力，需要瞄准高附加值产品，在网络权力提升基础上，创出更好效益，实现产品升级。

3. 技术淘汰率

为测试技术淘汰率对产品升级的影响，模型设置的初始值中除技术淘汰率外，其他参数保持不变，技术淘汰率选择 1%、5%和 10%，系统测试结果如图 6.12 所示，技术淘汰率 1 表示技术淘汰率为 1%，技术淘汰率 2 表示技术淘汰率为 5%，技术淘汰率 3 表示技术淘汰率为 10%。

当技术淘汰率为 1%时，制度权力在仿真周期内变化趋平，产品升级较难实现。随着技术淘汰率的提高，达到 5%时，在短期内制度权力提升尚不明显，在较长时间内制度权力提升逐渐显现，产品升级逐渐凸显。当技术淘汰率达到 10%时，落后技术被更高效的摒弃，关键技术保有量得以提升，制度权力显著增加，在 10 年仿真时限内新产品更新速度加快，更新数量加大，产品升级可以实现。

淘汰落后产能可以缓解钢铁产能过剩问题，是目前河北省钢铁产业结构调整的重点。淘汰落后产能不仅仅是产量的下降，也不是推倒一座高炉再建一座高炉，其核心是淘汰落后技术，从而提高新产品的数量和更新速度，实现产品升级。

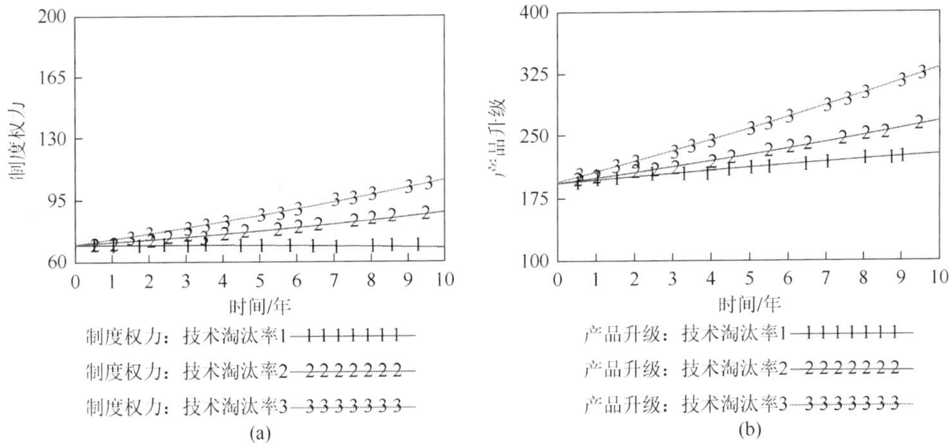

图 6.12　技术淘汰率变动下制度权力和产品升级变化过程

（三）工艺升级系统仿真

1. 人才增长率的变化

测试网络资源、网络权力基础上的工艺升级，在给定的初始值中除人才增长率外，其他参数保持不变，人才增长率由初始值 1%上升至 5%和 15%系统的测试结果如图 6.13 所示。其中，人才增长率 3 表示人才增值率初始值 1%，人才增长率 2 表示人才增长率为 5%，人才增长率 1 表示人才增长率为 15%。

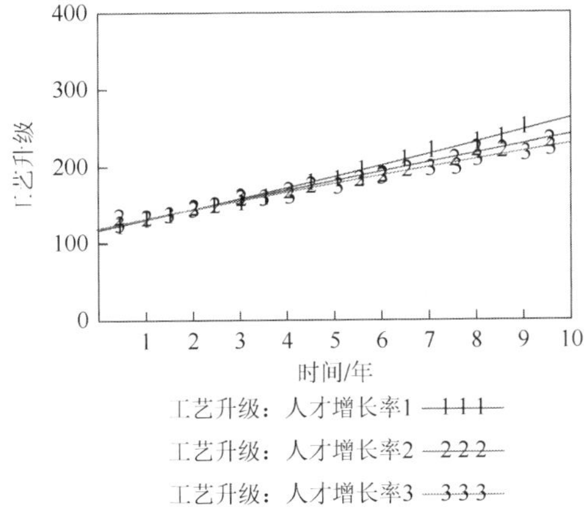

图 6.13　人才增长率变动下工艺升级变化过程

如图 6.13 所示，随人才增长率的增长，科技成果量增加，知识权力、制度权力和工艺升级呈上升趋势，并且人才增长水平越高，对工艺升级影响越大。随着人才增长，人力资源的知识贡献使得知识权力不断提高。在企业知识更新和价值创新基础上，实现生产效率提高和生产系统的更新，从而技术改进程度得以提升。

对于河北省钢铁产业而言，目前高端人才较为稀缺，人才增长率水平较低。人才增长通过知识权力和制度权力的累积效应作用于工艺升级，是产业转型升级的根本驱动因素。在短期内不同人才增长率的提升对权力获取和工艺升级影响效果差异不大，可见人才增长作用的凸显需要较长时间的前期积累。成熟的工艺装备技术需要通过高级技能人才实际操作才能生产出稳定的高性能的产品，人才增长是钢铁产业工艺升级的影响因素。

2. 利润率的变化

为测试利润率对工艺升级的影响，模型设置的初始值中除利润率外，其他参数保持不变，利润率选择河北省钢铁产业目前利润率 1%、5%和韩国钢铁产业相对较高的利润率 7.5%时，系统测试结果如图 6.14 所示，利润率 1 表示利润率为 1%，利润率 2 表示利润率为 5%，利润率 3 表示利润率为 7.5%。

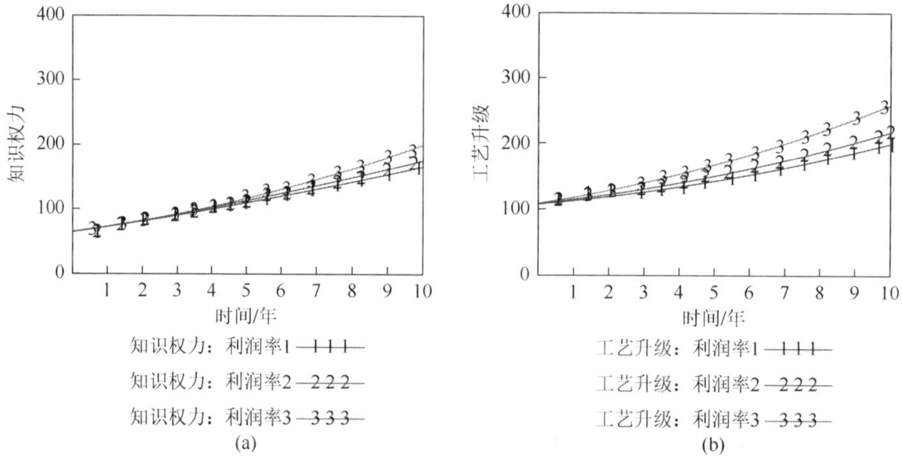

图 6.14　利润率变动下知识权力和工艺升级变化过程

如图 6.14 所示，当河北省钢铁产业利润率为 1%时，知识权力会在原有基础上有所增长。随着利润率的不断提升，产业中企业数量有所增加，有业务往来企业数量增加，知识权力提升更加明显。当利润率在 5%以上，特别是达到 7.5%时，知识权力在初期差异较小，随着时间的延续在 10 年仿真时间内逐渐凸显，表现为生产率的提高和生产系统的更新，从而推动技术改进程度，实现工艺升级。

《河北省钢铁产业结构调整方案》指出通过强制淘汰、优化布局、联合重组和置换调整等方式，压减钢铁产能，生产具有更高附加值的产品，进一步推动钢铁行业工艺技术装备的升级换代。

3. 技术淘汰率

为测试技术淘汰率对工艺升级的影响，模型设置的初始值中除技术淘汰率外，其他参数保持不变，技术淘汰率选择1%、5%和10%，系统测试结果如图6.15所示，技术淘汰率1表示技术淘汰率为1%，技术淘汰率2表示技术淘汰率为5%，技术淘汰率3表示技术淘汰率为10%。

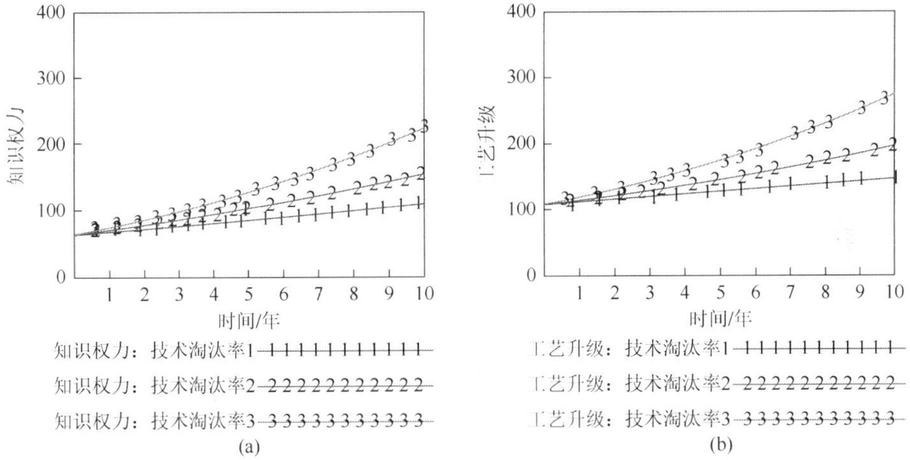

图6.15　技术淘汰率变动下知识权力和工艺升级变化过程

当技术淘汰率为1%时，知识权力在仿真周期内上升缓慢，工艺升级较难实现。随着技术淘汰率的提高，达到5%时，知识权力提升逐渐显现，科技成果增长量逐渐增加，网络中有业务往来的企业数量增加，在仿真周期内知识权力提升逐渐显现，工艺升级在仿真周期内初步实现。当技术淘汰率达到10%时，落后技术被更高效的摒弃，关键技术保有量得以提升，知识权力显著增加，在10年仿真时限内生产效率得以提升，生产系统得以更新。

为达到淘汰产能的目的，河北省不符合规定产能、工艺和排放标准的企业在规定的期限内将面临关停或者搬迁。淘汰落后产能，可以通过提高技术淘汰率，逐渐使企业掌握更高水平专业知识和技术，提高资源利用效率，实现工艺升级。

（四）功能升级系统仿真

1. 人才增长率的变化

测试网络资源、网络权力基础上的功能升级，在给定的初始值中除人才增长率外，其他参数保持不变，人才增长率由初始值 1%上升至 5%和 15%系统的测试结果如图 6.16 所示。其中，人才增长率 3 表示人才增值率初始值为 1%，人才增长率 2 表示人才增长率为 5%，人才增长率 1 表示人才增长率为 15%。

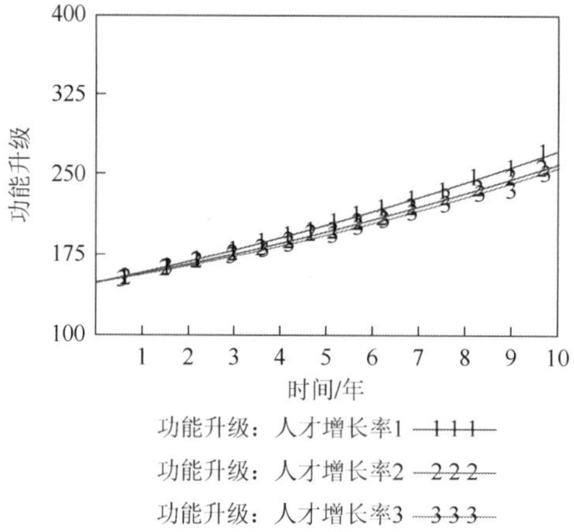

图 6.16　人才增长率变动下功能升级变化过程

如图 6.16 所示，随人才增长率的增长，科技成果增长量、随时结束业务的企业数量、网络权力和功能升级呈上升趋势，并且人才增长水平越高，对功能升级影响越大。随着人才增长率的提升，人力资源的知识贡献使得知识权力不断提高。企业通过知识更新和价值创新，获取生产网络中其他企业的认可并开始尝试限制或鼓励其他成员，实现更大的市场占有，并逐渐建设自主品牌。

河北省钢铁产业目前高端人才较为稀缺，人才增长率较低。人才增长通过知识权力和制度权力的累积效应作用于功能升级，是产业在全球市场取得突破的基础性因素。在短期内不同人才增长率的提升对权力获取和功能升级影响效果差异不大，可见人才增长作用的凸显需要较长时间的前期积累。钢铁产业人才引进和数量增长带来的研发投入的增长，是市场拓展和自主品牌建设的关键，人才增长率是影响钢铁产业功能升级的因素。

2. 利润率的变化

为测试利润率对功能升级的影响，模型设置的初始值中除利润率外，其他参数保持不变，利润率选择河北省钢铁产业目前利润率 1%、5%和韩国钢铁产业相对较高的利润率 7.5%，系统测试结果如图 6.17 所示，利润率 1 表示利润率为 1%，利润率 2 表示利润率为 5%，利润率 3 表示利润率为 7.5%。

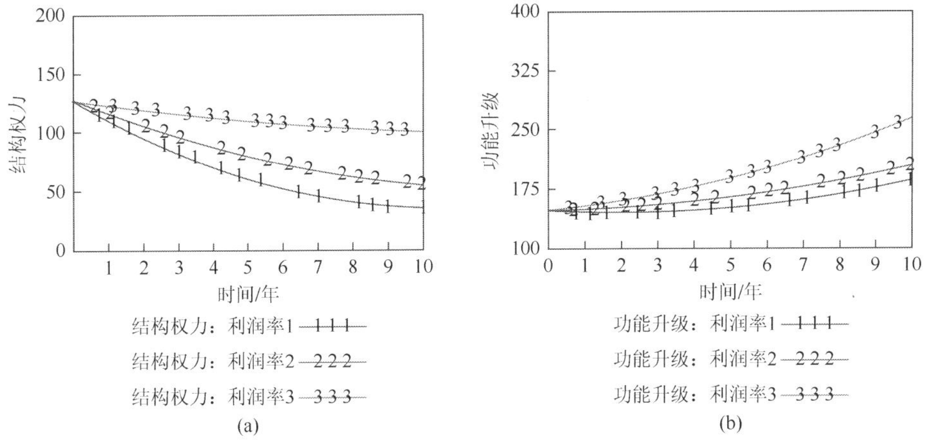

图 6.17　利润率变动下结构权力和功能升级变化过程

当河北省钢铁产业利润率维持当前仅为 1%时，知识权力会在原有基础上有所增长，制度权力变化不明显，结构权力逐渐降低。随着利润率的不断提升，产业中企业数量有所增加，有业务往来企业数量增加，结构权力却逐渐降低。当利润率在 5%以上，特别是达到 7.5%时，结构权力下降趋势有所缓和。综合利润率对知识权力、制度权力、认同权力和结构权力的作用，对功能升级整体表现为促进作用。

河北钢铁集团邯钢冷轧厂以高端产品拓展市场，彩涂板生产线生产高强抗菌彩涂板。相比普通彩涂产品可多盈利 50 元以上，出口美国用于食品包装领域。高强抗菌彩涂板在欧美等国家、地区有广阔市场，主要用于食品、药品包装和设备制造等相关领域。河北钢铁企业正在尝试通过生产利润率更高的产品，实现以拓展市场力度和建设自主品牌为标志的功能升级。

3. 技术淘汰率的变化

为测试技术淘汰率对功能升级的影响，模型设置的初始值中除技术淘汰率外，其他参数保持不变，技术淘汰率选择 1%、5%和 10%，系统测试结果如图 6.18 所示，技术淘汰率 1 表示技术淘汰率为 1%，技术淘汰率 2 表示技术淘汰率为 5%，技术淘汰率 3 表示技术淘汰率为 10%。

技术淘汰率为 1%、5%和 10%时，认同权力在仿真周期内有下降趋势，且不同的技术淘汰率，认同权力变化差异较小。当技术淘汰率为 1%时，功能升级趋势不明显。但随着技术淘汰率的提高，达到 5%时，认同权力在仿真周期内，仍没有上升趋势，但伴随科技成果增长量逐渐增加，网络中与企业有业务往来的企业数量增加，在仿真周期内知识权力提升，功能升级在仿真周期后期初步实现。当技术淘汰率达到 10%时，落后技术被更高效的代替，关键技术保有量得以提升，知识权力显著增加，在仿真周期后期市场得以拓展，自主品牌逐渐形成。

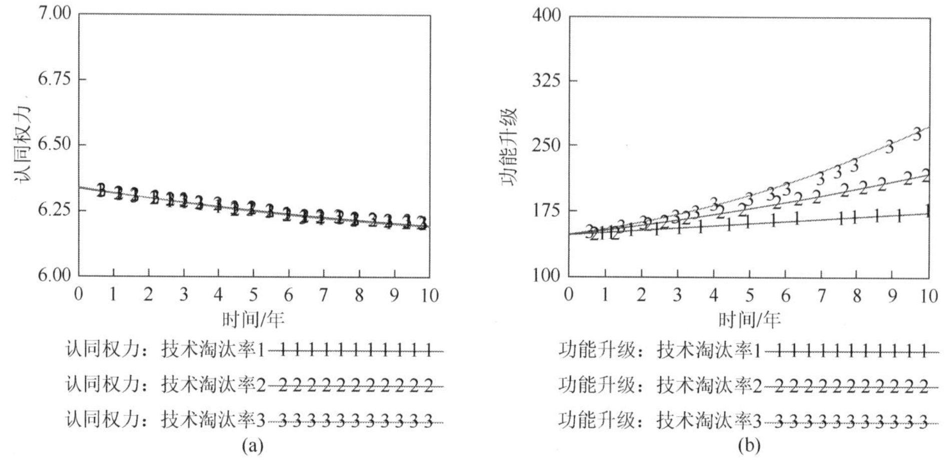

图 6.18　技术淘汰率变动下认同权力和功能升级变化过程

河北省钢铁产业正在尝试通过技术淘汰，提高认同，实现功能升级。2010 年开始河北省钢铁集团先后压缩建设项目 350 多个，集中资金重点建设了一大批产业升级、结构调整项目，总投资达 193 亿元。其中，唐山钢铁集团有限公司生产的小锌花镀锌板填补了国内空白，进入欧美市场。

(五) 链升级系统仿真

1. 人才增长率的变化

测试网络资源、网络权力基础上的链升级，在给定的初始值中除人才增长率外，其他参数保持不变，人才增长率由初始值 1%上升至 5%和 15%系统的测试结果，如图 6.19 所示。其中，人才增长率 3 表示人才增值率初始值为 1%，人才增长率 2 表示人才增长率为 5%，人才增长率 1 表示人才增长率为 15%。

如图 6.19 所示，随人才增长率的增长，科技成果增长量、可以随时结束的业务数量、网络权力呈上升趋势，链升级趋势略有下降并且人才增长水平，对链升级影响差异不明显。随着人才增长，人力资源的知识贡献使得知识权力不断提高，并开始接触和掌握关键信息。企业通过知识更新和价值创新，获取生产网络中其他企业的认可并开始尝试限制或鼓励其他成员，实现在此类商品生产中更大的市场占有，并逐渐建设自主品牌。与此同时，人才增长率的提升对以生产完全不同产品为特征的链升级的影响作用在短期内不明显，长期是反向的。

河北省钢铁产业目前高端人才较为稀缺，人才增长率水平较低。人才增长通过知识权力和制度权力的累积效应作用于链升级，是取得突破的基础性因素。在短期内不同人才增长率的提升对权力获取和链升级影响效果差异不大，可见在链

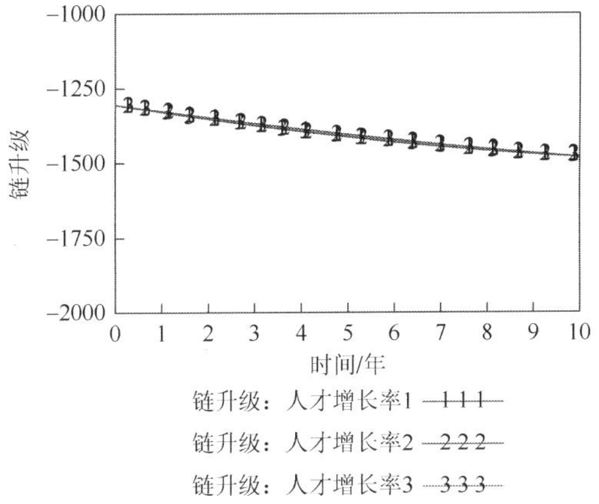

图 6.19　人才增长率变动下链升级变化过程

升级过程中人才增长作用的凸显需要较长时间的前期积累。河北省钢铁产业人才引进和数量增长，对相同领域产品升级、工艺升级和功能升级均有显著的作用，若实现对不同领域产品市场份额的获取，仅依靠引进高端人才是远远不够的。

2. 利润率的变化

为测试利润率对链升级的影响，模型设置的初始值中除利润率外，其他参数保持不变，利润率选择河北省钢铁产业目前利润率 1%、5%和韩国钢铁产业相对较高的利润率 7.5%，系统测试结果如图 6.20 所示，利润率 1 表示利润率为 1%，利润率 2 表示利润率为 5%，利润率 3 表示利润率为 7.5%。

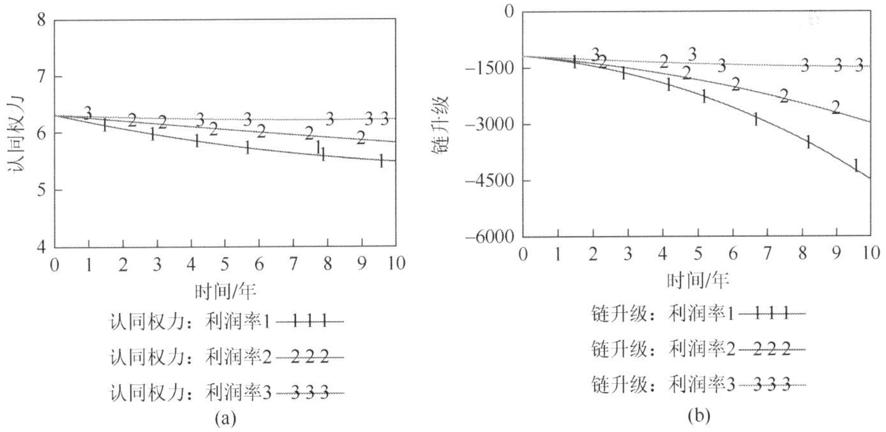

图 6.20　利润率变动下认同权力和链升级变化过程

当河北省钢铁产业利润率维持当前仅为 1%时，知识权力会在原有基础上有所增长，制度权力变化不明显，结构权力逐渐降低，认同权力有降低趋势。随着利润率的不断提升，产业中企业数量有所增加，与企业有业务往来的企业数量增加，认同权力降低趋势得以缓解。当利润率在 5%以上，特别是达到 7.5%时，认同权力得以维持。综合利润率对知识权力、制度权力、认同权力和结构权力的作用可知，在利润率达到 7.5%对链升级整体仅表现为趋平。

在钢铁销售利润较低的当前形势下，钢铁企业可以从过去的生产商向服务商转变，涉及物流、贸易、加工配送，尝试向其他的领域延伸。例如，河钢集团有限公司和河北港口集团有限公司、沧州港务集团有限公司签约开发建设黄骅港综合港区年吞吐量为 5000 万吨的矿石泊位和 2000 万吨的通用散杂泊位，并向物流业投资以取得市场份额，开始在物流领域取得市场份额，实现产业链升级。

3. 技术淘汰率

为测试技术淘汰率对链升级的影响，模型设置的初始值中除技术淘汰率外，其他参数保持不变，技术淘汰率选择 1%、5%和 10%，系统测试结果如图 6.21 所示，技术淘汰率 1 表示技术淘汰率为 1%，技术淘汰率 2 表示技术淘汰率为 5%，技术淘汰率 3 表示技术淘汰率为 10%。

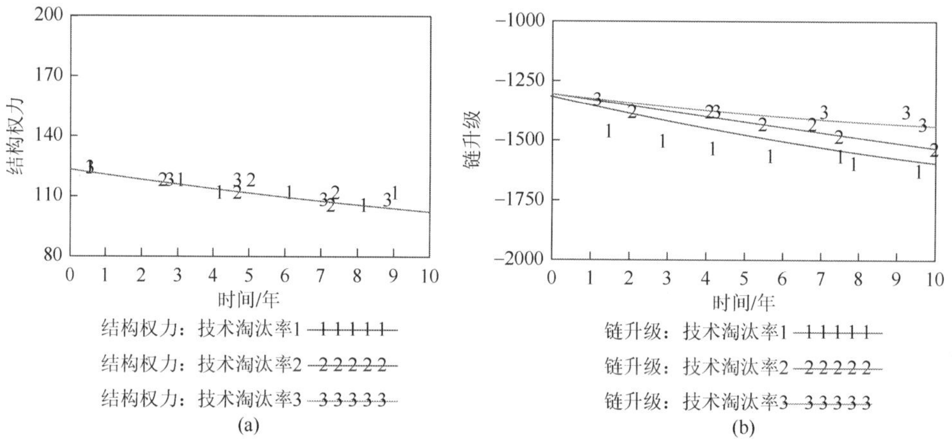

图 6.21　技术淘汰率变动下结构权力和链升级变化过程

当技术淘汰率为 1%、5%和 10%时，结构权力在仿真周期内有下降趋势，且不同的技术淘汰率，结构权力变化差异较小。同时伴随技术淘汰率的增加，链升级下降趋势趋缓。技术淘汰率增加，结构权力在仿真周期内上升趋势不明显，但伴随科技成果增长量逐渐增加，网络中有业务往来企业数量增加，在仿真周期内链升级仍未实现。仅仅依靠淘汰落后技术降低产能，难以实现生产与现阶段完全不同的产品，并在其他领域取得市场份额。

本章以系统动力学为理论基础，以 Vensim 为工具，建立了基于系统动力学的网络资源、网络权力对产业升级的影响因果关系图，并通过构建的系统动力学模型模拟产品升级、工艺升级、功能升级和链升级，分析了影响产业升级不同子系统的关键因素和机理。

（1）产业升级系统动力学建模。利用系统动力学思想和分析方法，分析了产业升级系统的建模依据、问题描述和系统边界划分。从建模原则、建模过程和建模解决的问题三个方面为产业升级系统动力学建模提供依据。以产品升级、工艺升级、功能升级和链升级四个子模块为基础，明确产业升级的基本回路和相关变量，构建产业升级系统动力学模型。

（2）河北省钢铁产业系统动力学仿真。在系统分析的基础上建立了基于系统动力学的产业升级理论模型，并利用河北省钢铁产业相关数据，模拟了人才增长率、利润率和技术淘汰率等参数变化过程中网络资源、网络权力对产业升级的动态影响。进一步明确了河北省钢铁产业发展过程中的关键因素，证明网络权力增长可以实现转型升级。

通过系统动力学建模与仿真，结果表明：河北省钢铁产业人才增长，可以促进知识权力和制度权力提升，从而实现产业升级，但不同人才增长率对产业升级的影响差异较小。生产利润高的产品可以促进知识权力和制度权力形成，实现产品升级和工艺升级；注意结构权力和认同权力对功级升级实现的作用，同时结构权力和认同权力提升为链升级夯实了基础。落后技术淘汰可以通过形成知识权力和制度权力，实现产品和工艺升级。由此可知，河北省钢铁产业仅仅依靠引进人才不能有效实现产业升级，生产具有更高附加价值的产品，加大对落后技术的淘汰是现阶段提高网络权力、实现钢铁产业升级的重要途径。

第七章　华为技术有限公司案例分析

第一节　案例背景

华为成立于 1987 年，目前是全球第一大通信设备供应商，专门从事通信网络技术与产品的研究、开发、生产与销售，致力于为电信运营商提供固定网、移动网、数据通信网和增值业务领域的网络解决方案，是中国电信市场的主要供应商之一，并已成功进入全球电信市场。1992 年开始进军大容量的电话交换机产业，1995 年取得初步成功并开始进入中国电信网络市场。1996 年开始在 C&C08 电话交换机技术的基础上，成功进入综合业务接入网（home optical network，HONET）、TELLIN 智能网、同步时分复用（synchronous time-division multiplexing，TDM）光传输设备，同时进行全球移动通信系统（global system for mobile communications，GSM）的研究开发。从 1997 年起，华为开始系统地管理改进与变革，凭借客户需求驱动的开发流程和供应链流程的实施，华为具备了符合客户利益的差异化竞争优势，进一步巩固了在业界的核心竞争力。华为发展过程的标志性事件如表 7.1 所示。

表 7.1　华为发展过程大事记

时间	主要事件
1987 年	创立于深圳，成为一家生产用户交换机（private branch exchange，PBX）的香港公司的销售代理
1990 年	开始自主研发面向酒店与小企业的 PBX 技术并进行商用
1992 年	开始研发并推出农村数字交换解决方案
1995 年	销售额达 15 亿元，主要来自中国农村市场
1997 年	推出无线 GSM 解决方案
1999 年	在印度班加罗尔设立研发中心
2000 年	在瑞典首都斯德哥尔摩设立研发中心，海外市场销售额达 1 亿美元
2001 年	以 7.5 亿美元的价格将非核心子公司 Avansys 卖给爱默生。在美国设立四个研发中心。加入国际电信联盟（International Telecommunication Union，ITU）。印度班加罗尔研发中心获得软件能力成熟度模型（capability maturity model for software，CMM）4 级认证
2002 年	海外市场销售额达 5.52 亿美元
2003 年	与 3Com 合作成立合资公司，专注于企业数据网络解决方案的研究。印度班加罗尔研发中心获得 CMM5 级认证

续表

时间	主要事件
2004 年	与西门子合作成立合资公司，开发时分同步码分多址（time division-synchronous code division multiple access，TD-SCDMA）解决方案 获得荷兰运营商 Telfort 价值超过 2500 万美元的合同，首次实现在欧洲的重大突破
2005 年	海外合同销售额首次超过国内合同销售额 与沃达丰签署《全球框架协议》，正式成为沃达丰优选通信设备供应商 成为英国电信（British Telecom，BT）首选的 21 世纪网络供应商，为 BT 21 世纪网络提供多业务网络接入节点（multi-service access node，MSAN）部件和传输设备
2006 年	以 8.8 亿美元的价格出售 H3C 公司 49%的股份 与摩托罗拉合作在上海成立联合研发中心，开发通用移动通信系统（universal mobile telecommunications system，UMTS）技术 推出新的企业标识，新标识充分体现了华为聚焦客户、创新、稳健增长和和谐的精神
2007 年	与赛门铁克合作成立合资公司，开展网络安全与存储产品的研发、销售和服务 与 Global Marine 合作成立合资公司，提供海缆端到端网络解决方案 在 2007 年底成为欧洲所有顶级运营商的合作伙伴 被沃达丰授予“2007 杰出表现奖”，是唯一获此奖项的电信网络解决方案供应商 推出基于全 IP（Internet protocol，网络互连协议）网络的移动固定融合（fixed-mobile convergence，FMC）解决方案战略，帮助电信运营商节省运作总成本，减少能源消耗
2008 年	被《商业周刊》评为全球十大最有影响力的公司 根据 Informa 的咨询报告，华为在移动设备市场领域排名全球第三。首次在北美大规模商用 UMTS/增强型高速分组接入技术（high-speed packed access，HSPA）网络，为加拿大运营商 Telus 和 Bell 建设下一代无线网络 移动宽带产品全球累计发货量超过 2000 万部，根据联合商业智能（Allied Business Intelligence，ABI）的数据，市场份额位列全球第一 全年共递交 1737 件专利合作条约（patent cooperation treaty，PCT）专利申请，据世界知识产权组织统计，在 2008 年专利申请公司（人）排名榜上排名第一；长期演进（long term evolution，LTE）专利数占全球 10%以上
2009 年	无线接入市场份额跻身全球第二 成功交付全球首个 LTE/分组核心（evolved packet core，EPC）商用网络，获得的 LTE 商用合同数居全球首位。率先发布从路由器到传输系统的端到端 100G 解决方案 获得电气与电子工程师协会（Institute of Electrical and Electronics Engineers，IEEE）标准组织 2009 年度杰出公司贡献奖 获英国《金融时报》颁发的“业务新锐奖”，并入选美国 *Fast Company* 杂志评选的最具创新力公司前五强。主要产品都实现资源消耗同比降低 20%以上，在全球部署了 3000 多个新能源供电解决方案站点
2010 年	全球部署超过 80 个 SingleRAN 商用网络，其中，28 个已商用发布或即将发布 LTE/EPC 业务 在英国成立安全认证中心。与中国工信部签署《节能自愿协议》。加入联合国宽带委员会。获英国《经济学人》杂志 2010 年度公司创新大奖
2011 年	发布 GigaSite 解决方案和泛在超宽带网络架构 U2Net。建设了 20 个云计算数据中心 智能手机销售量达到 2000 万部 以 5.3 亿美元收购华赛 整合成立了“2012 实验室” 发布 HUAWEI SmartCare 解决方案 在全球范围内囊获六大 LTE 顶级奖项

续表

时间	主要事件
2012 年	持续推进全球本地化经营，加强了在欧洲的投资，重点加大了对英国的投资，在芬兰新建研发中心，并在法国和英国成立了本地董事会和咨询委员会 在第三代合作伙伴计划（3rd generation partnership project，3GPP）LTE 核心标准中贡献了全球通过提案总数的 20% 发布业界首个 400G 高密度分波多工（dense wavelength division multiplexing，DWDM）光传送系统，在 IP 领域发布业界容量最大的 480G 线路板 和全球 33 个国家的客户开展云计算合作，并建设了 7 万人规模的全球最大的桌面云 推出的 Ascend P1、Ascend D1 四核、荣耀等中高端旗舰产品在发达国家热销
2013 年	全球财务风险控制中心在英国伦敦成立，监管华为全球财务运营风险，确保财经业务规范、高效、低风险地运行 欧洲物流中心在匈牙利正式投入运营，辐射欧洲、中亚、中东非洲国家 作为欧盟 5G 项目主要推动者、英国 5G 创新中心（5G innovation center，5GIC）的发起者，发布 5G 白皮书，积极构建 5G 全球生态圈，并与全球 20 多所大学开展紧密的联合研究 400G 路由器商用方案得到 49 个客户的认可并规模投入商用 率先发布骨干路由器 1T 路由线卡，以及 40T 超大容量的波分样机和全光交换网络（automatically switched optical network，AOSN）新架构 持续领跑全球 LTE 商用部署，进入全球 100 多个首都城市，覆盖九大金融中心 发布全球首个以业务和用户体验为中心的敏捷网络架构及全球首款敏捷交换机 S12700，满足云计算、自带设备办公（bring your own device，BYOD）、软件定义网络（software defined network，SDN）、物联网、多业务及大数据等新应用的需求 以消费者为中心，以行践言（make it possible）持续聚焦精品战略，其中，旗舰机型华为 Ascend P6 实现了品牌利润双赢，智能手机业务获得历史性突破，进入全球 TOP3，华为手机品牌知名度全球同比增长 110%
2014 年	在全球 9 个国家建立 5G 创新研究中心 承建全球 186 个 400G 核心路由器商用网络 为全球客户建设 480 多个数据中心，其中有 160 多个云数据中心 全球研发中心总数达到 16 个，联合创新中心共 28 个 在全球加入 177 个标准组织和开源组织，在其中担任 183 个重要职位 智能手机发货量超过 7500 万台 与 TeliaSonera 共同成功完成基于 G.fast 铜线接入宽带技术的实验局 助力国际电信联盟电信标准分局（International Telecommunication Union Telecommunication Standardization Sector，ITU-T）G.fast 标准成功发布
2015 年	在企业专利申请排名方面，以 3898 件连续第二年位居榜首 LTE 进入 140 多个首都城市，成功部署 400 多张 LTE 商用网络和 180 多张 EPC 商用网络 在光传送领域，与欧洲运营商共同建设了全球首张 1T 光传送网（optical transmission network，OTN）网络 与 BT 合作完成业界最高速率 3Tbps 光传输现网测试 发布全球首个基于 SDN 架构的敏捷物联解决方案 发布全球首款 32 路 x86 开放架构小型机昆仑服务器 智能手机发货超 1 亿台，在全球智能手机市场稳居全球前三，在中国市场份额位居首位 率先在深圳现有的 4G 网络中批量开启载波聚合，启动向 LTE-Advanced（LTE-A）的演进 推出创新劈裂天线解决方案，有效应对容量挑战，在泰国 AIS（Academic and Professional Organizations in the Field of Infomations Systems，信息系统领域学术专业组织）完成业界首个大规模商用，实现网络容量提升 70% 建成业界领先网络功能虚拟化（network functions virtualization，NFV）开放实验室 发布全球首个流量交易平台 发布业界首创高通量路由器铺就通往超高清视频之路 发布全球最快的横向扩展存储系统 OceanStor 9000，开启媒体行业 4K 新时代 发布全球首款 3.5GHz CAT6 终端，开启 3.5GHz LTE-A 商用新时代 发布业界首个基于开放网络运营系统（open network operating system，ONOS）开源平台的 IP + 光和 Transport SDN 应用，也是业界首个采用面向运营商网络的 SDN 开源平台的应用 以 14.6%的市场占有率，跃居中国模块化数据中心行业领导者

续表

时间	主要事件
2015 年	成立欧洲研究院，助力欧洲数字化进程实现产业共赢 入围 2015 年 BrandZ 全球品牌百强，成为唯一同时进入两大全球品牌榜的中国企业 获得 Spark 商用发行版认证，成为全球首个获此认证的信息和通信公司 荣获业界首个 5G 大奖——“5G 最杰出贡献奖” 发布 Mate S 手机，首次创造性地将 Force Touch 技术应用于手机交互，引领人机交互新革命 在英国开通 5G 测试床，成为全球首次在 5G 空口实现超高清视频传输 发布应用驱动网络 ADN 架构，在业界第一次提出网络建设要为应用服务，从根本上颠覆传统的建网思路 在英国开设首个创新信息与网络技术学院，助力信息通信技术（information and communication technology，ICT）行业人才培养
2016 年	消费者业务年收入超 200 亿美元，同比大增 70% 启动服务器领域 NVMe 固态驱动器（solid state disk，SSD）“闪存风暴”行动，实现“同等容量、性能翻倍、节能 40%”，掀起服务器硬盘的创新变革 FTTH 终端发货率先突破 1 亿台，成为全球首家 FTTH 终端发货突破 1 亿台的厂商 携手多家全球领先运营商，开启 4.5G 大规模商用时代 发布全球首款 32 路开放架构小型机 KunLun，开启小型机新时代 发布室内全联接解决方案开启室内全联接体验时代 携手 Mellanox 发布 InfiniBand EDR 100G 交换解决方案，迈入高速网络新时代 5G 高频信道模型研究取得重大突破 提出信息产业转型“三波理论”，携手产业伙伴共建大视频生态 发布云开放实验室，构建全面云化转型的解决方案集成验证基地，助力运营商商业成功 发布“非洲移动宽带（mobile broad band，MBB）2020 战略”，勾勒了在未来五年构建全联接非洲的移动宽带新蓝图 联手沃达丰进行 5G 测试 启用业界首个多探头球面近场信令网关（signaling gateway，SG）178 测试系统，用于基站天线开发和生产的辐射性能测试 发布可视化集成通信平台，助力公共安全行业向云架构和智慧化转型，打造主动、融合、可视的平安城市体系 发布业界首款全场景 SDN 统一控制器 Agile Controller3.0 发布 gMOS 体验标准，第一次在业界用量化的统一语言来表征移动游戏的主观体验 开始在印度生产智能手机 发布业界首个固网微波解决方案推动 Gigaband 产业迈入新时代 首次全面阐述视频战略，提出视频业务发展的三种变现模式 5G 信道编码技术取得新突破 携手法国普罗旺斯—阿尔卑斯—蓝色海岸大区打造欧洲首个智慧大区 发布业界首个基于机器学习的网络大脑（network mind，NM）研究成果，实现网络控制的自动化 携手生态圈伙伴以新 ICT 探索智慧城市美好未来 宣布成立“全球计算创新中心” 携手 LG U + 完成面向 5G 三大应用场景外场测试，标志着 5G 技术性能的验证和研究从实验室走向外场
2017 年	发布“立体 18 扇区”创新解决方案，单站容量提升 3.5 倍 发布业界首款 T 级云综合安全网关，构建安全的高性能云数据中心 完成 5G 小型化终端样机吞吐 5Gbps 测试 率先完成 5G-NR 下的 3.5GHz 频段外场性能测试，领跑中国 5G 测试 发布业界首款 5G 承载分片路由器，使能运营商跨行业应用极致体验 发布全球首个面向 5G 商用场景的 5G 核心网解决方案（service oriented core，SOC）2.0 发布新一代 5000 系列基站，助力运营商构建面向 5G 演进的网络 携手 MTN、高通发布非洲首个局部区域协议（local area agreements，LAA）商用网络 携手中国联通打造国内首个物联网公共事业平台 率先完成中国 5G 技术研发试验第二阶段测试 发布业界首个可商用的光交叉连接（optical cross-connect，OXC）+ OTN 集群 Mesh 化骨干网解决方案

续表

时间	主要事件
2017 年	投身非洲移动宽带建设，促进当地经济社会发展 发布首款 AI（artificial intelligence，人工智能）移动计算平台麒麟 970 率先完成 IMT-2020（5G）技术研发试验第二阶段核心网测试 加入欧洲 5G 架构研究联盟，主导基于网络切片的架构设计 全面领先中国 5G 技术研发试验，第二阶段测试成果高居榜首 发布多端口 NG-fast 样机，铜线迎来 5G 时代 成功演示业界首次 5G 新空口承载语音（voice/video over new radio，VoNR）跨地域（怀柔—雄安）高清通话 超融合基础设施 FusionCube 在中国市场排名第一
2018 年	5G OTN 前传方案率先完成中国首次 5G 前传测试 和 TELUS 完成北美首个 5G 客户终端设备（customer premise equipment，CPE）友好用户测试 全面启动“切片商城”创新项目，加速 5G 切片商品化落地 发布首款全面屏笔记本 HUAWEI MateBook X Pro 和影音娱乐平板 M5 系列 发布首款 3GPP 标准 5G 商用芯片和终端 携手布依格电信签署 5G 合同，在波尔多启动首个 5G 测试 率先完成 IMT-2020（5G）推进组第三阶段非独立组网（non-stand alone，NSA）5G 核心网测试 携手 NTT DOCOMO 完成首个 39GHz 频段的 5G 集成接入回传网络（integrated access backhaul，IAB）外场测试 率先完成中国 5G 技术研发试验 NSA 测试 成立业界首个低时延开放实验室，为 LTE 低时延领域创新合作翻开新的一页 NF-V 关键能力指标和综合竞争力排名第一 发布新一代 CloudLink 协作智真 打通国内首个基于 3GPP 标准的独立组网（stand alone，SA）下 5G First Call 率先完成 IMT-2020（5G）推进组组织的中国 5G 技术研发试验第三阶段 SA 基站功能测试 率先完成 IMT-2020（5G）推进组第三阶段 SA 5G 核心网测试 华为 5G LampSite 率先启动中国 5G 技术研发试验第三阶段室内覆盖测试 认知度位居中国市场数字转型战略 IT 厂商首位 率先完成中国 5G 技术研发试验第三阶段 3GPP R16 及未来的新功能与新技术验证测试 发布业界首个 5G Power 系列解决方案 发布 EI 城市智能体，华为云全面进入 AI 新时代 发布业界首款 AI 防火墙，让企业边界防护智能化 为黎巴嫩引入最新 5G 技术 在全球获得 22 个 5G 商用合同 发布含 5G 微波在内的 SingleRAN Pro 解决方案，5G 微波 CA ODU 和模块化天线正式上市 5G LampSite 率先完成中国 5G 技术研发试验第三阶段 SA 测试
2019 年	率先完成中国 5G 技术研发试验第三阶段 5G 核心网安全技术测试 发布全球首款 5G 基站核心芯片 完成中国 5G 技术研发试验第三阶段测试 完成中国 5G 技术研发试验 2.6GHz 频段测试 宣布完成全球首个 SuperBAND 商用网络验证 联合 Rain 发布南非首个 5G 商用网络 发布业界最强配置 1 + 1 天线，使能 5G 时代极简站点 正式发布 5G 智简核心网 发布业界最高 Wi-Fi 速率的对称 10G 无源光网络终端（passive optical network optical network terminal，PON ONT），打造极致家庭 Wi-Fi 体验 宣布迈向基于愿景驱动的理论突破和基础技术发明的创新 2.0 时代 联合深圳华侨城洲际大酒店、深圳电信启动全球首个 5G 智慧酒店建设 率先打通全球首个 5G VoNR 语音和视频通话 与 30 多家产业伙伴联合成立 5G 确定性网络产业联盟及产业创新基地 首次发布整体计算战略，推出全球最快 AI 训练集群 Atlas 900

续表

时间	主要事件
2019年	发布业界首款兼容ARM的四路服务器，携手Mellanox构建高性能计算平台 发布业界首个全容器化5G核心网 5G设备全球发货超40万 发布欧洲AI生态计划，5年投资1亿欧元 位列2019世界物联网排行榜榜首 华为路由器2019年度运营商市场份额持续全球第一
2020年	携手高骏科技有限公司打通全球第一款集成5G模组的4K直播编码器网络通信服务 首个海外人工智能物联网（artificial intelligence + internet of things，AIoT）创新训练营落地新加坡 携手中国移动通信集团有限公司浙江公司实现全球5G业务体验管理首商用 发布业界首个基于站点数字孪生理念的5G数字化部署方案 发布业界首个面向确定性网络的5G核心网 发布业界首个5G业务体验建网标准 发布业界首款800G可调超高速光模块 在法国设立无线产品制造工厂主要供应欧洲市场 携手北京联通发布业界首个智能加速的学习宽带，重塑F5G时代家庭在线教育体验 携手首批18家车企成立“5G汽车生态圈” 联合中国移动通信集团有限公司首次实现5G覆盖珠峰峰顶，双千兆网络覆盖6500米高度 联合中国移动通信集团有限公司、昆明船舶设备集团有限公司和倍福自动化有限公司打造全国首个5G全场景智慧物流新装备孵化基地 发布1＋X证书配套教材，面向中国院校培养复合型技术技能人才 联合rain发布非洲首个5G独立组网商用网络 率先完成中国IMT-2020（5G）推进组5G网络安全测试

第二节 案例分析

按照时间顺序对上文所划分的各阶段进行详细阐述，对每个阶段的网络权力、竞争优势及在两者之间发挥调节作用和中介作用的创新模式与重构方式进行分析，注重实际情境中变量之间所存在的因果关联。其中，为突出企业拥有的网络权力对于竞争优势获取的驱动作用，演化过程各阶段的分析先对企业所拥有的网络权力进行总结归纳，而后对创新模式、重构方式、竞争优势进行分析阐述。在分析网络权力对竞争优势影响的动态演化过程中，引入网络层面概念“网络治理模式”，作为外部环境因素和网络层面权力状态，有助于对网络权力与竞争优势的动态演化进行更为全面的剖析。

一、演化时段一（1987～1992年）

在改革开放的春风吹动下，中国大地上涌动的激情和躁动鼓舞了电信制造业的一批狂人。他们用公司名称向全球电信制造业吹响了中国企业前进的号角：巨龙——“龙”乃中国的象征，前面还有一个“巨”字；大唐——“唐”，唐朝的简称，中国历史上最鼎盛的朝代之一，也有“中国精神”的指代意义；中兴——中华复兴；华为——中华有为，为中国崛起而有为。这四个最具代表性的中国通信制造企业中，深圳市中兴半导体有限公司（中兴通讯股份有限公司前身）于 1985 年最早创立。华为紧随其后，创立于 1987 年。资本短缺、技术匮乏、人才稀少，是当时这几家企业乃至整个中国通信业的共同现实。而它们面对的却是无比强大的对手：几乎普遍拥有百年以上历史的西方公司。

得益于时代的召唤和中国国内巨大的电信设备市场的驱动，加之随着集成电路技术和计算机技术的飞速发展，电信关键的两项核心瓶颈技术的竞争壁垒开始下降。华为于 1987 年创立于深圳，成为一家生产 PBX 的香港公司的销售代理。1990 年开始华为开始研制程控小型交换机。1991 年华为员工增加到二十多人。1991 年 11 月，由于回款缓慢甚至出现问题，公司的现金流开始紧张。为贷款方便，华为申请变更为集体企业，1992 年 6 月获准。1992 年是华为具有里程碑意义的一年，其销售额首次达到 1 亿元。从 1987 年开始到 1992 年这一阶段是华为的形成初期，其主要目标是解决如何生存的问题，从整个生产网络视角来看其生存路径是追随电信制造行业技术中心和发展前沿。

（一）网络权力：知识权力的引导和结构权力的萌芽

改革开放带来的制度变迁，是华为创立及创立初期的驱动力。1984 年邓小平同志视察南方，成就了中国沿海地区的外向型经济与制造业产业链条，正是在这一基础之上，中国企业才有了创新的动力与源泉。落实南方谈话的精髓，需要在创业制度上有所突破，最根本的突破不是扶持，而是公平的竞争环境。为了鼓励电信业加快发展速度，1986 年 4 月，经国务院同意，国家经济委员会、海关总署、财政部联合发文，对邮电通信的技术改造项目实行海关半税政策。同时，国家对使用外国政府贷款、世界银行和亚洲开发银行贷款购买的通信设备实行全免关税政策①。由此可知，制度变革推动了华为的诞生，制度倾向推动着华为的初创。

华为成立于 1987 年，开始代理香港的鸿雁交换机，当时国内程控交换机需求量大，国外的价格高，香港的价格低质量还不错。交换机高额利润吸引了更多企业介入开始做代理，不到半年时间深圳出现了大大小小上百家代理公司，过多企业的加入使竞争日益激烈，导致整个行业走向没落。1988 年，国内 95%的交换机企业纷纷退出市场。那时，中国大部分地区，装固定电话要排队、且价格极高。在一个中等城市，装一部家庭电话需要排半年队，花 4000 多元电话初装费，而单位用户要花 5000 元左右。当时，中国固定电话的整体普及率尚不到 10%。处于短缺

① 这些政策于 1996 年停止施行。

经济时代的中国对交换机的需求量很大，国外产品价格很高，利润丰厚。华为面对的市场环境是巨大的需求和有限的供给，而扩大供给的壁垒就是技术。一旦国内厂商实现技术进步，并以低成本进入市场，就会揭开电信市场的利润空间。这是“以技术换市场”策略的必然结果，而以技术进步打破市场垄断，则是国内企业求得生存的必然趋势。对于华为这个民营企业来说，搞自主研发可能很快死，不搞自主研发一定死。

迫于环境的变化和生存的要求，华为开始涉及研发。首先从 PBX 的维护做起，很快就把业务拓展到了自行开发并销售 PBX，“借此度过了决定存亡的时期，累积到了第一桶金”①。至此华为解决了在国内的生存问题。在这一过程中，技术成为困境期华为转变劣势获取优势的敲门砖。伴随着华为知识权力的从无至有，华为实现了从交换机的代理商到生产商的重要转型，同时让华为看到了技术及在技术基础上拥有知识权力给企业发展带来的牵引作用。此外华为对客户关系的重视和培养，可以视为结构权力的初期积累。

（二）创新模式：渐进式创新方式的初显

华为在此阶段内成功解决了生存问题。这绝非仅靠把握机遇就能达成的。虽然华为拥有巨大的市场、广阔的发展前景，但规范的产业环境、强大的竞争对手和快速更新的技术，对当时缺少实践经验的华为来说都是前所未有的挑战。为了应对外部环境的巨大挑战，华为顺利解决生存问题的途径是控制已有资源和积极形成新竞争性资源，在资源积累基础上构建网络权力。在这一过程中创新模式选择也发挥作用。其中较为重要的举措包括：①20 世纪 90 年代初，华为所代理的香港公司看到市场局面已经打开，就把代理权收回去了。在这生死存亡的关键时刻，成立仅三年的华为决定将代理销售获得的微薄利润投入到程控交换机的自主开发上。②这款交换机选择了光纤作为模块连接的手段，可以满足农村对防雷、功耗、远端模块的特殊要求。就是这样一个小小的创新，为华为交换机走“农村包围城市”的道路添上了重要的筹码。

对于初创期的华为来说，采用光纤作为模块连接的手段是渐进式创新的具体体现。采用渐进式创新的创新实践是其获取最初发展所需的技术和市场知识的主要来源，因此它实际上也代表了该阶段华为创新模式的具体内容。华为在技术创新上的努力使得企业整体能力得到了迅速的提高，企业的创新习惯随之形成，主要表现为通过与企业已经具有的网络权力交互作用，增加了改变现有生产网络关系的可能。

---

① 胡厚崑接受采访时，对华为原始积累期的评价。

（三）重构方式：挣脱控制获取结构自主性

经历了初期资源积累，企业形成了一定的网络权力，开始尝试对已有网络关系进行重新安排配置。与此呼应的实践现象是，鉴于竞争环境的变化，华为不得不在此阶段凭借拥有的网络权力逐渐开始影响网络关系的重构：①在20世纪90年代初期，中国固定电话的普及率不到10%，国外产品长期垄断中国通信市场，任正非意识到只有技术进步才能打破市场垄断，于是坚持技术领先的原则，从1991年开始，当时没有知名度的华为为筹集研发资金曾找过多家银行，却四处碰壁，1992年，为了研制交换机，被逼无奈向大企业拆借1亿元，利息达到20%～30%。②华为坚持每年投入销售额的10%～15%甚至更多的资金用于研发，通过技术领先获得机会窗的利润，又将利润用于研发，带动更多的突破。③创业初期，华为销售人员凭借自己对销售的理解去争取用户订单，管理客户资源。

上述网络权力对重构方式的促进作用大致可以从两方面进行解读：第一，尽管初创期华为在通信制造行业的创业行为得到了制度倾向的支持，企业也具有了一定的制度权力，但此时微弱的制度权力同属于此时所有的中国电信制造企业。其对网络关系调整特别是企业自身自主性的获取主要还是基于随后技术研发形成的知识权力。该阶段华为网络重构的途径以技术开发获取的知识权力为主要方式，技术上的先行优势为其重构网络关系的安排提供了突破方式。第二，华为开始尝试对客户资源进行管理，这是华为主动寻求结构权力的从无至有的实践，并希望通过与客户建立良好的互动关系，为其自主发展构建基础。

（四）竞争优势：市场敏锐性和创新能力及精神的培养（升级前奏）

竞争优势是一种特质，它可以使组织在市场中得到的好处超过它的竞争对手。在此阶段华为的竞争优势并不明显，初期华为与其他电信制造企业一样拥有着广阔的国内市场，但随着市场的饱和也面临着无处可退的处境。其具有的主要特质包括企业超出同类企业的对市场变化所做出的敏锐反应和对企业创新能力与精神的培养。

在生存阶段华为竞争的优势通过以下几种现象体现：①围绕市场来抢占客户、抢占市场空间，不惜成本和代价抢占市场空白地。华为从一开始就关注通信市场的风吹草动，每一个可能产生销售和利润的地方，华为一旦发现就像饿狼般扑上，不惜一切代价拿下。这种敏锐发现、捕捉并迅速拿下市场机会的特质与任正非从军时所学的军事战略密不可分[①]。②新来的员工一进入华为，就到总务处先领一床

① 引自张利华著《华为研发》。

毛巾被，一个床垫，开始身体力行华为独特的“床垫文化”。为了更快研发出交换机，研发人员夜以继日工作，夜色深浓的时候，华为开发部很多年轻人经常席地而卧。在独特的“床垫文化”的带领下，华为踏上了自主研发的成功之路。

总而言之，这一阶段华为所具有的超越其他竞争对手的特质主要表现为两个方面：其一，灵活地适应快速变化的市场并比对手更快地做出反应；其二，创新能力的提升和创新精神的培养。

二、演化时段二（1993～1998 年）

1992 年，华为销售收入突破 1 亿元，任正非在该年的年终大会上只说了一句“我们活下来了”，就泪流满面到无法继续。华为度过了艰难的初创时期，1992 年华为销售收入只有 1 亿元，这点资金远远不够做市场。何况，研发也是一个需要花大价钱招收大量技术人员和连续投入大量资金的漫长过程……此时华为资金极为紧张，再一次面临生死大考。

华为除了进一步加强构建客户关系外，从技术研发投入中初尝成功的华为，继续在研发上进行投入，相继成立了美国（硅谷）芯片研究所、北京研究所、上海研究所。华为销售额从 1993 年的 4.1 亿元开始迅速增长。1994 年销售额为 8 亿元，1995 年销售额为 15 亿元，1996 年销售额为 26 亿元，1997 年销售额达 41 亿元，1998 年销售额增长至 89 亿元。正是在 1998 年的 3 月，华为正式出台了《华为基本法》，并斥资 5 亿元聘请外国的管理咨询公司全面改造华为流程系统。从 1996 年开始，借助中国电信业的大发展带来的机遇，华为经历了快速增长。此阶段已经解决了生存问题的华为，逐渐将关注的目光从自身转向网络中的其他企业。在 1996 年赢得第一份香港和记黄埔有限公司（Hutchison Whampoa）的海外合同后，华为将业务拓展到了俄罗斯和非洲。在非洲，华为的业务始于 1998 年。华为开始涉足电信制造业的全球生产网络，因此不仅需要从华为本身出发探讨网络权力、创新模式、重构方式和竞争优势，更需要从全球生产网络视角分析华为在此阶段网络权力、创新模式、重构方式和竞争优势的特征。

（一）网络权力：结构权力的持续投入与知识权力的强化巩固

外部环境冲击带来的生存压力并没有随着销售收入的过亿而减缓，反而使华为具有了更为迫切的危机感。在持续危机感的驱动下，这一阶段的华为不仅要解决自身如何发展的问题，还要关注网络中的其他成员。在这样的环境要求下，华为有关网络权力的实践活动如下。①华为把“战壕”修到离客户最近的地方去，在每个地市建立客户服务中心，加强在地市一级城市的营销服务网络，以前的销售经理转变为客户代表，也就是代表客户来监督提高华为的服务水平。客户一有问题，就能和在身边的华为工程师沟通，每当集中采购时，需要地市公司这些使用单位提出需求和意见，构筑了决策者、技术人员、使用者、经营部门、财务部门等全方位的客户关系。②1998 年负责到俄罗斯打前站的华为老员工李杰至今仍然记得，华为真正走向国际化的首站——俄罗斯市场，斩获的第一个合同仅仅只是几块电源，总额为 38 美元。此后一场亚洲金融危机紧随而至，更是冰封了华为试图将俄罗斯市场作为国际化开局的脚步。③1993 年，华为把创业 6 年所积累的资金全部投入到 C&C08 数字程控交换机的研发上，成立了基础研究部，专门负责研发华为通信设备所需要的。

在发展的初级阶段，华为国内结构权力的搭建与国外结构权力的蛰伏，逐渐开始发挥作用。此外，持之以恒的创新投入继续强化华为的知识权力，也正是基于不断强化的知识权力，华为开始参与全球生产网络的竞争，逐渐走向国际化。

（二）创新模式：渐进式创新的持续和突破式创新思想的生成

通过了生存考验的华为，初尝获取网络权力带来的收获后，进一步认识到创新在电信产业中的重要作用。但是囿于当时企业自身能力水平和跨国企业的较强控制能力，1998 年以前华为的技术导向一直是模仿和跟进跨国企业现成的产品及技术。尽管如此，华为仍然在持续坚持创新实践：①1997 年，中国电信有限公司天津分公司的员工提出“学生在校园里打电话很困难”。任正非当时紧急指示：“这是个金点子，立刻响应。”在 2 个月后华为就做出了 201 校园卡，推出后市场反应热烈，很快推往全国。等其他公司反应过来时，华为已做了近一年时间。实际上这项新业务只需要在交换机原本就有的 200 卡号功能上进行“一点点”技术创新。②1997 年底，任正非访问美国休斯敦公司、IBM 公司、贝尔实验室。任正非发现：在技术研发上没有一家美国的高科技公司是跟在别人后边。模仿别人的技术是不会长久的，企业要想长远发展，必须走自主研发之路。

在这一阶段，华为在创新方式方面继续坚持渐进式创新，结合生存阶段累积的知识权力和萌芽的结构权力，华为开始尝试进一步拓展。值得一提的是，在这一阶段的后期，华为的创新思想开始发生转变，原本渐进式创新带来的成功没有冲昏华为头脑。突破式创新思想开始萌芽，也正是基于此，华为开始走上了自主创新之路。

（三）重构方式：结构网的维护和知识链撼动

“过分依赖国内市场对公司来说是相当危险的，纵览世界，没有一家专注于国内市场而成功的企业，因而国际化是华为的战略选择。”[①]在网络权力与创新模式的共同驱动下，华为开始积极向海外拓展。在这一阶段，华为对网络重构方式选择的具体实践包括以下方面。

（1）打造利益共同体。任正非说：“现代企业竞争已不是单个企业之间的竞争，而是供应链的竞争。企业的供应链就是一条生态链，客户、合作者、供应商、制造商命运在一条船上。只有加强合作，关注客户、合作者的利益，追求多赢，企业才能活得长久。”

（2）1993 年到 1995 年除了西安邮电十所，华为积极地从其他相关企业挖人。邮电部在西安举办一个程控交换机学习班，全国从事交换机开发的单位都派技术骨干来参加。这正好是华为挖人的好机会。华为去的人，白天学习，晚上就到各个宿舍去招人。毛生江就是在那次会议上被华为从长春电信设备厂挖过来的。徐文伟是华为从深圳亿利达机器有限公司挖过来的。华为的另一个人才来源是和高校合作。当时合作较多的是北京邮电大学、华中工学院、中国科学技术大学。通过和高校合作，既可以拿到一些技术，又可以培养后续人才，对华为的后续发展起到了极大的作用。与高校的合作一直是华为对外合作的重点。刚开始的时候，高校还能给华为带来一些新的技术，如 ISDN 是和北京邮电大学程时端教授合作，ATM 是和西安电子科技大学的周代琪教授合作，但后来华为的技术开发远远领先于各高校。

在这一阶段，华为得益于前一阶段积累的结构权力，尝试从结构层面审视华为的发展问题。华为不仅关注与客户的关系的维系，开始重视自身的发展与整个供应链其他成员的关系，更为深刻的是其认识到通过对网络结构维护和调整实现共赢及长期优势。与此同时，华为采用技术人才储备和与高校合作两种途径，进一步在技术开发中积蓄力量，开始萌发撼动由爱立信通信有限公司、西门子股份公司等跨国巨头掌控的电信行业知识链的思想。

（四）竞争优势：利用低成本与高性能抢占农村市场（升级准备）

这一阶段，华为在国内的交易成本、质量成本和服务成本相对较低，华为的竞争优势来源于四个方面：技术开发带来的成本优势、重视客户需求带来的关系优势、快速响应市场要求的效率优势及构建利益共同体带来的市场份额优势。

大量专门应用集成电路（application specific integrated circuit，ASIC）芯片的推出，不仅构筑了华为在硬件方面的核心技术基础，而且大大降低了成本。低成本的研发使得华为的产品具有了低成本竞争优势，大大增强了华为的生命力和竞争力。华为的另一个主要成本优势体现在原材料上。在 20 世纪 90 年代，华为与上游原材料

① 引自原华为董事长孙亚芳。

供应商之间的长期良好合作，以及国内资源价格较之国际普遍偏低，使华为在原材料上所花费的成本相对较低。在华为每年销售上千万台设备形成的规模经济效应下，华为的物料成本降到了 3%，优势明显。

华为重视最普遍的客户关系，一个典型事例是华为一个高层管理人员想做好一个地区市场，亲自到沈阳。当知道该地区电信局正在与竞争对手在一个宾馆洽谈，于是没顾上喝一口水，立即赶往开会宾馆，在大厅等候。客户深夜才谈完，他一直守着没敢离开，饭也没敢吃。

与此同时华为有着超越同行的卓越的客户响应速度，并成功地构建了卓越的客户响应机制，最大限度地赢得了客户信任，推动了华为的发展。福建泉州电信局需要升级日本进口设备，但通过省市政府与远在日本的厂方协调，前后等了一年，也没有人来。与此形成对比的是 1994 年全国各地电信管理高层会议在上海召开，在短短五天时间内，华为完成从设备运输、环境搭建、设备调试、机器开通全部工作。

此外，利益同共体模式立竿见影，华为的交换机通过莫贝克的渠道迅速低价冲击全国市场，到 1995 年，迫使交换机行业销售价格从 200～300 美元/线下降至 80 美元/线，邮电系统也因为全行业交换机采购价大幅降低而实现了将电信业务向全国迅速推广。最终实现了全社会、消费者、邮电系统和华为的多赢。

正是在技术开发带来的成本优势、重视客户需求带来的关系优势、快速响应市场要求的效率优势及构建利益共同体带来的市场份额优势共同影响下，这一阶段的华为利用产品的低成本与高性能迅速占领了我国的农村市场，并积攒着力量，准备在更为广阔的国际舞台上奋发有为。

三、演化时段三（1999～2004 年）

这一阶段，在《华为基本法》的指导下，华为确立了从技术跟进、产品模仿，向创新和改进相结合的模式转变。华为对中短期的产品的市场定位进行了规划，经过一两年的改造，华为的生产能力从 1995 年的月产 20 万线，提高到月产 40 万线；从周销售额 5000 万元，提高到 1.3 亿元；产品从单一的通信产品，发展到多元化的、技术密集度较高的投资类电子产品。值得指出的是，华为扩大了在南美洲、欧洲和拉丁美洲地区的市场份额，并且保持着在亚太地区和中东地区的增长势头。到 2003 年底，华为在北京、上海等六个大城市设立了研究所，在美国和俄罗斯等五地设立了研究所。2004 年在巴西、非洲、荷兰、马来西亚和中国签订了一些里程碑式的合同推动下，华为 2004 年的销售收入达到 55.8 亿美元，其中国际销售收入从 2003 年的 10.5 亿美元提高到了 22.8 亿美元，增长率为 117%，首次超过国内销售额。

（一）网络权力：结构权力迸发、知识权力持续投入与认同权力有意识培养

经过了十年的积累，华为拥有的网络权力的集中程度不断增强，权力类型也不断拓展。在这一阶段，华为拥有的网络权力表现为结构权力、知识权力、认同权力，并且在集中度上也具有加强的趋势。与此同时，华为凭借拥有的网络权力开始真正加入到国际电信设备制造业的竞争中，踏上了世界电信业的竞逐跑道。这一阶段华为结构权力、知识权力和认同权力的具体体现包括以下几个方面。

（1）1998 年后的两三年间，俄罗斯当地运营商纷纷倒闭，原先聚集在俄罗斯的数家电信设备巨头也在一片混乱中撤退回国。“于是，我不得不等待，由一匹狼变成了一头冬眠的北极熊，1998 年，我们一无所获，除了告诉俄罗斯我们还在；1999 年，我们还是一无所获，但是我们郑重告诉俄罗斯：我们不仅还在，而且还要继续加大在俄罗斯的投入。”等待、坚守、加大投入，成为 1997～2000 年四年间包括李杰在内的华为海外人员的主题词。正是基于这种坚持，维系着华为与包括俄罗斯在内的海外市场客户的关系，为本阶段后期结构权力的迸发奠定了基础。

（2）华为每年研发费用的投入都达到销售额的 10%以上，在 2002 年甚至高达 16%。这为华为每一次抓住市场机会、快速打开局面做了最为充分的准备。在技术研发管理方面，华为花重金从 1998 年开始总共用了五年的时间，来引进、推行 IBM 的 IPD（integrated product development，集成产品开发）集成管理模式。IPD 让华为从技术驱动转向了市场驱动，彻底改变了华为的技术管理和项目研发流程。华为的技术管理体系包含了业务与产品分层、技术与平台规划、研发流程与项目管理、CBB 管理、技术管理组织与绩效管理等五大方面，使华为形成了从立项到开发，到将产品推向市场，再到量产的项目管理，实现了公司范围内的跨部门协作，为华为在技术和产品上的成功奠定了坚实基础。

（3）与此同时华为开始注重培养和扩大行业对其的认知，华为大力邀请客户来考察中国、考察华为。华为流行的一条“新丝绸之路”，是从北京入境，再之后到上海、深圳，然后从香港出境，或者从香港入境，再到深圳、上海，再到北京出境。这条路线不仅使客户了解了中国的改革开放成就，也认识了华为。此外，华为还印了很多画册，以《华为在中国》为名字，把中国的一些好风景、好建筑拍成照片，同时附上华为产品的应用的情况，这也可以帮助客户了解中国、了解华为。据说华为带动的中国文化已经在俄罗斯打出了一个小高潮，很多客户也开始喜欢喝绿茶不加糖了。此外，各种展览会和论坛也是华为扩大影响的重要举措之一，无论是北京的中国国际通信展，还是香港 3G 大会、俄罗斯电信展、美国

电信展等，华为都不放弃机会来宣传自己。利用每个展会，华为都邀请世界各地的客户来了解自己、加深沟通，大大增强了华为的品牌在客户中的印象。

（二）创新模式：渐进式创新的倡导和突破式创新的追赶

2003 年初发生在思科系统公司、华为间的知识产权诉讼案，在中国通信业发展史上无疑是一个象征意义浓厚的事件。对于此前以“低端”形象示人的中国通信设备厂商而言，这标志着它们的技术和市场能力已经开始引起国外同行的重视。这一阶段的华为在创新模式具体实践包括以下方面。

（1）2002 年 9 月 23 日孙亚芳代表华为在摩洛哥马拉喀什举办的第 16 届 ITU 代表大会上做了有针对性的一场发言。在云集全球运营商的会场上，孙亚芳一针见血地指出，设备巨头们盲目追求高技术、高利润给运营商带来了伤害。“如果设备制造商不是基于运营商的投资保护，进行新的技术开发，坚持跳跃式地不断推出新技术，不断更新设备，会使运营商增加很大的成本。”她同时颇具意味提醒竞争对手们说，“靠技术壁垒封锁市场，获得高盈利的时代一去不复返了。电信业将逐步回归到具有一定合理回报的传统行业”。

（2）2004 年华为推向市场的分布式基站没有革命性的技术，也不存在过多的技术含金量，仅仅是工程工艺上的改进而已。华为人士说，但是它却为华为的欧洲运营商客户每年节省了 30%的场地租金、电费等运行、运维费用。由于这款产品解决了欧洲客户机房租金高、设备用电量大的难题，受到欧洲市场的欢迎。

（3）为了打破欧美跨国公司对高附加值的高科技产品的垄断，华为在技术研发中坚持高起点，始终瞄准业内尖端、前沿、最有市场的产品，努力与国际跨国公司站在同一起跑线上。华为在 3G 上的倾尽全力曾经招致过“战略失误”的嘲笑，但他们始终认定：“传统产品的市场格局很难改变，我们只能在新增市场上争夺一席之地。”华为在 3G 研发上累计投入超过 50 亿元，投入研发人员近 6000 人，在美国、瑞典、印度和俄罗斯等国设立了多个研发中心。他们的奋力追赶终于有了可观的回报，华为已拥有 2700 多项 3G 专利，其中 94%为发明专利。由于掌握了核心技术，华为用很短的时间，在荷兰、美国、阿联酋、马来西亚等地部署了 3G 商用网络，站到了由爱立信公司、思科系统公司、西门子股份公司等七家跨国巨头组成的顶级供应商行列。

伴随着华为的创新方式的全面出击，几乎比华为高一个数量级的思科系统公司对华为发起诉讼。思科系统公司向美国德州 Marshall 地方法院提起诉讼，称华为侵犯其知识产权，包括思科 IOS（Internetwork Operating System，互联网操作系统）软件代码。思科系统公司对华为的诉讼从另一视角证明华为渐进式创新的倡导和突破式创新的追赶两种创新模式的运用带来的影响已经开始对网络中领先企业发挥作用。最终华为与思科系统公司的和解说明，随着电信设备生产企业间市场渗透交叉程度的加深，生产企业在拿起知识产权武器的时候已经很难取舍其间的利益平衡。同时，随着技术标准的开放与透明度的增加，已经很难再产生独家垄断某项技术专利的情形，而在交叉专利之下，生产厂商之间打官司的难度也越来越大。

（三）重构方式：突破结构网和占据知识链中的领先位置

经过前两个阶段网络权力的积累，华为开始希望在国际电信设备生产网络中占据一席之地。因此，在这一阶段，华为开始更为积极地构建结构网络。通过自主选择供应商和客户实现网络结构的调整与突破，具体表现为以下几个方面。

（1）华为对最为强势的 3G 标准 WCDMA 大本营欧洲的突破，始于 2004 年为一家名为 Telfort 的荷兰最小运营商的 WCDMA 建网合同。这家仅有 250 万客户的小运营商不会给华为带来大生意，但华为对这笔欧洲 3G 商用开局的“小生意”投以了重力，针对这家为爱立信公司“不屑”的运营商做了个性化的解决方案，为对方节省了 1/3 的建网成本。

（2）2003 年，华为在技术上取得了令人瞩目的进展，一共获得专利数 120 多项，并向 ITU-T 组织提供了标准文案 20 多件，在国内遥遥领先。其具有自主知识产权的超长距离传输技术无电中继传输，达到业界商用最高水平。

华为 3G 产品成功在欧洲和美国 GSM、WCDMA 与 CDMA（code division multiple access，码分多址）技术的发源地地区商用，标志着华为在 3G 领域已经进入领先者的行列。华为在欧洲和美国的突破，拓展了其活动范围，进一步增强了华为在国际电信制造业中的自主性。同时，一系列专利的获得和自主知识产权技术的应用，表明知识权力作用下的华为开始尝试改变全球电信制造生产网络的已有格局。

（四）竞争优势：从突破边缘市场到立足中心市场（升级初现）

作为世界通信设备市场上的一个后来者，华为在国内成功走出“农村包围城市”的道路，在海外市场，将巨头们忽略的边缘市场——东南亚、中东、俄罗斯等，作为国际市场的突破口。华为逐渐成为全球端到端设备及解决方案的主流供应商。在这一阶段华为在提供低成本高性能的产品或服务、具有超出竞争对手的市场份额增长速度、灵活地适应快速变化的市场并比对手更快地做出反应等方面体现出了竞争优势。

（1）华为数据通信提供全系列数据通信产品，包括中、低、高端的全系列路由器和局域网交换机产品、宽带接入服务器、安全防火墙、广域本地网、因特网接入服务器和 VoIP GW/GK 等产品。华为数据通信将提供高性能、低成本、客户化的个性化产品以满足全球市场今后的多样化需求。凭借自主研发的软件虚拟现实平台（virtual reality platform，VRP）和核心 ASIC 芯片，华为在数字通信领域拥有良好的竞争优势，并能够提供高质量的客户化端到端解决方案。

（2）从华为推出首台路由器开始到 2004 年 6 月 30 日止，超过 5500 台华为高端路由器、268 000 台路由器和 494 000 台局域网交换机已经在全球网络上得到应用。据 IDC（Internet Data Center，互联网数据中心）的报告，华为是中国 2002～2003 年 Quidway 系列路由器和局域网交换机最有竞争力的供应商。2003 年，华为高端路由器在中国新建骨干网中，市场份额占到 40%。

（3）1999 年，华为与 IBM 公司签订了业务流程变革咨询合同，在其帮助下启动了以 IPD、ISC（integrated supply chain，集成化供应链）为核心的业务流程变革。在职业化管理和核心业务流程重整的基础之上，从 2003 年开始，华为又进行组织机构的重大调整，将过去集权化的公司组织向产品线/准事业部制改变，化小利润中心，加快决策速度，适应快速变化的市场，增强“以小博大”的差异化竞争优势。

技术固然重要，但任何一个企业，不应该以崇拜的心态去看待核心技术，非研发核心技术不可，而是应该在价值链中找准自己的位置，量力而行，在自己最具实力或最具潜在实力的环节上深入发展下去，同样能够建立竞争优势。华为正是在这样的思想指导下，借助技术开发、网络构建、品牌培养等积累起的知识权力、结构权力和认同权力，加之正确选择了适合自身的环节，实现了在国际市场的边缘突破，终于跨入了国际电信设备生产的中心市场，成为国际电信设备主流供应商。与此同时，信息资源的无限性和信息消费能力的有限性的矛盾，最终会导致信息产业供给严重过剩，从而使信息产业的利润率向传统产业回归，甚至比传统产业还低。因此，未来以电信行业为首的 IT（Internet Technology，互联网技术）制造业的竞争规则，将毫无疑问地从以技术制胜的产业，转向以质量、服务、成本的综合能力制胜。借鉴 IBM 公司的经验，华为意识到企业的未来不在于生产别人发明的东西，而在于开创优质的研究和服务。

四、演化时段四（2005～2009 年）

2005 年华为海外市场开拓取得突破，合同销售金额翻番，首次超过国内市场合同销售金额，但随之而来的全球运营导致费用激增，营业利润率由 2005 年的 14%骤降至 2006 年的 7.3%。经过四年的调整，华为全球运营效率提高，费用得到控制，2009 年营业利润率追平 2005 年，达到 14.1%。相比之下，诺基亚公司 2009 年营业利润下降 76%，营业利润率只有 2.9%，其中电信设备业务亏损扩大，利润率为–13%。爱立信公司 2009 年营业利润下降 64%，利润率为 2.9%。2009 年营业利润率逐步恢复到 2005 年的水平，显示华为逐渐适应了国际化运营，加强了对膨胀的运营成本的控制。

（一）网络权力：结构权力的稳定、认同权力和知识权力的高水平运转与制度权力的构建

在这一阶段，华为开始全面参与全球竞争，凭借前期已经积累的结构权力，认同权力和知识权力在这一阶段更为突出。结构权力继续表现为拓展与其他外国企业的合作关系，进一步扩大市场范围。值得一提的是在知识权力和认同权力的作用下，华为开始主导标准制定工作，新标准的形成标志着华为开始构建制度权力。

华为在结构权力、认同权力、知识权力和制度权力的具体表现包括以下几点。

（1）科通集团董事长兼行政总裁 Jeffrey Kang 评价说："我们很高兴拓展我们与华为建立的长期互惠互利的合作关系。我们签订的这份价值 1000 万美元的合同只与公关交换电话网络和宽带产品相关，同时我们还与华为在数据通信和无线通信等其他领域进行了合作，而在这些领域的合作给我们带来了更多的营收。尤其是数据通信和无线通信是华为的目标增长领域，因此我们预计在这些领域的业务将会继续增长。这份合同的框架使管理层能够更加了解 2006 年的经营前景，并确保科通进入发展最快的电信市场。我们已经成为华为可信赖的供货商，而透过这一合作关系，我们预计我们的业务将进一步实现增长。"

（2）2006 年，荷兰最大运营商 KPN 成功收购 Telfort，鉴于华为在此前"小生意"上的良好表现，华为晋升为 KPN 的核心网设备供应商。2007 年 8 月，位于南半球的秘鲁经历了 8.0 级的大地震，当地所有移动业务都因地震瘫痪，仅有华为的短消息业务设备还在正常工作，更坚定了客户对华为的信心。

（3）在下一代网络（next generation network，NGN）、x 数字用户线（x digital subscriber line，xDSL）、光网络、3G 等新兴的领域，华为在技术和知识产权上已经达到了业界的先进水平。在 3G 领域，华为占有 WCDMA 领域的 5%的基本专利。华为仅在欧洲就有四个研发中心、上千人的团队，其中 75%为当地聘用，分布达 30 个国家。

（4）华为还以标准专利为战略目标，组织专门团队积极参与国内外标准组织活动，华为积极参与各个标准组织的标准制定工作。在国际电联的专题 NGN 组、欧洲电信标准协会，3G 标准组织 3GPP 和 IETF 等中，华为的身影不仅频现，而且产生了一定的影响力。例如，中国电信集团有限公司和华为提出的"IP 电信网"的概念得到了业界的广泛接受，形成了 ITU-T 的 Y.1291 标准。

截止到本阶段末期，华为无线基础设备销售收入实现高速增长，WCDMA、WiMAX 解决方案增长迅猛，GSM、CDMA 稳定增长，LTE 在全球树立了领先的市场格局。2009 年 12 月，华为为 TeliaSonera 在挪威奥斯陆建设的全球首个 LTE 网络正式商用。截至 2019 年底已宣布获得九个正式的 LTE 商用合同，数量居全

球首位，而整个无线接入市场份额已经位居全球第二。这些成绩的获得，是长期网络权力的积累带来的由量变到质变的飞跃。在这一阶段华为的结构权力逐渐稳定，认同权力和知识权力达到高水平运转并开始构建制度权力。

（二）创新模式：集成创新的收获与自主研发的阶段性胜利

“华为一直将集成创新、获得自主知识产权作为企业生存的根本和企业的核心竞争力。”华为副总裁、首席法务官宋柳平说，集成创新就是对别人的创新成果进行学习、集成和优化，根据自己的需要进行的动态创新。华为由成立之初仅有十几人的小公司发展成为全球化企业，与华为持续进行集成创新、积累核心技术知识产权有着密切的联系。

华为十分重视自主研发，通过自主研发，华为不断推出创新的拥有自主知识产权的产品和解决方案，并成为十多年来华为持续发展的源泉。华为于 2005 年 2 月在全球率先发布了 WCDMA 分布式基站，这种创新基站体积小、安装容易，可以极大地降低建网成本，提高建网速度。正是这个独特的创新让华为在荷兰 TELFORT 的竞标中，最终战胜对手，脱颖而出，从而获得了这个意义非凡的欧洲大单。在 NGN 领域，华为推出基于 IMS 架构的 NGN 产品体系，保证了网络的持续发展和增值。

2008 年，华为已连续六年蝉联中国企业专利申请数量第一名。同年，华为的国际专利申请数首次超过日本松下电器有限公司、荷兰皇家飞利浦公司等国际知名企业，成为全球第一大国际专利申请公司。截止到 2009 年底，华为 LTE 的专利披露量高达 168 件，占全部 LTE 披露量的 9%，居通信设备厂商之首，远高于排列设备商第二位的爱立信公司 5.3%的披露量。此外，华为一份公开资料显示，华为在 LTE 基本专利或潜在基本专利方面遥遥领先，这些基本专利或潜在基本专利涉及 LTE 物理层、空口、高层等核心技术领域，其中，华为在物理层的基本专利或潜在基本专利占 20%以上，涉及 OFDM（orthogonal frequency division multiplexing，正交频分复用技术）、MIMO（multiple-in multiple output，多进多出）、信道编码、异频、同步、资源分配等多项关键技术；空口专利占 40%以上，涉及小区重选、数据传输、MBMS 业务等关键技术和业务。

华为集成创新本质是渐进式创新，从华为初创期开始持续至今的渐进式创新给华为带来持续收获。华为自主创新则更多表现为突破式创新，在这一阶段也开始在与生产网络中竞争者的对抗中获得胜利。反观国内市场，华为的基本专利或潜在专利拥有数量均保持领先水平。在许多企业开始踏上“走出去”道路之时，华为已经依托集成创新及专利优势在激烈的国际市场竞争中成功立足海外，跻身全球行业前三名之列。

（三）重构方式：基于多合作伙伴的结构自主性提升和基于专利数量的知识链地位上升

在这一阶段，华为的结构自主性主要表现为与更多国家的企业建立了合作关系，合作关系的广泛建立使得以华为为中心的关系网络密度增加。华为具有的选择性进一步拓展，也说明华为逐渐成为其生产网络中其他成员企业重要的合作对象，具有越来越强的不可替代性。华为在知识链的重构方面则更多地表现为专利优势和标准制定。

（1）3Com 首席执行官 Bruce L. Claflin 表示，“华为正大踏步地实现国际化”。除了与 3Com 的合作之外，华为现在的合作伙伴名单上有一堆的国际知名企业。随着公司的扩张，这个名单上正在增加越来越多的欧洲、亚洲和拉丁美洲知名企业。此外，2007 年，华为与台湾鸿海、友讯等厂商结为战略合作伙伴关系。华为将下单采购鸿海、友讯的宽带等产品，并凭借台湾伙伴的生产能力，深入全球一线电信厂商阵营。据悉，华为已选定鸿海、友讯等厂商作为网络设备领域的合作伙伴，鸿海旗下富士康为华为生产终端设备。

（2）华为 2008 年凭借递交的 1737 件申请首次占据全球专利申请公司（人）首位，排名第二位至第五位的依次为日本松下、荷兰飞利浦、日本丰田和德国罗伯特博世。2008 年华为共有员工 8.7 万名，其中 43%的员工参与了企业研发工作。公司多年来坚持以不少于销售收入 10%的费用投入研发，并将研发投入的 10%用于前沿技术、核心技术及基础技术的研究。华为连续六年蝉联中国企业专利申请数量第一，其中绝大部分为发明专利。截至 2008 年 12 月底，华为累计申请专利 35 773 件。

（3）华为还在欧洲、美国、印度及国内的上海、北京、南京、西安、成都和武汉等地设立了研发机构，充分利用全球和全国的人才与技术资源平台，建立全球研发体系。公司的中央软件部、上海研究所、南京研究所和印度研究所已通过软件质量管理最高等级 CMM5 级认证。华为还积极参加国际标准化组织的工作，截至 2008 年底已加入了 91 个国际标准组织，并在这些标准组织中担任了 100 多个职位，积极参与国际标准制定。2008 年，华为在光纤传输、接入网络、NGN、IPQoS 和安全领域提交了 1300 多篇提案；在核心网络、业务应用和无线接入领域提出了 2800 多项提案。

华为逐渐成为参与其生产网络中其他成员企业重要的合作对象，其具有越来越强的不可替代性，结构自主性得到进一步强化。专利的数量尤其是核心专利的数量对企业意味着创新能力，也体现了企业对一个行业发展的贡献和在行业中的地位，而参与国际标准制定则表明企业在知识链中占据重要位置。华为依靠不断增长的网络权力，从接受国际标准的低端环节企业踏上国际竞争之路，开始尝试改变自身在知识链中位置的同时影响其他生产网络中成员企业。

（四）竞争优势：低研发成本、快速应对市场变化、重视客户需求、更有效率的操作流程（升级巩固）

与竞争对手相比，华为研发单位成本非常低，高效的研发是华为占据国际市场的途径。对市场变化的快速反应和对客户需求的重视是华为精神的涌现，持续的组织流程优化为华为提供源源不绝的动力供应。这几个方面缺一不可，共同推动华为超越一个又一个竞争对手。

（1）2009年，在宏观环境不利的情况下，华为提出“适度控制（研发）人员的增长”，但实际上从事研发员工数、研发员工占员工总数比例、研发投入金额、研发密度等指标较2008年均有提高。华为研发人员总数由2008年的约37 000人提高到2009年的约43 600人，占员工总数比例也由43%提高到46%。华为2009年研发投入133.4亿元，较2008年增加27.4%，超过实际销售收入增长速度。与主要的竞争对手相比，华为研发的人力成本非常低。华为研发人员人均花费4.5万美元，是诺基亚的1/5，爱立信的1/4.5；低廉的人力成本使华为得以用不到爱立信一半的投入维持一个规模超过后者一倍的庞大研发队伍。

（2）华为集中资源提升研发部门快速的反应能力，为客户提供持续稳定的服务，且能够在最短时间内响应客户的需求。一旦客户有需求华为的员工就会及时赶到，哪怕那里不通公路。华为在刚果（金）的客户改变工程计划，原来30天工期的核心网建设压缩为四天。项目组所有成员吃住在工程现场，累了就在走廊地铺里睡上个把小时又起来接着干，连续奋战三天四夜提前完成项目。在南美洲，有一个基站建在热带雨林区的山顶，然而除了一条崎岖山路外根本就找不到可以运送设备的路，用直升机运送的费用是8000美元。华为员工雇了20多个当地人将设备拆开上山，最后费用只用了7000多元，基站如期完成。

（3）为更好地服务客户，华为坚持以客户为中心，持续地进行内部管理和组织流程的变革。自2007年开始的IFS（Internet finance service，互联网金融）变革正在深化，有力地提升了华为内部管理效率；与此同时，为保证对客户需求的快速响应及优质交付，华为实施了组织结构及人力资源机制的改革，授予直接服务客户的组织和员工更多决策权，使他们能快速调用需要的资源。2009年，华为通过有效控制成本，降低费用，运营效率进一步提升。与2008年相比，营业利润率为14.1%，同比增长1.2%。

面对全球经济环境带来的挑战，华为依然超越竞争对手实现稳健的收入增长。这主要得益于华为以客户为中心的创新战略，能帮助运营商构筑融合、简单、绿色及平滑演进的网络，有效帮助运营商改善收益、提升竞争力并降低总体运营成本，实现商业成功。华为能迅速提供领先解决方案、提升网络性能、减少网络运营成本、不断创新以帮助运营商应对业务挑战；通过提供面向未来的创新网络解决方案，保护运营商建网投资，这就是为何越来越多的领先运营商选择华为作为最佳合作伙伴的原因。2007 年下半年以来华为 GSM、UMTS、CDMA 频频突破西欧、拉美、亚太等区域的一流运营商，标志着华为移动产品已经得到了全球高端市场和客户的普遍认可。低研发成本、快速应对市场变化、重视客户需求、更有效率的操作流程共同构成了本阶段华为竞争优势的强劲表现。

五、演化时段五（2010 年至今）

2010 年华为销售收入达 1852 亿元，同比增长 24.2%；净利润达到 238 亿元，净利润率 12.8%。为和全球 33 个国家的客户开展云计算合作，华为建设了 7 万人规模的全球最大的桌面云。在华为交付的 260 个数据中心中，有 35 个是基于云建设的。此外，华为存储解决方案已服务于全球各行业的 2000 多个客户。2011 年销售总收入达 2039 亿元，同比增长 10.1%，净利润 116 亿元。2012 年，华为构筑的全球化均衡布局使公司在运营商网络、企业业务和消费者领域，均获得了快速健康的发展，全年实现销售收入 2202 亿元，同比增长 8.0%。面对全新的市场环境和全球经济疲软态势，华为在保持中国区收入稳步增长的同时，积极拓展海外市场，在价值区域取得突破，海外渠道业务粗具规模。

（一）网络权力：网络权力的全线增长

这一阶段华为网络权力包括基于创新结果应用而强化的知识权力、基于云计算合作而获取的结构权力、基于标准制定和认证体系而增加的制度权力与基于宣传平台而形成的认同权力。具体的表现如下。

（1）华为 E9000 是新一代功能强大的基础设施平台，集计算、存储、交换和管理于一体的刀片服务器，在硬件计算平台的可用性、计算密度、节能减排、智能管控、计算与存储的弹性配置和灵活扩展、网络低时延和应用加速等方面具有较强竞争力。华为 FusionCube 融合一体机，是基于深度融合设计的、为用户提供了高度简化的云平台基础设施。FusionCube 融合一体机荣获了 Frost&Sullivan 颁发的“2013 年度云基础设施产品创新奖”。此外，2011 年华为宣布其 FBB（Fixed Broadband）创新实验室已成功研制出业界首个 40G 传输速率的 PON（passive optical network，无源光纤网络）样机系统。

（2）华为和全球 33 个国家的客户开展云计算合作，并建设了 7 万人规模的全球最大的桌面云。在华为交付的260个数据中心中，有35个是基于云建设的。此外，华为存储解决方案已服务于全球各行业的2000多个客户。同时，华为投入超过1万人构筑IT能力，在美国、加拿大、欧洲、俄罗斯等研究所开展IT技术领域的能力布局，与业界顶尖的科研院校展开合作。顺应融合的大势，华为秉承开放合作的思想，不断探索IT融合之道，和伙伴们全力合作，构筑解决方案竞争力，为客户创造价值[①]。

（3）2011年9月由华为主办的“对话国际标准专家 探求企业提升之道”在南京举行。会议邀请了IEEE各领域专家及国内知名的企业代表，在开放、轻松交流氛围下，探讨中国企业如何充分借力标准、如何影响乃至引导国际标准，分享华为在标准制定参与方面的成就和经验。2011年11月华为结合自身优势及行业ICT融合的趋势推出CT（computed tomography，电子计算机断层扫描）及ICT融合领域的技术认证——华为认证体系，该认证体系成为业界唯一覆盖全技术领域的认证体系。

（4）华为在北京正式启动“网行天下 共赢未来”华为商业网络解决方案巡展暨新产品发布会。此次巡展活动由华为携手其四大总代理商——神州数码控股有限公司、北京中建创业科技有限公司、联强国际集团及安富利公司共同举办。

（二）创新模式：融合渐进式创新和突破式创新的开放式创新

在华为，创新不是封闭行为，而是主动接纳全球竞争对手进步与挑战的开放式创新。要拓展国际市场，就要遵守国际市场规则，通过付费或者交叉知识产权的方式，快速满足客户需求。鉴于此，华为积极广泛地与全球电信领域的同行厂商、知识产权持有人开展知识产权许可谈判，与爱立信、诺基亚、西门子、高通等一系列公司签署了知识产权交叉许可协议[②]。在相互交叉的已有技术基础上进行渐进式创新是华为一直以来选择的重要创新模式。

华为组建2012实验室，聚焦ICT关键领域持续投入，致力于提供更宽、更智能、更高能效的管道，并与来自工业界、学术界、研究机构的伙伴紧密合作，引领未来网络从研究到创新实施。2012华为云计算大会期间，华为与英特尔集成电子公司、SAP公司、美国思杰公司、用友软件集团等二十多家合作伙伴共同展示IT产品和解决方案。目前，华为与四百多家合作伙伴携手，构筑丰富、垂直的客户化解决方案，为客户创造更多价值，打造开放共赢的生态链。2012年华为和核心伙伴开展了更加深入的合作，如联合创新实验室、新产品研发及联合拓展。对新产品的研发，则是华为走向国际市场后，一直坚持的创新模式。在华为开放式创新的旗帜下，渐进式创新和突破式创新并行。

---

① 引自华为IT产品线总裁郑叶来在韩国大邱第22届世界能源大会的讲话。

② 引自华为技术有限公司知识产权部部长丁建新签约后访问。

（三）重构方式：从追赶到超越，自主性的获取和知识链的颠覆

通过之前所有阶段的积累，华为的各种网络权力得以提升，从追赶到超越的过程是企业自主性逐渐增大和知识链重构的过程。在这一阶段华为重构方式表现为两个方面，一方面，自主性的获取表现为客户数量增长和市场份额增加；另一方面，知识链的重构表现为专利储备和标注制定。

（1）从技术跟随者转变为技术领先者，中国巨大的本土市场给予华为产品大规模应用的机会，但华为的海外市场增长很快。目前在美国对全体贸易施压的背景下，2020 年上半年，在全球电信设备市场，华为以 31%的份额位列市场第一。

（2）专利储备巩固着领导者地位，对标准的主导也是引领行业的标志。在网络领域核心专利实力上，华为在波分领域遥遥领先，拥有 70%的 OTN 领域核心专利。华为接入领域雄厚储备，拥有 54%的数字用户线路领域核心专利，在 IP 领域专利快速增长，拥有 30%的 IP 领域核心专利，截至 2018 年底，华为累计获得授权专利 878 052 项，同时，作为新兴网络技术标准的主导力量，华为在 150 多个各种标准组织中担任主席、副主席、董事、各子工作组组长等核心职务。

自 2010 年以来，华为贡献了最多 LTE/LTE-Advanced 标准专利，位居全球第一，是全球少数提供 LTE TDD 和 LTE FDD 端到端解决方案的公司，这让华为终端在未来的竞争中占据了制高点。2012 年 9 月 19 日，华为在全球发布 400G 路由线卡实物，当思科 9 个月后宣布其 CRS-X 产品将于 2013 年底支持 400G 传输能力时，华为的 400G 核心路由器已在全球开始商用部署。如今，华为成为该领域唯一可以规模交付使用的供应商。开发出 1T 路由器这款可满足未来超宽带时代的产品使华为在 2013 年继续领先。

（四）竞争优势：从超越对手到自我超越（升级实现）

在这一阶段，华为竞争优势主要表现为可以提供低成本高性能的产品和服务、更快速有效地执行流程、更快地适应市场变化、更加重视客户需求和在市场中更大的市场份额。具体表现为：①华为产品和技术的成熟周期远远短于竞争对手，为华为赢得了时间上的优势。思科等公司产品推出周期需要 3～5 年，华为只需要 18 个月，技术上的突破和领先是研发能力长期积累的结果。此外，基于客户需求，通过提供富有竞争力的产品和解决方案，华为在 IT 市场实现飞跃，获得政府、交通、能源电力、金融、大企业等行业客户的广泛认可。②截至 2013 年 8 月，华为在全球成功部署 330 多个数据中心，其中 70 多个为云数据中心，与全球 260 多个云计算客户发掘云的商业价值，并交付全球规模最大、应用场景最复杂的华为

10 万并发规模的桌面云项目。③与此同时，华为在存储和服务器市场也取得突飞猛进的成绩，成为首个进入 Gartner 全球主流存储厂家名单、Gartner 刀片服务器魔力四象限的中国企业。2013 年第一季度，华为存储在中国区的发货套数排名第一，全球发货套数及容量排名第八；2013 年上半年华为服务器出货量跃居中国前三。

华为的竞争优势包括以上各方面，却又不限于此。从华为的发展过程可以更清晰地看出：华为从来不足以自恃，而必须时刻改进、改进、再改进。与其说华为的竞争优势是理想基础上的非对称竞争优势[①]，不如说华为的竞争优势是以市场为领地、以客户的满意为检验，没有任何退路和侥幸，时刻准备经历各种考验和挑战的自我超越。

综上所述，通过对华为在参与全球生产网络竞争过程中网络权力、创新模式、重构方式和竞争优势分阶段的演化分析可以得到如下结论。对于现实中全球生产网络中的企业，网络权力随时间变化的同时，企业的创新模式和对网络的重构方式及企业的竞争优势也发生了变化；竞争优势的增加又强化了企业拥有的各种网络权力并对企业下一阶段的创新模式产生影响。在各变量变化的过程中，其整体特征表现为生产网络治理模式的变化，一次循环过程终点的竞争优势的获取，是企业在此阶段全球生产网络中实现升级的直接表现。

（1）第一阶段（1987～1992 年），中心追随阶段。在企业形成的初始阶段，行业内拥有传统的先进企业，这些企业控制着生产网络中大部分资源，并据此握有各种网络权力。新兴企业的形成往往是受某一地区制度环境的驱动和知识权力的引导而逐渐形成的。企业的形成表现为制度权力和知识权力的萌芽。也正是在技术和制度的催化下，企业不能永远模仿别人的产品和服务，而需要通过创新度过形成时期的困难；企业不能永远处于价值链的最底层，而需要试图通过制度重构寻找生存之路。鉴于企业拥有技术和传统先进企业的差距及初期企业研发资金的有限性，这一阶段企业创新模式的选择以在现有产品基础上进行微小的渐进式创新为主，重构方式更侧重表现为以拓展客户为表象的结构自主性的获取。这一阶段，与其他竞争对手相比，样本企业竞争优势的最明显特征则是存活。经过如上过程，能够生存下来的企业积累了微弱的制度权力和知识权力。从生产网络整体看，样本企业处于全球价值链的最低端，无论是产品技术还是行业标准都是对行业先进企业的追随，因此本阶段生产网络治理模式为中心追随模式。

（2）第二阶段（1993～1998 年），最优接受阶段。经过了形成阶段考验的企业在这一阶段开始将企业的关注点从生存转向发展。正是基于上一阶段企业在对

---

① 非对称竞争优势是相对于对称竞争优势而言的，指企业采用与对手不同的竞争方式、竞争手段乃至竞争规则。引自周君藏《华为：理想型企业的客观智慧》一文。

客户的争夺和在研发中的加大投入所体现出的竞争优势，在本阶段也就是企业发展初期，企业拥有了一些客户资源进而掌握了些许结构权力，企业进行了简单创新从而获得了少量知识权力。在前一阶段知识权力和创新带来竞争优势的正向推动下，企业对创新模式的认识更为深刻，特别是结合企业已经具有的知识权力进行的渐进式创新逐渐成为企业获取绩效和竞争优势的主要方式。这一阶段，企业竞争优势表现为重视客户需求带来的关系优势、快速响应市场要求的效率优势、构建利益共同体带来的市场份额优势及环境差异带来的成本优势。值得一提的是，在本阶段的后期，企业开始意识到突破式创新的重要作用。随着时间变化和技术的扩散，此时生产网络中的先进企业不再是某一个，而是同时存在几个先进企业，先进企业是拥有权力的强者，他们依赖拥有的权力控制其他处于价值链低端环节的企业。从生产网络整体看，样本企业在经受了生存考验后，获得了一些结构权力和知识权力，但行业的关键技术和重要客户关系仍然受控于先进企业。因此，本阶段的生产网络的治理模式为最优接受模式。

（3）第三阶段（1999～2004 年），渐进接受阶段。经过了发展初期的初步积累，企业竞争目标从发展变为更好发展。得益于前一阶段成本优势、关系优势、效率优势及市场份额优势，企业在生产网络中拥有的网络权力发生相应变化。前一阶段形成的关系优势进一步巩固企业的结构权力。前一阶段在成本和效率上的提升既是知识权力的作用结果，又是本阶段继续推进知识权力的积累，市场份额的扩张，则会得到更多企业认识和认可，进而转化为企业的认同权力。三种网络权力支撑着企业进入全速发展阶段。这一阶段，知识权力和渐进式创新继续扮演绩效和优势形成的重要因素，突破式创新的作用主要表现为帮助企业追赶行业中先进企业。结构权力对企业获取更大结构自主性的作用也更加明显，认同权力形成的优势也逐渐开始在竞争中涌现。此时，结构权力的强化通过使样本企业拥有更大选择空间和更多选择决策，作用于竞争优势的过程较为明显。通过企业网络权力的持续积累、创新模式的适时发展及重构方式的初见端倪，样本企业在提供低成本高性能的产品或服务、超出竞争对手的市场份额的增长速度、灵活地适应快速变化的市场和比对手更快地做出反应等方面开始全面出击。从生产网络整体看，集权度进一步下降，行业中的先进企业依然占据着权力场域的中心位置，但是其中对其他网络成员的支配力有所下降，已丧失了绝对领导权，只拥有相对领导权。这时先进企业作为权力中心只是他人优化的“标杆”，其他成员企业的优化原则已不是完全的“拿来主义”，而是“取其精华，去其糟粕”，本阶段的生产网络治理模式为渐进接受模式。

（4）第四阶段（2005～2009 年），局部自治阶段。经过前一阶段企业开拓式的发展之后，本阶段企业竞争目标的范围进一步扩大，从如何更好发展转变为如何在全球竞争中更好发展。前一阶段企业全速发展，低成本高质量、市场份额增长速度、市场适应和反应速度方面的竞争优势，为企业继续积累结构权力、认同权力和知识权力。在以上所有竞争优势的基础上，企业涉及标准的制定，标志着企业着手在国际市场上构建制度权力。竞争范围的扩大要求企业拥有的结构权力水平随之增加，与此同时在更大范围内提升了企业的结构自主性，与之匹配的是国际竞争中的优势取得。知识权力的持续累积，为企业创新奠定了基础。值得重视的是，知识权力与突破式创新的结合可以有效改变企业在知识链中位置，并进一步体现为超越竞争对手的迅速的市场响应速度、操作流程的高效率及对客户需求的重视。从生产网络的整体看，这一阶段，处于支配地位的权力中心的集权度进一步下降。生产网络演化为以原先进企业和进阶企业为核心的局部自治模式。

（5）第五阶段（2010 年至今），中心再造阶段。经历了前面四个阶段的发展演化，作为处于价值链低端环节的企业，从无到有，从生存到发展，从发展到壮大，再到在国际电信设备制造行业占有一席之地，实现升级。企业在此阶段的竞争目标则是构建以自身为中心的全球生产网络。这一阶段，企业网络权力得到空前集中，基于创新结果应用而强化的知识权力、基于云计算合作而获取的结构权力、基于标准制定和认证体系而增加的制度权力和基于各种宣传平台而形成的认同权力共同推进企业向更高层次攀升。加之“开放式创新”的成熟，企业不仅在结构上获取了更多自主性，开始撼动原有知识链。同时，制度权力控制下的新标准的制定和倡导也开始发挥作用。从生产网络整体看，这一阶段的发展趋势是行业内原有先进企业逐渐被超越，进阶企业开始替代原权力中心，形成以新先进企业为核心的治理模式。将企业放置于更长远的时间轴中，企业抑或是产业都有其各自的生命周期，没有一个企业或者产业可以永久具有竞争优势。对于此阶段的新形成的先进企业而言，其本质实现了升级。

第八章　海尔集团案例分析

第一节　案 例 背 景

海尔集团是一家全球领先的美好生活解决方案服务商。在互联网和物联网时代，海尔集团从传统制造企业转型为共创共赢的物联网社群生态，率先在全球创立物联网生态品牌。公司创始人张瑞敏先生任董事局主席、首席执行官。公司创立于 1984 年 12 月 26 日。在张瑞敏时代企业管理思想和经营哲学指引下，海尔集团顺应时代发展潮流，历经五个战略发展阶段，从资不抵债、濒临倒闭的集体小厂发展成为物联网时代引领的生态型企业。2017 年，海尔集团实现全球营业额 2419 亿元，全球利税总额首次突破 300 亿元。目前，海尔集团在全球拥有十大研发中心、24 个工业园、108 个制造工厂、66 个营销中心。

海尔集团拥有海尔、卡萨帝、GEA、斐雪派克、AQUA、统帅等智能家电品牌；日日顺、海融易、COSMOPlat、顺逛等物联网服务品牌；海尔兄弟等文化创意品牌。物联网时代，海尔将围绕“智家定制”（智慧家庭定制美好生活）的战略原点，构建食联生态、衣联生态、住居生态、互娱生态等物联网生态圈，满足全球用户不断迭代的个性化家居服务方案的需求。

在持续创业创新过程中，海尔集团坚持“人的价值第一”的发展主线，首创物联网时代的“人单合一双赢”模式，颠覆西方传统经典管理模式，并以其时代性、普适性和社会性实现跨行业、跨文化的输出和复制。哈佛大学、斯坦福大学等世界一流商学院把“人单合一双赢”模式探索和实践写入教学案例，诺贝尔经济学奖获得者哈特给予高度评价，加里•哈默等管理学家称之为下一个社会模式。海尔集团“人单合一双赢”模式下的大规模定制解决方案 COSMOPlat 领先于德国工业 4.0 和美国工业互联网，并因此被确定牵头制定大规模定制模式国际标准。物联网时代，海尔生态品牌和海尔模式正实现全球引领。

从 1984 年创业至今，海尔集团经过了名牌战略发展阶段、多元化战略发展阶段、国际化战略发展阶段、全球化品牌战略发展阶段四个发展阶段，2012 年 12 月，海尔集团宣布进入第五个发展阶段：网络化战略阶段。本章对每个阶段的网络资源、网络权力和产业升级分析，尝试解释实际情境中变量之间存在的关联。

一、名牌战略发展阶段（1984～1991 年）：要么不干，要干就干第一

时代机遇：国家实行改革开放。

一般企业做法：只注重产量，而忽视了质量。

海尔创新做法：没有盲目增加产量，而是严抓质量。

海尔管理创新：实施全面质量管理，要么不干，要干就干第一。

20 世纪 80 年代，正值改革开放初期，很多企业引进国外先进的电冰箱技术和设备，包括海尔。那时，家电供不应求，很多企业努力扩大规模，只注重产量而不注重质量。海尔没有盲目上产量，而是严抓质量，实施全面质量管理，提出了“要么不干，要干就干第一”。当家电市场供大于求时，海尔凭借差异化的质量赢得竞争优势。

这一阶段，海尔专心致志做冰箱，在管理、技术、人才、资金、企业文化方面有了可以移植的模式。

1985 年，一位用户来信反映海尔冰箱有质量问题，张瑞敏让员工用大锤亲自砸毁 76 台有缺陷的冰箱，砸醒了员工的质量意识。

这把大锤已被中国国家博物馆正式收藏为国家文物。文物收藏编号为：国博收藏 092 号。文物命名是：1985 年青岛（海尔）电冰箱总厂厂长张瑞敏带头砸毁 76 台不合格冰箱用的大锤。

二、多元化战略发展阶段（1991～1998 年）：海尔文化激活“休克鱼”

时代机遇：国家鼓励兼并重组。

一般企业做法：兼并后发展不下去；反对多元化发展。

海尔创新做法：兼并国内多家家电企业。

海尔管理创新：实施全方位优化管理法（overall every control and clear，OEC），海尔文化激活“休克鱼”。

20 世纪 90 年代，国家政策鼓励企业兼并重组，一些企业兼并重组后无法持续下去，或认为应做专业化而不应进行多元化。海尔集团的创新是以海尔文化激活“休克鱼”思路先后兼并了国内 18 家企业，使企业在多元化经营与规模扩张方面，进入了一个更广阔的发展空间。当时，家电市场竞争激烈，质量已经成为用户的基本需求。海尔集团在国内率先推出星级服务体系，当家电企业纷纷打价格战时，海尔集团凭借差异化的服务赢得竞争优势。

这一阶段，海尔集团开始实行 OEC，即每人每天对每件事进行全方位的控制和清理，目的是“日事日毕，日清日高”。这一管理法也成为海尔集团创新的基石。

1998年，哈佛大学把海尔文化激活“休克鱼”写入教学案例，邀请张瑞敏参加案例的研讨。张瑞敏成为第一个登上哈佛讲坛的中国企业家。

三、国际化战略发展阶段（1998～2005年）：走出国门，出口创牌

时代机遇：中国加入世界贸易组织（World Trade Organization，WTO）。

一般企业做法：出口创汇，走出去又退回来做订牌。

海尔创新做法：出口创牌，海外建立“三位一体”本土化模式。

海尔管理创新：实施“市场链”流程再造，走出国门，出口创牌。

20世纪90年代末，中国加入WTO，很多企业响应中央号召走出去，但出去之后非常困难，又退回来继续做订牌。海尔集团认为走出去不只为创汇，更重要的是创立中国自己的品牌。因此提出“走出去、走进去、走上去”的“三步走”战略，以“先难后易”的思路，首先进入发达国家创名牌，之后进入发展中国家，逐渐在海外建立起设计、制造、营销的“三位一体”本土化模式。

这一阶段，海尔集团推行“市场链”管理，以计算机信息系统为基础，以订单信息流为中心，带动物流和资金流的运行，实现业务流程再造。这一管理创新加速了企业内部的信息流通，激励员工使其价值取向与用户需求相一致。

美国海尔集团大厦位于美国纽约曼哈顿百老汇大街，这幢建筑是纽约的标志性建筑，成为海尔集团在美国的总部。

四、全球化品牌战略发展阶段（2005～2012年）：创造互联网时代的全球化品牌

时代机遇：互联网的发展。

一般企业做法：以企业为中心卖产品。

海尔创新做法：以用户为中心卖服务。

海尔管理创新：探索“人单合一双赢”商业模式。

互联网时代带来营销的碎片化，传统企业的“生产—库存—销售”模式不能满足用户个性化的需求，企业必须从“以企业为中心卖产品”转变为“以用户为中心卖服务”，即用户驱动的“即需即供”模式。互联网也带来全球经济的一体化，国际化和全球化之间是逻辑递进关系。国际化是以企业自身的资源去创造国际品牌，而全球化是将全球的资源为我所用，创造本土化主流品牌，是质的不同。因此，海尔集团整合全球的研发、制造、营销资源，创全球化品牌。

这一阶段，海尔集团探索的互联网时代创造顾客的商业模式就是“人单合一双赢”模式。

2010 年，张瑞敏在美国与世界顶级的管理大师迈克尔·波特和加里·哈默交流海尔“人单合一双赢”模式。两位管理大师对海尔集团“人单合一双赢”模式的自主经营体的实践给予了高度评价，加里·哈默认为海尔集团推进的自主经营体创新是超前的。

五、网络化战略发展阶段（2012 年至今）：网络化的市场，网络化的企业

时代机遇：互联网的发展。

一般企业做法：以自身为中心的传统型企业。

海尔创新做法：互联网时代的平台型企业。

海尔管理创新：继续探索“人单合一双赢”模式。

互联网时代的到来颠覆了传统经济的发展模式，而新模式的基础和运行则体现在网络化上，市场和企业更多地呈现出网络化特征。海尔集团认为，网络化企业发展战略的实施路径主要体现在三个方面：企业无边界、管理无领导、供应链无尺度，即大规模定制、按需设计、按需制造、按需配送。

2012 年 12 月，瑞士洛桑 IMD 商学院院长多米尼克·特平将“IMD 管理思想领袖奖”颁发给了张瑞敏，以表彰其对现代管理艺术与实践做的贡献。

2019 年海尔集团年报显示，海尔智家冰箱、洗衣机、空调、热水器、厨电产业优势明显，其中，冰箱、洗衣机线上市场份额分别提升 2.3 个百分点、2.0 个百分点，是第二名的 3.1 倍、2.1 倍，线下市场份额分别提升 1.4 个百分点、2.8 个百分点，是第二名的 2.2 倍、2.2 倍。同时，海外市场全面提升，得益于海外自主创牌、坚持高端产品引领与渠道网络升级，持续优化“研发、制造、销售”三位一体布局，海尔智家海外营业收入也攀升至了历史最高水平的 46.78%。财报显示，海尔智家国外地区营业收入达到了 933.19 亿元，同比增长 21.71%，毛利则达到了 248.95 亿元，同比增长 30.07%。

此外，高端品牌曾经被看作海尔智家的一着险棋，如今从阶段性成果来看，确是一着走对了的“先手棋”。14 年匠心培育的高端品牌卡萨帝凭借高科技含量及设计感，持续扩大市场优势，各品类份额均独占鳌头。2019 年年报显示，卡萨帝同比增长 30%。2019 年，卡萨帝在万元以上冰箱、洗衣机市场所占的份额分别达到 40%、75.5%；在 15 000 元以上家用空调市场所占的份额更是达到了 40%。

第二节　案例分析

一、名牌战略发展阶段（1984～1991 年）

1984～1991 年是海尔集团的名牌战略发展阶段。在这一阶段中，海尔集团抓住

了改革开放的新机遇，实行全面质量管理，奉行“要么不干，要干就干第一”和“高质量产品”的观念，通过引进技术，树立企业文化，以过硬的产品质量在消费者心中迅速树立了良好的形象，使得海尔产品的市场占有率不断提高，不仅将一个濒临倒闭的集体小厂挽救了回来，还为“海尔品牌”发展打下了坚实的基础。

（一）网络资源：注重节点资源的积累

在名牌战略发展阶段，中国刚刚实行改革开放，经济发展水平仍处于相对落后的状态，中国市场整体上还处于卖方市场，消费者在选择产品时最注重的就是产品的质量和性能，海尔集团通过著名的“砸冰箱事件”，让员工目睹流眼泪砸冰箱情景，全体员工深刻理解了先进硬件设备不一定能生产出高品质产品、“有缺陷产品就是废品”的理念，并把“质量至上”“要么不干，要干就争第一”“先卖信誉、后卖产品”“精细化，零缺陷”等全面质量管理思想精髓从砸冰箱时开始逐步树立。在这一过程中，人力资源的规模在扩大，主要体现在唤醒员工的质量意识，保证后期过硬的产品质量，同时强调企业的管理制度，以职工管理为主，增强员工的纪律意识，优化管理结构。

高科技是高质量的坚强后盾，为了创造名牌就必须寻求高技术支撑。为此，当时还是青岛电冰箱总厂决定引进国外高水平的生产技术，以“起点高”的优势来弥补“起步晚”的劣势。海尔集团前身——青岛电冰箱总厂搜集了30个国外厂家的技术资料做比较，最后确定采用德国利勃海尔集团的先进技术和设备。引进国外的先进技术和优质设备为海尔冰箱提供了优质的物质资源。这些优质的技术、装备和原材料为制造出名牌冰箱提供了强大助力。

海尔集团的技术创新水平的提升主要体现在两个方面：一方面是观念层面的创新，另一方面是技术层面的创新。20世纪80年代的很多行业的产品还是分级销售，产品可以根据质量分为不同等级，而以不同的价格出售，所以普遍的观点就是产品只要制造出来就是可以卖的。在质量上留有后路，就使得很多员工在产品质量意识缺乏。通过“砸冰箱”事件，砸醒了全体员工，让员工对产品质量问题有了新的认知，使员工生产责任心迅速增强。这种观念层面的创新也增强了海尔集团的竞争力。

综上所述，在名牌战略发展阶段，海尔集团通过技术引进，实现产品质量保证，并通过二次创新，将其转化为自身独特资源，这一阶段注重的是节点资源的积累。

（二）网络权力：知识权力的形成和制度权力的初显

为了实施“名牌战略”，贯彻“品质至上”的策略，从1984年到1991年整整八年时间，海尔集团一直生产冰箱一种产品，以求夯实企业的各项基础，实行专业化生产。在 1988 年当万宝冰箱年产 100 万台，赚取巨额利润的时候，海尔集团年产仅 10 万台；面对高额的利润，在企业仍然负债累累的情况下，海尔集团仍然拒绝以牺牲质量换产量和效益的做法，踏踏实实地走质量品牌之路。同时，为保证高质量的产品，在选择生产线的过程中海尔集团比较了 30 个国外厂家的资料，最后选择引进了德国利勃海尔集团的先进技术和设备，引进当时亚洲第一条四星级电冰箱生产线。海尔集团通过委派技术人员赴德国利勃海尔集团接受培训、学习模仿四星级电冰箱的产品开发，从德国引进了成套的（技术）标准基础上，通过二次创新，转化为自己的（技术）标准。通过模仿到创新，直至自身技术和标准的形成，是海尔知识权力形成的标志性表现。

经过艰辛的努力，海尔集团“品质至上”的理念结出了硕果：产品实现了出厂一次开箱合格率达到 100%，多次被评为省优、部优和国优产品，并荣获轻工业部质量管理奖和全国质量管理奖等称号。1989 年，中国冰箱市场出现寒流，海尔冰箱不但没有降价，反而提价 12%仍然被抢购，当年实现产值 3.2 亿元，利税 4400 万元，海尔产品以它的高品质赢得了市场；1991 年，海尔被消费者评选为“中国十大驰名商标”，是中国家电企业位居其中的唯一品牌，海尔集团成为行业的领跑者。因为拥有专业素养的员工及先进的技术和生产线，海尔集团实现了品牌的第一次腾飞，而质量至上的观念和全面质量管理模式也对当时的家电生产制造行业产生了一定的积极影响，对后期家电制造行业的发展起了一定的导向作用。技术标准的制定，虽最初应用于企业内部，但伴随其对产品质量的保证，在行业中导向作用愈发凸显。海尔集团主导行业的意识初步显现，并且在行业监督和管理方面逐渐形成了一定的影响力，使其初步具备了制度权力。

综上所述，在名牌战略发展阶段，海尔集团的网络权力主要表现为知识权力的形成和制度权力的初显。

（三）产业升级：产品升级和工艺升级的实现

在 1984～1991 年实施名牌发展战略期间，区别于其他企业增加产量，海尔集团扑下身子抓质量。只做冰箱一个产品，将冰箱做到国内第一，通过抓质量，突出企业的差异性优势。当时，引进了德国利勃海尔集团的冰箱生产线，但是海尔集团不是单纯地引进一种产品或是技术，而是引进一个标准体系。在这个阶段，海尔集团的标准化战略是“高标准要求是高质量产品的保障”，标准化工作重点是把国外先进标准吸收过来转化成自己的企业标准。经过对产品质量的严格把关，1985 年，以“琴岛—利渤海尔”命名的电冰箱正式投放市场，很快以高质量、高技术赢得广大消费者的信任。1987 年，海尔被多家大型商场联合推举为最受消费者欢迎产品电冰箱类第一名。1989 年，在原材料价格失控，其他冰箱品牌纷纷降价促销，许多冰箱厂关、停、转的情况下，海尔冰箱始终畅销不衰。1991 年海尔集团销售收入 7.24 亿元，利润 3118 万元，海尔牌电冰箱成为中国电冰箱史上第一枚国产金牌，是当时中国家电唯一驰名商标，并通过美国 UL 认证出口到欧美国家。

海尔集团从一个濒临破产的小厂发展到有能力制造出消费者都认可的高质量的冰箱，很大程度取决于在改革开放初期，海尔集团通过引进国外先进技术，走高起点、高嫁接、创名牌的道路，占据了技术的制高点，生产出更高级的产品，以高技术和高质量抢占了市场，开创名牌，同时又充分利用了先进的技术降低原材料的消耗和产品成本，提高了劳动生产率，提高了设备的有效利用率。该阶段可视作是海尔集团经过一系列的努力初步实现了产品升级和工艺升级。

二、多元化战略发展阶段（1991～1998 年）

从 1991～1998 年，是海尔集团的多元化战略发展阶段。这一阶段中，海尔集团在做好一个冰箱的基础上，将业务拓宽到整个白色家电和黑色家电领域，实现了“你只要有一套房子，海尔就能提供给你成套的电器”。实施 OEC 管理模式，在国内率先推出星级服务体系，发挥海尔集团企业文化的优势，激活“休克鱼”实行多元化发展，兼并多家企业。海尔集团抓住当时中国市场空间大、发展迅速的特点，1992 年开始以品牌投资控股方式迈向品牌多元化发展战略。根据相关密切度由近及远，稳打稳扎，进入一个行业就力争跻身该行业前三名，避免壮大后的虚弱。1995 年并购国内红星洗衣机公司，1997 年并购安徽黄山电子，随后依旧以低成本扩张方式先后兼并广东顺德洗衣机厂、莱阳电熨斗厂、贵州风华电冰箱厂等企业。海尔集团在国内的并购持续了整个 20 世纪 90 年代，从单一的冰箱品牌跃升为多产业、系列化经营生产的综合性品牌。同时，海尔已涵盖家电、家居、生物制药、IT 数码产品、通信、物流、金融、房地产等制造业、服务业多个领域。

（一）网络资源：节点资源的利用及关系资源的建立

从 1991 年开始，海尔集团从一种产品开始向多种产品扩张，全面实施多元化战略。1991 年海尔集团兼并青岛空调器厂和电冷柜总厂，而后通过兼购、并购、合资、合作等方式，迅速由单一的冰箱产品进入冰柜、空调、洗衣机等白色家电领域；1997 年，以生产数字彩电为标志，海尔集团从白色家电领域进入到黑色家电领域；1998 年，海尔集团又涉足国外称为米色家电领域的电脑行业。同时，海尔集团利用几乎其涉及全部家电行业的便利条件积极创新，与国际上的知名大公司合作，积极引进国外的先进技术和优质生产设备，大力开发个性化的产品。设计出了瘦长型电冰箱以满足家庭空间较小的用户的需求；开发了即使电压不稳也能正常使用的冰箱，以及夏天满足人们洗衣量较小时也方便使用的“小小神童”洗衣机等一系列个性化的新产品。

通过多元化发展方式实现了企业的扩张，扩大了集团的规模；利用在市场中的有利条件，积极创新，继续紧跟市场需求创造出个性化产品的做法，以最短的时间实现了把企业规模做大做强的目的。企业的规模壮大了，随之而来的就是企业在整个生产网络中可以掌握的人力、物力资源增加，技术创新水平提高。这一系列的发展都可视作是海尔集团对其拥有的节点资源的充分利用。

海尔集团在国内多元化扩张战略阶段开始招商引资，建立合资企业，1994 年海尔集团与三菱集团成立中国当时最大冷气工厂，生产三菱集团最新五种机型并出口到日本；1996 年，在印度尼西亚建立了海尔集团控股的第一家海外分厂，开始了海尔品牌走向海外直接投资之路；另外，与菲律宾电子公司 LKG 成立合资企业，在菲律宾生产海尔牌的冰箱、冷气机、洗衣机，并销售给当地及区域市场。1997 年，海尔集团还通过与南斯拉夫一家公司建立合资企业，在贝尔格莱德生产冷气机，成立第一家欧洲制造基地。

这一系列在海外投资建厂的经历表明了当时的海尔集团在国内市场成长迅速，发展势态良好，以其高质量的产品获得了一定的美誉度，打响了自己的品牌，从而吸引外资，获得了一定的外部资源，从而能够从单纯的引入国外的先进技术发展到了招商引资，能够在海外建立合资企业并销售给当地，进而扩大了自己的市场，该现象可视作是海尔集团的关系资源的建立。

（二）网络权力：知识权力和制度权力增强，结构权力凸显，认同权力涌现

海尔集团经过了七年的专业化经营，在管理、品牌、销售服务等方面形成了较具优势的企业能力，海尔集团实施 OEC 管理模式、以星级服务为特色的营销方式和顾客导向的产品改进与开发，三位一体形成了一个高效率、高品质的经营管理体系。以这些能力为基础，海尔集团从 1992 年开始实施多元化经营。在具备了一定的企业管理经验和专业经理人之后，就以吃掉“休克鱼”的方式进行扩张，“休克鱼”就是那些硬件设备很好，但是因管理不善而破产的企业。1991 年，青岛电冰箱总厂兼并了青岛电冰柜厂和青岛空调器厂，组建了由张瑞敏任总裁的海尔集团。集团分别向他们派选了主要领导，投入了适量资金，并输入海尔管理模式。由于海尔集团此前已建立起具有国内领先水平的强有力的企业能力平台，故往往只需派出少量的经理人员将这套行之有效的企业管理制度或惯例植入接管企

业，同时转移部分必须由海尔人亲身传授的“默会知识”即可实现对这些落后企业脱胎换骨式的改造。这就是海尔集团激活“休克鱼”方法的精髓所在。

海尔集团通过强化管理来降低成本、分散风险，进而获取盈利机会，并利用其独创的经营管理模式和企业文化顺利地打通了集团多元化的扩张之路。将管理制度和企业文化融入兼并的企业中，带动这些企业重新焕发生机，激活这些“休克鱼”，表明在该阶段，海尔集团所拥有的知识权力明显增强。

海尔集团进入多元化经营的途径主要有三种，即内部发展、外部并购和合作战略联盟。进入家居设备行业是采用的内部发展的途径，因为该行业的技术是综合性的，海尔集团在家居设备的制造技术上有相当长时间的积累，而且在销售冰箱的过程中积攒下的销售资源可以共享，所以选择了内部发展模式进军家居设备行业；进入空调、冰柜、洗衣机、微波炉等行业采取了外部并购，这是因为海尔集团能够借助其自身品牌和管理资源，吸收这些行业的技术、生产等外部资源，以弥补自身资源的不足；进入小家电、彩电等行业采用的则是合作战略联盟的模式，原因同样在于能够充分利用对方原有的资源优势，缩小在资源方面的差距，同时又可避免新行业的激烈竞争。

由于三种途径所适应的企业能力基础和对企业的影响各不相同，海尔集团能够根据自身的优势和不足之处选择对自己最有利的方式对并购企业进行有效整合，体现了与其他企业的合作中制定规则的能力增强，也从侧面反映了海尔集团的制度权力的增强。

随着中国经济的快速发展，消费者的消费水平和消费能力有所提升，消费者对品牌的需求也从过去重视品牌的功能转变为重视品牌的服务，海尔集团经过广泛的科学调研，决定将海尔由功能型品牌转变为情感型品牌，确立了“服务为上”的品牌营销策略。1994 年，海尔集团率先在全国实行了无搬动服务，树立了“真诚到永远”的品牌理念。1995 年，海尔集团实施了“星级服务”，通过真诚的服务，不断满足用户对产品服务的新期望，使消费者获得精神满足。为此，海尔集团建立起了国内最大、最完整的服务体系，以保证海尔集团的“星级服务”能以最快的速度、最高的效率迅速推进全国市场。1998 年海尔集团实施了“五个一”服务，进一步细化和完善了品牌服务。“星级服务”的实施，塑造了“真诚到永远”的美好形象，使海尔集团在产品质量和售后服务方面都达到了最高标准，成为中国最为卓越的家电企业之一。也是凭借着海尔集团这样卓越的表现，其市场网络规模日益扩大和完善，这也使得很多利益相关者如政府、供应商等的地位有所提升，当时的海尔集团已经可以以较市场价更低的价格来获得土地使用权，海关也为其进出口提供特殊便利条件。

由此看来，海尔集团凭借“服务为上”的品牌策略，实现了品牌的差异化，提升了品牌竞争力，至此，海尔集团的品牌实力增强，抵御风险和驾驭市场的能力不断提升，市场份额明显扩大。由于海尔集团实力增加，也令很多相关的机构和企业纷纷为其提供便利条件，企业所拥有的结构权力慢慢凸显了出来。

1997 年 2 月，莱茵河畔掀起海尔潮，海尔集团参加了在德国科隆举行的世界家电博览会，海尔集团在国外颁发产品经销证书的消息，不仅使中国人在国际市场上扬眉吐气，更标志着海尔品牌已经在国际市场开始崭露头角。到了 1999 年，英国《金融时报》评选出“全球 30 位最受尊重的企业家”，海尔集团总裁张瑞敏位居第 26 位。同时欧洲海尔、中东海尔、美国海尔，先后揭牌，有更多海外经销商加入到海尔集团的营销网络中。美国《家电》周刊对海尔集团的发展速度在世界家电业位居第一也给予了高度评价，海尔集团在做大的同时，实现了做强。英国《金融时报》在评选“亚太地区最具信誉的企业”时，海尔集团进入前十位，名列第七。

这一系列的成果及在国际上获得的高度好评都表明了海尔集团及其产品已经获得了国内、国际消费者的认可，并借其美誉度吸引了很多企业开始认可海尔集团的产品，认同其经营管理模式，并纷纷与海尔集团建立合作关系，加入到海尔集团的营销网络之中，说明了海尔集团在该阶段已经涌现出了一定的认同权力。

（三）产业升级：工艺升级结合功能升级的实现

海尔集团在规模扩张的同时，产品开始“走出去”，打进国际市场。在这一阶段，始终坚持“第一是质量，第二是质量，第三还是质量”战略，坚持通过标准提升企业竞争力，工作重点是把用户需求转化为标准，建立企业标准体系。在此期间，海尔集团在质量控制和生产过程管理中大量采用国际标准。早在 1991 年海尔冰箱即率先通过了 ISO 9001 认证，其后又通过了环境管理体系认证（ISO 14001），其他产品在 20 世纪 90 年代中期也先后通过了认证。海尔集团还通过设在世界各地的 10 个信息中心广泛搜集各种有关产品安全、能耗、环境等方面的先进标准和技术规范，然后拿回来采用。

在这个阶段中，海尔集团的标准不仅关注质量，而且开始上升到技术层面，标准成为提升企业竞争力的重要手段。率先采用国际化的先进标准，使海尔集团的产品质量、可靠性及先进性达到了一个新的高度，实现了海尔集团的产品新一轮的工艺升级。

1995 年 12 月，在奥地利维也纳举行的联合国环境计划署《关于消耗臭氧层物质的蒙特利尔议定书》缔约国第七次会议上，海尔集团作为亚洲唯一代表受大会邀请，并展示了最新成果：超节能无污染 BCD-268 冰箱，收到联合国环境署、欧洲绿色组织、世界银行及各国要员的高度赞赏。海尔集团的科研人员一直坚持这种观念：要不断否定自己的过去，才能在市场上立于不败之地。1998 年 1 月，海尔集团与中国科学院共同投资组建“海尔科化工程塑料国家工程研究中心股份有限公司”，从事塑料技术和新产品开发。到了1998年，海尔集团已经能够达到平均每天开发一个新产品，每个工作日申请1.8项专利，是中国获得专利数量较多的企业。

这表明，海尔集团开始进入知识产业，并拥有了专业的技术研发基地和一定数量的技术研发团队，其自主研发能力得到了很大的提升，而在国际上的崭露头角也实现了海尔品牌的第二次腾飞，在国际上的品牌知名度大大提高，为企业的功能升级打下了良好基础。

三、国际化战略发展阶段（1998～2005年）

2001年，中国加入WTO。应中央“走出去”政策，海尔集团抓住机遇，目标是创中国自己的品牌。在这种情况下，海尔提出“三步走”的战略，采用由难到易的方式。第一步，在发达国家建立自己的名牌，采用一定的方式进入发展中国家是其第二步，通过自己的努力，形成“三位一体”的本土化模式则是最后一步。

1999年4月，海尔集团在美国南卡州建立生产厂。在随后几年内相继建立销售中心和设计中心。实现“三位一体”本土化经营模式的第一步。在2001年4月，海尔将第二个海外工业园建立在巴基斯坦。通过强化国外市场，海尔在这一年内获得了800亿元的营业额。这些数据说明海尔集团成功地使用了国际化的战略。在2004年，海尔集团首次将电脑销售到法国市场，拉开了海尔集团实行跨国作战的序幕。在2005年3月，海尔中东工业园举行开业仪式。同年年底，张瑞敏指出海尔下一步目标是将在全球范围内建立自己的品牌，即全球品牌战略。

（一）网络资源：节点资源驱动，关系资源的形成

为了成功进驻国外市场，海尔集团耗费了巨大的财力、人力及物力来促进其技术水平的提升。短短数年海尔集团陆续通过了美国的UL、日本S-MART、德国VDE和GS、欧盟CE等15个种类、48个国家的国际认证。这意味海尔集团拿到了进入发达国家市场的通行证。并且，海尔集团还得到了好几个经济发达的国家的相关认证及授权。这样一来海尔集团的设计、研发及上市的时间就得到了极大地缩短。此外，海尔集团还和NETSCREEN科技公司、德国迈兹公司等大公司形成了技术合作联盟，通过这样的方式来实现资源的整合，促进海尔集团科技的进步及市场竞争力的增强。自1992年以来，海尔品牌旗下的冰箱、洗衣机、空调等都先后通过了ISO 9001质量管理体系认证和ISO 14001环境管理体系认证，大大促进了海尔集团对欧美的出口。

海尔集团在欧美发达国家市场上的成功为其在进军巴基斯坦、东南亚等发展中国家的市场奠定了成功的基础。海尔集团在国际化的过程中，采用了“三位一体”和“三融一创”的本土化战略。通过“三位一体”本土化实现品牌发展，提高海尔集团国际市场的荣誉度。而在巩固阶段，则通过“三融一创”提升海尔集团在国际市场上的美誉度。双管齐下，最终达到海尔集团开拓并稳定国际市场的目标。

这一过程中，海尔集团投入巨大的财力、人力及物力这些节点资源与前两阶段形成的节点资源共同发挥作用，驱动技术水平的提升，使其在短短数年之间就陆续通过了各个发达国家的国际认证，并相应带来了在欧美国家市场上的成功，为其进入发展中国家市场奠定了成功的基础。同时，海尔集团与NETSCREEN、迈兹等大公司形成了技术合作的联盟，通过这样的方式来实现资源的整合，形成可利用的关系资源，促进了海尔科技的进步及市场竞争力的增强。

（二）网络权力：知识权力的巩固，结构权力和认同权力的加强

20世纪80年代的技术发展状况并没有满足市场对技术的要求，同时海尔集团也没有充足时间进行新产品的研究开发，最好的方式就是建立联盟。在通过对市场进行深入的分析研究之后，海尔集团最终选择和德国利勃海尔集团一起合作，它们之间还签订了有关技术引进的协议。海尔集团派了40多位公司的技术骨干到德国参加相关的技术培训，初步掌握了冰箱的关键技术，培养了技能过硬的技术人员。在学习过程中，海尔集团增强了技术创新能力，优化了资源配置。随着海尔集团的发展，海尔集团和利勃海尔集团之间的战略联盟慢慢转变为国际合作战略联盟。从日本引进三菱集团重工空调技术，从梅洛尼公司引进柜桶洗衣机技术，海尔集团通过与不同类型的企业建立战略联盟，以获取所需的技术和人才，分摊高昂的研发费用，分散风险，国际竞争力得以大大提高。

对于海尔集团来说，实现战略联盟的建立途径有两种：一是实现纵向地合作，如与全球规模最大的电机企业艾默生电器公司进行合作，就是海尔集团与其上游的供货方进行联合。在目前为止，艾默生电器公司不但给海尔集团进行电机的供应，同时加入到一些创新产品的设计上来。二是实现横向联合。这种方式下，跨国企业通常会选择和竞争对手联合，交换手中现有的市场资源，在可允许的范围内相互学习技术，做到优势互补，实现企业最终的发展目的。2002年，海尔集团和日本电机株式会社共同建立了“三洋海尔株式会社”，就是一种典型的横向联合。

海尔集团派了40多位公司的技术骨干到德国参加相关的技术培训，初步掌握了冰箱的关键技术，培养了技能过硬的技术人员。这学习过程中，海尔集团增强了技术创新能力，优化了资源配置，知识权力进一步得以巩固。同时，战略联盟

逐渐转变为国际合作战略联盟，在与其他企业的纵向与横向合作中结构权力和认同权利进一步加强。

（三）产业升级：产品升级和工艺升级持续，功能升级加强

经过长期的发展，海尔集团具备了一定程度的科学技术及资本实力。在注重同不同类型企业交流技术的同时，也开始注意对各自网络资源的整合运用。1996 年，由海尔集团控股的海尔沙保罗有限公司在印度尼西亚正式成立。这种技术输出型的企业联盟有助于海尔集团突破贸易壁垒，扩大其市场份额。2002 年，欧倍德与海尔一起建立了“欧海项目”。海尔集团通过德国欧倍德公司的资源来实现物流市场的优势竞争，提升在物流领域的竞争力。结成这种战略联盟的优势在于：①双方企业在联盟中可以相互学习先进技术，以提升其在国际上的竞争力。②双方企业通过联盟，共同防止强劲对手对于本国市场的冲击，以保护国内市场占有率。③不同企业建立战略联盟，在获得资源和先进技术的同时，可以降低和分散风险，分摊巨额开发费用。④技术输出型的企业联盟有助于突破贸易壁垒，提高投资收益。

在发展的关键时期，海尔集团通过“市场链”的方式来管理企业，为了促进企业的自动化建设，海尔集团坚持将计算机信息系统作为发展的基础，企业业务的重点是订单信息流，将资金流与物流带动起来，实现业务流程再造。这一管理创新加速了企业内部的信息流通，激励员工使其价值取向与用户需求相一致。

海尔集团经过长期的发展与合作，具备了一定程度的科学技术及资本实力，同时对各自网络资源的整合运用，继续为实现产品升级和工艺升级提供支撑。海尔集团通过“市场链”的方式来管理企业，这一管理创新实现了业务流程再造，使企业进一步实现功能升级。

四、全球化品牌战略发展阶段（2005～2012 年）

在开拓国际市场之前，企业就要决定用不用品牌、用哪种品牌进入国际市场。品牌选择是第一步。海尔集团很早就提出“出口创牌而不是出口创汇”的观点。海尔集团总裁张瑞敏认为，如果海尔集团没有自己独立的国际品牌，那么其角色永远都是代工生产。因此，海尔集团于 1998 年进入国际化战略阶段时就决定走创立自己品牌的道路，在所有国家、所有产品皆用海尔自主品牌。越来越多的海尔进入国外消费者的眼帘，促进海尔集团知名度的极大提高。品牌的保护意识属于海尔集团品牌意识的重要表现。在产品的竞争中，海尔集团对相关的名称商标进行全面的注册，以防抢注情况出现。

海尔集团以拼音“Haier”品牌进入国际市场，巧妙地使品牌发音和英文单词“higher”的发音相似，对海尔集团品牌追求的含义进行了深刻形象的诠释，不但展现了海尔集团对于高质量产品的追求，同时体现了海尔集团正向更高质量及更好的服务这样价值理念努力。海尔集团利用容易辨识且易于接受的两个天真可爱的海尔兄弟的形象去宣传，有利于“Haier”走向全世界。

（一）网络资源：节点资源和关系资源深度强化，结构资源的拓展

一个品牌的崛起离不开媒体，品牌需要通过媒体让消费者清楚地知晓品牌的含义和功能。国际化的过程中，为了向全世界推广品牌，海尔集团在进行品牌宣传时下了很大的功夫，投入了很多的资金：在一些欧美国家和地区的比较显眼出众的地方设立宣传牌，海尔集团的很多宣传广告和全球其他家电比肩站立，其设计的广告语极具特色，如“Haier and Higher”；在电视节目中，海尔集团的广告随处可见，在喧哗的大街等公共场所都可以看到其显著的广告标语。海尔集团的产生领域是十分多元化的，涉及家电、通信等几个重要产业，但是在进行国际市场的开发时，其重点关注的还是家电产品市场。到 2012 年为止，海尔集团已囊括了近百类约 2 万多个家电产品，在打进各国市场时，海尔集团选择的都是其最具竞争力的产品。举个例子来说，打开印度尼西亚、德国及美国市场时，其首选产品是冰箱；打开巴基斯坦、伊朗及突尼斯市场时，其首选的产品是洗衣机；当所选的产品在市场获得了一定程度的美誉度及知名度之后，再向海尔集团的其他产品延伸，使得其上市的产品具有系列化及差别化，能够满足不同的消费需求。

拓展海外市场过程中，海尔集团的节点资源在更广阔范围内得以强化，与产品销售市场其他主体频繁互动，一方面不断形成新的关系资源，另一方面对原有关系资源进一步深化。与此同时，海尔集团开始在全球范围内整合结构资源。

（二）网络权力：知识权力强化和结构权力明显

对于海尔集团来说，是创新让它完全迎合了消费者的需求。要想获得较强的市场竞争力，具备创新精神是必不可少的，市场竞争力的主要竞争方面就是对消费者需求的满足方面的竞争。在这一阶段，海尔集团继续依靠不断地创新来实现集团品牌及美誉度的提高。

在全球的市场竞争中要加快创新的步伐来实现与大公司的竞争，突出自身的竞争优势。海尔集团负责科技研发的人员就曾花费了不到 7 小时根据贸易公司总裁创意开发出了迈克冷柜。因为创新，海尔集团获得了一个全新的产品市场。这

款双面皆可打开的冷柜由于其外观设计和功能设计的独特性获得全球专利合作条约发明设计的专利。美国S连锁店包销了这款产品，而S连锁店正是以推出创意产品而闻名全国。尽管如此，中国企业在技术水平、资金规模或是综合水平上与通用电气公司、惠尔浦公司这些国际大型家电企业相比，仍有一些需要改善的地方，因此，为了赢得竞争，海尔集团在自己的优势方面和竞争对手竞争。海尔集团选择对相关市场的特点进行详细的分析，同时将本公司的优势特点结合起来。在进行创新时将消费者的需要纳入需要考虑的范围之中，只有这样产生出来的产品才会具有市场。比如，在进行相关的电脑桌冰箱的设计及生产时，要充分考虑美国大学生的习惯；在进行“复古式冰箱”及“个人洗衣间”的设计与生产时要满足日本单身女性的要求；给欧美国家的家庭设计、生产酒柜时，同样也需要考虑这些家庭的室内面积等环境因素；因为人多的家庭对容量大的冰箱及洗衣机等具有很大的需求，所以这些产品一进入中东市场就受到了极大的欢迎。

海尔集团通过合作和关注，与很多世界知名公司一起对高新技术展开了研发，使自身的技术含量比较高，通过这种方式取得了竞争的优势，提高了本公司产品的市场占有率。为了进一步满足顾客的需求，海尔集团实行本土化的策略。为了达到这个目的，海尔集团强调产品的本土化，并且实现产品的本土化能够使得产品在进入国际市场时所面临的三个问题得到缓解，即消费者抵抗外来品牌的进入、管理和销售人员短缺，绿色壁垒等非贸易关税壁垒。例如，海尔集团在美国的市场策略是“三位一体”的产品本土化。“三位一体”就是指对于一个产品来说，其研究、开发、设计、生产及销售实现当地化。对于美国市场的“三位一体”就是：在洛杉矶进行相关产品开发研究；在南卡罗来纳州进行产品的生产制造；而营销中心则设置在国际大都市——纽约。对订单进行接收之后，海尔集团会以消费者的需求为出发点，按消费者要求在洛杉矶对产品进行研究开发，然后将研发成果直接运向全国的销售服务点，南卡罗来纳州的制造工厂就会按照订单要求进行新产品的生产，随即运到全美各个销售网点，这种贴近消费市场、及时获取消费者信息并在当地生产销售的做法使得海尔集团的市场竞争力更加强大了。“三融一创”指的就是在当地实现融智、融资及融文化，吸收当地优秀人才，运用他们对当地人消费习惯的熟练性，近距离接近消费者，掌握市场变化的一手资料，对市场变化信息做出整理和分析，及时调整销售方案，以得到消费者的认同，使消费者对产品产生依赖感。“三位一体”和“三融一创”为海尔集团成功打开美国市场奠定了坚实的基础。到现在为止，海尔集团已经实现了市场的国际化战略目标。

海尔集团的创新增强了其在国际市场上的竞争力，这些由于创新产生出的新产品成为海尔集团的竞争优势，同时海尔集团同其他世界知名公司合作进行研发，提高了自身的技术含量，知识权力进一步强化。海尔集团在实施“三位一体”策略时，它的设计公司向生产公司提供研究成果，海尔集团与全球各地的销售中心联系更加密切，在这个过程中，海尔集团结构权力愈加明显。

（三）产业升级：全面实现功能升级

网络的高速发展，促使企业需要新的销售方式。企业想要长久发展，必须将传统模式转变为“即需即供”新模式。海尔集团紧抓互联网的机遇，整合全球资源和研发，创建全球化的品牌。“人单合一双赢”模式便应运而生。2006 年，海尔集团在印度举行手机新品发布会，宣称其将进入印度市场，这是一个具有重大意义的事件。同年 11 月，海尔集团同英特尔进行合作，随后海尔集团的产品逐渐进入国际市场。2007 年 7 月，海尔集团建立了数字化家电实验室，这是我国第一批企业国家重点实验室之一。在 2008 年，鉴于海尔家电的影响力，很多部门对其成就都很赞扬，这使海尔家电的影响力在世界范围内进一步受到了关注。2009 年，由于促进节能减排、履行社会责任和惠及千家万户等原因，海尔集团被中共中央宣传部确立为重点报道典型之一。2010 年 1 月，海尔集团和惠普公司签署战略合作协议，旨在向中国农村市场用户提供更高品质产品和更加便捷的服务。同年 12 月，海尔集团成为全球白色家电领域模块化企业第一人。在 2011 年 12 月，根据欧睿国际的调查数据，海尔集团冰箱、酒柜和洗衣机的市场占有率连续三年蝉联全球第一。2012 年，海尔亚洲总部和研发中心正式落户日本，标志着海尔集团五大研发中心体系正式形成。

在这一阶段，海尔集团受到互联网发展的影响，紧抓互联网的机遇，整合全球资源和研发，着重在全球范围内向价值链高附加值环节攀升，全面实现功能升级。

五、网络化战略发展阶段（2012 年至今）

2012 年 12 月底，海尔集团创业 28 周年纪念庆暨第五个发展阶段战略主题会在青岛举行。首席执行官张瑞敏总结了创业 28 年来的发展历程，并根据互联网时代的特点，以“没有成功的企业，只有时代的企业”的观念，适应个性化与多样化生产的需求，提出了第五个发展阶段战略主题——网络化战略。海尔网络化发展战略的基石是“人单合一双赢”模式。“人”是指员工，“单”是指用户，“人单合一双赢”就是员工给用户创造价值的同时，能够实现自身的价值，该模式旨在搭建一个机会公平、结果公正的充满活力的价值平台。张瑞敏表示，在互联网时代，要坚定不移地把“人单合一双赢”模式做好。这一模式是海尔集团网络化战略实施落地的基本保障。网络化企业发展战略的实施路径主要体现在三个方面：

企业无边界、管理无领导、供应链无尺度。企业需要打破原有的边界，成为一个开放的平台，可以根据用户的需求按单聚散；同时为了跟上用户点击鼠标的速度，企业需要颠覆传统的层级关系，组建一个个直接对接用户的自主经营体；在此基础上，海尔集团探索按需设计、按需制造、按需配送的供需链体系。

针对冰箱等大型家电销售的物流问题，送货安装上门一体化服务显得尤为重要。为了解决送货问题，海尔建立智慧物流模式，树立为顾客提供24小时送达，超时免单的送装一体服务理念。为了保障24小时送到，海尔物流建立了覆盖全国2500多个县乡的物流点为顾客提供配送的一体化服务。

（一）网络资源：关系资源巩固和结构资源强化

网络化的发展带动了商业模式、制造模式、消费模式的变化。为了更好地适应网络化发展，海尔集团通过企业平台化、员工创客化、用户个性化实现网络化转型，进入网络化战略阶段。为了更好地实现网络化转型，海尔集团坚持用户为中心，使用户全流程融入，创造用户最佳体验，使用户全程参与到产品及服务的价值创造中。变革企业的科层制组织结构为平台化结构，使企业成为互联网的一个节点，使员工在企业平台下转换为创客，成为自己的CEO。截至2015年，海尔集团已成立涉及家电等产品及物流、文化等服务领域200余家小微公司。另外在海尔集团平台上，已产生470个项目，汇集了1328家风险投资机构，吸引了4000多家生态资源，孵化和孕育着 2000 多家创客小微公司。世界权威市场调查机构欧瑞国际公布的2015年全球大型家电品牌零售量显示，海尔占全球市场的9.8%，位居全球第一，显示出了海尔集团进行的颠覆性改革是海尔集团在新环境下获得持续竞争力的保障。

在这一阶段，海尔集团为适应网络化发展，通过企业平台化、员工创客化、用户个性化实现网络化转型，坚持用户为中心，创造用户最佳体验，通过这种社会互动与利益相关者巩固关系资源。海尔集团变革企业的科层制组织结构为平台化结构，使企业成为互联网的一个节点，鼓励员工在企业平台下转换为创客，成为自己的CEO，成立小微公司，并孵化和孕育着2000多家创客小微公司，这一改革使海尔集团形成了新的企业间关系模式，其在网络中结构洞的优势位置进一步凸显，结构资源进一步强化。

（二）网络权力：知识权力、制度权力、结构权力和认同权力全面提升

海尔集团建立了整合和分配全球创新资源的资源平台，旨在为用户提供相应的解决方案。为了加速产品创新，海尔集团将“倒三角”组织结构变革成员工、用户、供应商之间合作共赢的商业化生态圈，创造实现各自的价值。“天樽”空

调是新模式下的创新产品。“天樽”空调设计初期，在与消费者交互的基础上确定了产品性能，但产品新性能中海尔集团并没有成熟的射频技术，在这一限制下，海尔集团依托外部平台资源，在不到一年的时间里将样品的设计投入生产。

网络化战略下，海尔集团利用自身的产品生产虚实网、物流网等优势，让用户参与到产品及服务的全流程中，实现流程的可视化，获得企业竞争力。虚实融合平台是将海尔集团建立的线上用户交流平台与海尔线下专卖店、工厂等进行结合为用户提供综合化服务的一种新型营销模式。海尔集团统帅家电定制品牌是虚实网融合的代表。在互联网时代下，统帅坚持以“只为需要买单，为不需要的功能免单”的价值主张，线上通过微博、门户网站、论坛等网络媒体获取消费者需求，线下根据消费者需求依托海尔集团先进的技术研发优势，结合海尔集团营销网、物流网、服务网进行生产制造。

海尔集团打破传统的金字塔结构，实现了从封闭个体向开放平台型平台转换，在全球范围内引入资源，建立起颠覆传统科层制组织结构，实现员工、用户多方面并联交互的生态圈。2014 年，海尔集团实施开放式创新，引进合作伙伴，初步建立起智慧生活生态圈。2015 年海尔集团实施 U + APP，其中合作伙伴涉及苹果公司、微软公司等移动互联终端与软件提供者；阿里、百度等互联网企业；保洁、联合利华等服务提供商；中粮、1 号店、方科等与消费者衣食住行有关的企业。

这一阶段的海尔集团打破传统的金字塔结构，实现了从封闭个体向开放平台型平台转换，在全球范围内引入资源，建立起颠覆传统科层制组织结构，实现员工、用户多方面并联交互的生态圈，实施开放式创新，引入合作伙伴，初步建立起智慧生活生态圈，实现合作共赢。除进一步在技术投入强化知识权力外，逐渐占据了网络中的中坚地位，结构权力和制度权力更加明确，同时其在行业声誉的树立使得其他企业对其的认可和依赖增强，认同权力显著。

（三）产业升级：尝试实现链升级

网络化战略下，海尔集团利用自身的产品生产虚实网、物流网等优势，让用户参与到产品及服务的全流程中，实现流程的可视化。针对冰箱等大型家电销售的物流问题，海尔集团建立智慧物流模式，树立为顾客提供 24 小时送达，超时免单的送装一体服务理念。以海尔日日顺物流开放平台为例，其通过吸引国内几万辆送货“车小微”，建立起国内家电行业中唯一一家实现送村到户、送装一体的大件物流服务网络。车小微利用手机 APP 接受最后一公里订单，将产品送到顾客指定位置，由客户进行现场评价，根据用户评价优化车辆资源，从而逐渐提升用户的交付体验。

这一阶段海尔集团将其在家电制造业已有优势，尝试转移到新领域，海尔集团建立的智慧物流模式是其在链升级重要尝试。

综上可知，从1984年创业至今，海尔集团经过了名牌战略发展阶段、多元化战略发展阶段、国际化战略发展阶段、全球化品牌战略发展阶段和网络化战略发展阶段。本章对每个阶段的网络资源、网络权力和升级分析，正是基于每一阶段节点资源、关系资源、结构资源的逐步积累，网络权力的知识、结构、制度、认同四个维度不断得到强化，最终作用于产品升级、工艺升级、功能升级和链升级。

第九章　基于网络资源、网络权力的产业升级路径与策略

第一节　基于网络资源、网络权力的产业升级机理

伴随全球化的深入，以贸易为纽带的国际分工方式逐渐被以生产为基础的新型分工方式所取代（邱斌等，2007）。分工程度的纵深化和生产过程的国际化催生了生产网络这一组织模式。生产网络凭借其在组织柔性、资源共享和优势互补等方面的突出特点，促使生产效率不断提升。20 世纪 80 年代以来，伴随跨国公司“归核化”战略与内部垂直反整合的模块化解构，生产网络在全球范围内得以迅速扩散，呈现出产业发展“地方化”与“全球化”并存的现象。在“分散化”与“片段化”的推动下，全球生产网络及其治理问题逐渐成为当前管理实践的重要研究课题。

全球生产网络的出现，为获取资源，提高资源配置的效率，实现产业结构优化和产业效率提升提供了平台。网络资源基础上网络权力的形成和演化既是当前产业升级的外部表现，也是产业升级得以实现的重要路径。因此，在当今全球网络化经济快速发展的环境中，探讨网络资源、网络权力对产业升级的影响，无论是对全球生产网络还是对于其中新兴经济体企业的生存和发展都具有重要意义。尤其是当前国内许多产业处于亟待转型升级的关键期，企业如何通过获取和整合网络资源形成网络权力，如何凭借形成的网络权力推动自身及其所处产业实现升级是新兴市场国家亟待解决的问题。

本书在理论溯源的基础上，对已有文献进行梳理分析，通过基于扎根理论的探索性案例研究，形成了企业网络资源、网络权力和产业升级三个变量之间的一系列命题；运用量化统计研究方法验证了网络资源、网络权力对产业升级静态影响规律；采用系统动力学方法分析了网络资源累积基础上的网络权力演化对产业升级的影响过程。得到基于网络资源、网络权力的产业升级路径的研究结论如下。

（1）构建了网络资源、网络权力与产业升级理论模型，明确了三者作用机理。在归纳网络资源、网络权力和产业升级已有研究基础上，基于扎根理论的探索性案例分析构建网络资源、网络权力与产业升级理论模型。探析了网络资源作为网络权力和产业升级前置性因素的诱导作用。提出了网络权力在网络资源作用于产

业升级过程中的中介作用。理论模型的构建解析了网络资源、网络权力与产业升级的作用关系，明确了三者作用机理。

（2）网络权力在网络资源作用于产业升级过程中发挥中介作用。深入探寻影响产业升级的资源和权力因素及其路径传导机制。在明确网络资源、网络权力和产业升级作用机理基础上，提出可供实证的概念模型及相关假设。利用问卷数据对样本进行统计分析，对网络权力中介作用假设进行了实证检验。研究表明，网络权力不同维度对于网络资源影响产业升级的中介作用存在差异。制度权力和知识权力在节点资源影响产业升级的过程中发挥部分中介作用；结构权力和制度权力在结构资源影响产业升级过程中发挥部分中介作用；关系资源完全通过企业制度权力固化从而推动产业升级。研究结果充分证明并解释了网络资源通过网络权力传导至产业升级，同时发现网络规模在网络资源影响网络权力的过程中发挥显著调节作用。

（3）网络资源基础上的网络权力与产业升级具有动态演化作用。产业升级系统具有高阶、非线性等复杂系统的特征，是一个复杂的社会经济系统。人才增长率、利润率和技术淘汰率主要通过网络权力的知识权力和制度权力作用于产品升级，生产高利润产品、淘汰低技术含量产品是产品升级重要途径。人才增长率、利润率和技术淘汰率通过知识权力作用于工艺升级，对高端技术掌控是工艺升级的主要体现；人才增长率、利润率和技术淘汰率通过结构权力作用于功能升级，企业在全球生产网络中的链接关系的改变可以帮助其向高端价值链攀升，提升营销、研发等功能。人才增长率、利润率和技术淘汰率通过认同权力作用于链升级，随着认同积累，在开拓全新价值链过程具有优势。此外，构建产业升级系统动力学模型基础上，对河北省钢铁产业进行仿真分析。综上，网络资源是驱动产业升级的基础要素，沿网络权力形成的过程传递，经过对资源的整合和配置，最终作用于产品升级、工艺升级、功能升级和链升级的变化。

第二节　基于网络资源、网络权力的产业升级创新性成果

将上述研究结论与相关领域现有研究成果进行对照可发现，本书在补充全球生产网络治理理论，剖析网络资源、网络权力与产业升级之间静态作用机制和动态演进机制等方面实现了预期的创新，做出了相应的理论贡献，本书创新包括如下几个方面。

（1）完善了网络权力的内涵，并明确了其维度构成。已有网络权力研究，从知识资源和网络位置等方面探讨了目标企业对网络成员企业影响力，忽视了网络权力互依性作用下的认同因素和权力合法性的制度因素。基于扎根理论的探索性案例分析结果，完善了网络权力的内涵，补充了网络权力的认同维度和

制度维度，明确了网络权力由知识权力、结构权力、认同权力和制度权力四维度构成。

（2）构建了网络资源、网络权力和产业升级之间的概念模型，验证了网络权力的中介作用和网络规模的调节作用。本书采用结构方程模型拟合网络资源、网络权力和产业升级三者作用关系，运用多元回归分析网络规模的调节作用。研究结果明确了网络资源、网络权力和产业升级三者的作用机理，发现了网络资源通过网络权力作用于产业升级的具体路径。

（3）提出并分析了网络资源基础上的网络权力与产业升级的动态演化机制。在继承网络资源、网络权力与产业升级已有研究基础上，从网络资源、网络权力视角构建了网络权力对产业升级的系统动力学模型，分析了网络权力与产业升级动态作用机理。利用构建的系统动力学模型，对河北省钢铁产业进行仿真模拟，证明该模型的有效性，同时选取华为和海尔集团两个典型案例，采用纵向案例分析方法，进一步解析了网络资源基础上网络权力与产业升级的动态演化机理。

第三节　基于网络资源、网络权力的产业升级策略

研究命题因其较强的现实导向性和研究过程与管理实践的紧密结合性，使得本章研究结论具有如下实践启示。

（1）发现培养、获取和利用网络资源可以形成网络权力。高速的经济发展和环境的复杂性对资源利用提出了更高的要求。如何提高网络资源的利用效率，形成网络权力，并对市场进行快速反应是当下全球生产网络中企业面临的重要问题。有目的地培养和获取网络资源形成网络权力，是解决国际化发展和成长困境的途径之一。因此，通过对网络中节点资源、关系资源和结构资源的整合利用，使其转化为有效的网络权力，可以在有效提升企业竞争力的同时，打破企业发展面临的困境。

（2）发现网络权力在推动产业升级过程中可以发挥重要作用。伴随经济的全球化进程，生产网络的关键环节掌握在拥有品牌、技术和市场的领先企业手中。生产网络中其他企业的发展和突破需要依靠网络权力实现，网络权力是推动产业升级的前置因素。此外，随着时间推移网络权力存在维度和水平的变化。因此，了解网络权力对产业升级的作用机理，有助于辨识产业升级脉络，促进产业从价值链低端向中高端迈进。

（3）发现网络资源、网络权力可以为产业升级提供动力支持。国际市场环境变化为网络权力和产业升级带来了全新挑战，较其他发展中国家，我国较早与全球经济接轨，低廉的劳动力和原材料成本曾促使发达国家传统制造业不断转移进

国内。参与全球生产活动为我国制造业提供机会的同时，制造业初加工、低技术、廉价品、高能耗、高污染的特征开始凸显，严重威胁我国能源与环境的承载力，不利于经济和环境的可持续发展，较难形成核心竞争优势。网络资源、网络权力为产业升级提供动力支持，从模仿和复制开始，借助成本优势，迅速地掌握技术并拓展自身研发能力，不断开发新产品、提高生产效率、提升品牌影响力，因此实现产业升级是我国制造业崛起的重要途径。

第四节　研究不足与展望

本书达到了预期的研究目标，获得了一定的理论创新并具有一定的实践启示，但受作者自身能力和研究条件所限，研究工作在如下方面仍存在不足和缺憾，有待在未来的研究中进一步完善和深化。

（1）尽管作者已在能力范围内做出了最大努力，但受限于实际条件，实证部分在抽样范围和问卷数据量方面均存在一定程度上的缺憾。本书抽样范围主要集中在京津冀的生产网络，研究结果的一般性可能会受到样本的影响。未来研究可以拓宽抽样范围、收集更多数据，使研究结论更加完善。

（2）网络权力与产业升级演化过程的研究采用系统动力学仿真的方法，其中案例分析仅选择两个典型企业展开研究。在时间允许的条件下应该进一步补充案例，进行多案例比较研究。通过对案例一手数据的搜集和时间序列对比分析，结合系统动力学研究结论，归纳出更具有普适性的网络资源、网络权力对产业升级影响规律。

（3）研究框架仍然存在进一步深化、延伸和探索的可能。出于对本书焦点问题的关注，并未展开产业升级对网络资源和网络权力的影响反作用机制，有必要在今后研究中进一步深入。

参考文献

波特 M. 2002. 国家竞争优势[M]. 李明轩，邱如美译. 北京：华夏出版社.

蔡玮. 2010. 工业园区集群网络结构对企业绩效影响机制研究[D]. 长沙：中南大学博士学位论文.

曹丽莉. 2008. 产业集群网络结构的比较研究[J]. 中国工业经济，8（8）：143-152.

曹瑄玮，席酉民，陈雪莲. 2008. 路径依赖研究综述[J]. 经济社会体制比较，（3）：185-191.

陈超凡，王赟. 2015. 垂直专业化与中国装备制造业产业升级困境[J]. 科学学研究，33（8）：1183-1192.

陈国权，李赞斌. 2002. 学习型组织中的“学习主体”类型与案例研究[J]. 管理科学学报，5（4）：51-60，67.

陈向明. 1999. 扎根理论的思路和方法[J]. 教育研究与实验，（4）：58-63,73.

陈向明. 2010. 范式探索：实践—反思的教育质性研究[J]. 北京大学教育评论，008（004）：40-54.

陈艳莹，原毅军. 2006. 治理机制与企业网络的规模——嵌入性视角的研究[J]. 中国工业经济，（9）：102-108.

戴万亮，路文玲，徐可，等. 2019. 产业集群环境下企业网络权力、知识获取与技术创新[J]. 科技进步与对策，（24）：109-117.

戴维奇，林巧，魏江. 2011. 集群内外网络嵌入与公司创业——基于浙江省四个产业集群的实证研究[J]. 科学学研究，29（4）：571-581.

方建国. 2005. 基于战略网络视角的企业关系资源[J]. 科技进步与对策，（12）：178-180.

福柯. 1997. 权力的眼睛[M]. 上海：上海人民出版社.

高映红. 2010. 基于核心企业的集群网络式创新研究[D]. 武汉：武汉理工大学博士学位论文.

龚铁鹰. 2008. 软权力的系统分析[M]. 天津：天津人民出版社.

郭贵林. 2008. 社会资本、知识过程与部门效能关系实证研究[D]. 杭州：浙江大学博士学位论文.

韩彩欣. 2002. 企业资源配置方法研究[D]. 天津：河北工业大学硕士学位论文.

霍影，霍金刚. 2015. 地方产业经济发展策略选择：传统产业是否应让位于战略性新兴产业[J]. 科技进步与对策，32（10）：28-31.

贾生华，田家欣，李生校. 2008. 全球网络、本地网络对集群企业技术能力的影响[J]. 浙江大学学报（人文社会科学版），（2）：126-135.

姜辉. 2020. 美国出口管制与中国高技术产业全球资源配置风险[J]. 中国流通经济，34（7）：87-96.

景秀艳. 2007. 网络权力及其影响下的企业空间行为研究[D]. 上海：华东师范大学博士学位论文.

康凯，魏旭光，张敬，等. 2016. 全球价值链技术权力对企业竞争优势影响——突破式创新中介性调节效应[J]. 科学学与科学技术管理，37（3）：116-124.

孔曙光，陈玉川. 2008. 广义技术创新与区域产业结构升级的机制探索[J]. 工业技术经济，27（9）：67-70.
李碧君. 2011. 组织学习能力与集群企业升级的关系研究——以浙江医药化工集群企业为例[D]. 杭州：浙江工商大学硕士学位论文.
李景鹏. 2008. 权力政治学[M]. 北京：北京大学出版社.
李配. 2009. 全球生产网络与中国汽车产业升级[D]. 上海：上海师范大学硕士学位论文.
李庆满，戴万亮，王乐. 2019. 产业集群环境下网络权力对技术标准扩散的影响——知识转移与技术创新的链式中介作用[J]. 科技进步与对策，36（08）：34-40.
林兰，曾刚. 2010. 企业网络中技术权力现象研究评述[J]. 人文地理，25（3）：16-19，61.
刘民权. 2018. 世界生产体系的剧变与发展中国家的际遇[J]. 探索与争鸣，（07）：4-11，142.
刘志彪. 2005. 中国沿海地区制造业发展：国际代工模式与创新[J]. 南开经济研究，（05）：39-46，60.
罗友花. 2009a. 组织资源视角的集群企业国际化成长效应研究[D]. 长沙：中南大学博士学位论文.
罗友花. 2009b. 产业集群资源对集群企业竞争优势影响的实证研究[J]. 湖南师范大学社会科学学报，38（04）：83-86.
吕一博，程露，苏敬勤. 2013. 资源导向下企业集群网络演进的多主体仿真研究[J]. 系统工程学报，（1）：8-18.
马刚. 2006. 基于战略网络视角的产业区企业竞争优势实证研究[D]. 杭州：浙江大学博士学位论文.
迈尔斯 M B，休伯曼 A M. 2008. 质性资料的分析：方法与实践[M]. 2 版. 张芬芬译. 重庆：重庆大学出版社.
毛文静，朱家德. 2008. 论网络组织合作的权力治理[J]. 云南行政学院学报，10（3）：143-144.
毛武兴，陈劲，王毅. 2006. 动态环境中企业核心技术能力的演化过程研究——以朗讯科技与华为技术的技术能力演变为例[J]. 管理工程学报，（1）：124-129.
梅丽霞，王缉慈. 2009. 权力集中化、生产片断化与全球价值链下本土产业的升级[J]. 人文地理，（4）：32-37.
闵成基，杨震宁，王以华. 2010. 权力依附关系和关系嵌入对知识流入的影响——以跨国公司在华子公司为例[J]. 科学学研究，（3）：412-419，435.
彭正银. 2009. 企业网络组织的异变与治理模式的适应性研究[M]. 北京：经济科学出版社.
邱斌，尹威，杨帅. 2007. 全球生产网络背景下的企业创新与经济增长[J]. 管理世界，（12）：136-139，147.
全裕吉. 2004. 从科层治理到网络治理:治理理论完整框架探寻[J]. 现代财经-天津财经学院学报，（8）：44-47.
石永贵. 2009. 企业网络资源协调研究[D]. 天津：河北工业大学博士学位论文.
宋晨英. 2006. 基于战略导向的项目型企业资源配置方法研究[D]. 西安：西北工业大学硕士学位论文.
孙国强，王燕芳，吉迎东. 2018. 网络权力演化理论回顾与展望[J]. 华东经济管理，32（3）：176-184.
孙海法，刘运国，方琳. 2004. 案例研究的方法论[J]. 科研管理，25（2）：107-112.
孙天阳，陆毅，成丽红. 2020. 资源枯竭型城市扶助政策实施效果,长效机制与产业升级[J]. 中国工业经济，（7）：98-116.

孙晓娥. 2011. 扎根理论在深度访谈研究中的实例探析[J]. 西安交通大学学报（社会科学版），31（6）：87-92.

陶厚永，刘洪，吕鸿江. 2008. 组织管理的集权——分权模式与组织绩效的关系[J]. 中国工业经济，（4）：82-91.

田家欣. 2007. 企业网络、企业能力与集群企业升级：理论分析与实证研究[D]. 杭州：浙江大学博士学位论文.

王海花，谢富纪，胡兴华. 2012. 企业外部知识网络视角下的区域产学研合作创新[J]. 工业技术经济，31（7）：41-47.

王核成，李鑫. 2019. 企业网络嵌入性对创新绩效的影响——网络权力的中介作用及吸收能力的调节作用[J]. 科技管理研究，（21）：122-129.

王核成，鲁东琴，周泯非. 2018. 企业网络权力配置与创新能力的提升——吉利汽车纵向案例研究[J]. 科学学与科学技术管理，39（3）：61-76.

王宇露. 2008. 海外子公司的战略网络、社会资本与网络学习研究——基于东道国子网的实证分析[D]. 上海：复旦大学博士学位论文.

魏文川. 2008. 我国企业资源配置过程与战略形成路径研究[D]. 湖北：华中科技大学博士学位论文.

魏旭光，康凯，张敬，等. 2016. 全球价值链中的网络权力及其对企业竞争优势影响路径——基于扎根理论的探索性研究[J]. 软科学，30（4）：31-36.

文嫣，张强国，杜恒，等. 2019. 北京电影产业空间集聚与网络权力分布特征研究[J]. 地理科学进展，38（11）：1747-1758.

邬爱其. 2004. 集群企业网络化成长机制研究[D]. 杭州：浙江大学博士学位论文.

吴明隆. 2000. SPSS 统计应用实务[M]. 北京：中国铁道出版社.

肖创勇. 2003. 基于治理与管理相统一的企业网络组织研究[D]. 昆明：昆明理工大学硕士学位论文.

谢富胜，高岭，谢佩瑜. 2019. 全球生产网络视角的供给侧结构性改革——基于政治经济学的理论逻辑和经验证据[J]. 管理世界，（11）：89-101，118.

徐可，于淏川，陈卫东. 2019. 在孵企业创新驱动研究：网络权力与关系承诺视角[J]. 南开管理评论，22（5）：38-48.

薛白. 2007. 区位决策视角下的集群生命周期分析[J]. 产业经济研究，（3）：44-49.

杨锐，胡宇杰，王缉慈. 2008.“地方—全球”力量下地方产业集群升级——地方企业商业模式创新与地方能力[J]. 科学发展，（1）：97-105.

易明. 2010. 产业集群治理结构与网络权力关系配置[J]. 宏观经济研究，（3）：42-47.

易明，杨树旺，宋德勇. 2008. 产业集群治理理论研究综述及展望[J]. 工业技术经济，27（8）：68-71.

余菁. 2004. 案例研究与案例研究方法[J]. 经济管理，（20）：24-29.

袁鹏，唐欣，彭文武，等. 2020. 潜在创新要素协同的空间关联以及与长三角高新技术产业升级关系研究[J]. 经济地理，（6）：1-14.

张闯. 2008. 社会网络视角下的渠道权力结构与策略研究[M]. 大连：东北财经大学出版社.

张辉. 2007. 论经济法的核心范畴：国家经济调节权[J]. 财经理论与实践，（04）：124-128.

张赛，汪明峰. 2015. 台北都市区信息产业升级及空间组织演化[J]. 世界地理研究，24（2）：105-114.

张巍，党兴华. 2011. 企业网络权力与网络能力关联性研究——基于技术创新网络的分析[J]. 科学学研究，29（7）：1094-1101.

张云逸. 2009. 基于技术权力的地方企业网络演化研究[D]. 上海：华东师范大学博士学位论文.

周泯非. 2011. 集群治理与集群学习间关系及共同演化研究[D]. 杭州：浙江大学博士学位论文.

周振华. 1992. 论战略产业扶植培育政策[J]. 财经问题研究，1：18-23.

朱卫平，陈林. 2011. 产业升级的内涵与模式研究——以广东产业升级为例[J]. 经济学家，（2）：60-66.

庄贵军，周筱莲. 2002. 权力、冲突与合作：中国工商企业之间渠道行为的实证研究[J]. 管理世界，（3）：117-124.

Agranoff R. 2007. Managing within Networks：Adding Value to Public Organizations[M]. Washington，DC：Georgetown University Press.

Barney J B. 1991. Firm resources and sustained competitive advantage[J]. Advances in Strategic Management，17（1）：99-120.

Barney J B. 1997. Gaining and sustaining competitive advantage[J]. Upper Saddle River，NJ：Prentice-Hall，222（3-4）：361-369.

Bathelt H，Taylor M. 2002. Clusters，power and place：inequality and local growth in time-space[J]. Geografiska Annaler B，84：93-109.

Benson J K. 1975. The interorganizational network as a political economy[J]. Administrative Science Quarterly，20（2）：229.

Benton W C，Maloni M. 2005. The influence of power driven buyer/seller relationships on supply chain satisfaction[J]. Journal of Operations Management，23（1）：1-22.

Bower J L，Doz Y. 1978. Resource allocation：a social and political process[J]. Strategic Management，65（5）：25-66.

Bower J L，Gilbert G G. 2005. A revised model of the resource allocation process[Z]. Harvard Business School，Working Paper.

Bridge G. 1997. Mapping the terrain of time-space compression：power networks in everyday life[J]. Environment and Planning Society and Space，15（5）：611-626.

Brown J R，Lusch R F，Muehling D D. 1983. Conflict and power-dependence relations in retailer-supplier channels[J]. Journal of Retailing，59（4）：53-80.

Bruijn H D，Heuvelhof E T. 2002. Policy analysis and decision making in a network：how to improve the quality of analysis and the impact on decision making[J]. Impact Assessment and Project Appraisal，20（4）：232-242.

Burgelman R A. 1984. Managing the internal corporate venturing process[J]. Sloan Management Review，25（2）：33-48.

Burt R S. 1995. Structural Holes：the Social Structure of Competition[M]. Cambridge：Harvard University Press.

Castells M. 1996. The Rise of the Network Society[M]. California：Wiley-Blackwell.

Centers R，Raven B H，Rodrigues A. 1971. Conjugal power structure：a re-examination[J]. American Sociological Review，36（2）：264.

Charo R. 2007. Governance，power，and mandated collaboration in an interorganizational network[J].

Administration & Society，39，（2）：150-193.

Chen H H，Lee P Y，Lay T J. 2009. Drivers of dynamic learning and dynamic competitive capabilities in international strategic alliances[J]. Journal of Business Research，62（12）：1289-1295.

Dahl R A. 1957. The concept of power[J]. Behavioral Science，2（3）：201-215.

Daniël S，Joris K，Ayse S H. 2020. Clusters and firm-level innovation：a configurational analysis of agglomeration，network and institutional advantages in European aerospace[J]. Research Policy，49（3）：1-13.

Das T K，Teng B S. 1998. Resource and risk management in the strategic alliance making process[J]. Journal of Management，24（1）：21-42.

Dennis P B. 2001. Mammalian TOR：a homeostatic ATP sensor[J]. Science，294（5544）：1102-1105.

Dicken P，Kelly P F，Olds K，et al. 2001. Chains and networks，territories and scales：towards a relational framework for analysing the global economy[J]. Global Networks，1（2）：89-112.

Dimaggio P J，Powell W W. 1983. The iron cage revisited：institutional isomorphism and collective rationality in organizational fields[J]. American Sociological Review，48（2）：147-160.

Eisenhardt K M. 1989. Building theories from case study research[J]. Academy of Management Review，14（4）：532-550.

Eisenhardt K M，Martin J A. 2000. Dynamic capabilities：what are they?[J]. Strategic Management Journal，21：1105-1121.

Emerson R M. 1962，Power-dependence relations[J]. American Sociological Review，27（1）：31-41.

Ernst D. 1999. Carriers of post-crisis industrial upgrading?：FDI and global production networks in East Asia[C]. IDS Globalisation Workshop on spreading the gains from globalization.

Ernst D，Kim L. 2001. Global production networks，knowledge diffusion，and local capability formation[J]. Research Policy，31(8)：1417-1429.

Frazier G L. 1983. On the measurement of interfirm power in channels of distribution[J]. Journal of Marketing Research，20（2）：158-166.

French J，Raven B H. 1959. The bases of social power[J]. Studies in Social Power，（6）：61-73.

Gereffi G. 1999. International trade and industrial upgrading in the apparel commodity chain[J]. Journal of International Economics，48（1）：37-70.

Giuliani E，Pietrobelli C，Rabellotti R. 2005. Upgrading in global value chains：lessons from latin American custers[J]. World Development，33（4）：549-573.

Giuliani E，Rabellotti R，Dijk M. 2003. Clusters Facing Competition：the Importance of External Linkages[M]. Hampshire：Ashgate.

Granovetter M S. 1973. The strength of weak ties[J]. American Journal of Sociology，78（6）：1360-1380.

Greene P G，Brown T E. 1997. Resource needs and the dynamic capitalism typology[J]. Journal of Business Venturing，12（3）：161-173.

Greenwood R，Suddaby R. 2006. Institutional entrepreneurship in mature fields：the big five accounting firms[J]. Academy of Management Journal，49（1）：27-48.

Gulati R. 1998. Alliances and networks[J]. Strategic Management Journal，19（4）：293-317.

Gulati R. 1999. Network location and learning：the influence of network resources and firm

capabilities on alliance formation[J]. Strategic Management Journal，20（5）：397-420.
Heath H，Cowley S. 2004. Developing a grounded theory approach：a comparison of Glaser and Strauss[J]. International Journal of Nursing Studies，41（2）：141-150.
Henderson J，Dicken P，Hess M，et al. 2002. Global production networks and the analysis of economic development[J]. Review of International Political Economy，3：436-464.
Hess M. 2004. Spatial relationships? Towards a reconceptualization of embeddedness[J]. Progress in Human Geography，28（2）：165-186.
Hong J，Snell R，Smith M. 2008. The role of power and bridging repositories in knowledge transfer involving the periphery of a MNC[C]. Academy of Management (AOM) Meeting.
Humphrey J，Kahn A S. 2000. Fraternities，athletic teams，and rape：importance of identification with a risky group[J]. Journal of Interpersonal Violence，（12）：1313-1322.
Humphrey J，Schmitz H. 2000. Governance and upgrading：linking industrial cluster and global value chain research[R]. IDS Working Paper 120.
Humphrey J，Schmitz H. 2002. How does insertion in global value chains affect upgrading in industrial clusters?[J]. Regional Studies，36（9）：1017-1027.
Huxham C，Beech N. 2008. Inter-organizational Power[A]. The Oxford Handbook of Inter organizational Relations，556-579.
Jones C，Hesterly W S，Borgatti S P. 1997. A general theory of network governance：exchange conditions and social mechanisms[J]. Academy of Management Review，22：911-945.
Jones R W，Kierzkowski H. 1988. The role of services in production and international trade：a theoretical framework[J]. RCER Working Papers，165（6）：1485-1496.
Joseph S N. 1990. Soft power[J]. Foreign Policy，（80）：153-171.
Kaplinsky R. 2010. The Role of Standards in Global Value Chains[M]. Washington：The World Bank.
Kettl D F. 2002. What government can do：dealing with poverty and inequality[J]. Journal of Politics，64（1）：297-299.
Kickert W，Klijn E H，Koppenjan J. 1997. Managing Networks in the Public Sector：Findings and Reflections[M]. Washington: SAGE Publications.
Kim K. 2000. On interfirm power，channel climate and solidarity in industrial distributor-supplier dyads[J]. Journal of the Academy of Marketing Science，28（3）：388-405.
Larson A. 1993. Network dyads in entrepreneurial settings：a study of the governance of exchange relationships[J]. Administrative Science Quarterly，31（1）：76.
Lauret J. 2011. 全球价值链治理模式对中国 OEM 厂商战略升级的影响[D]. 上海：上海交通大学硕士学位论文.
Markovsky B，Willer D，Patton T. 1988. Power relations in exchange networks[J]. American Sociological Review，53（2）：220.
Markovsky B，Willer D，Patton T. 1999. Power Relations in Exchange Networks[M]. New York：Praeger.
McEvily A J，Renauld M，Bao H. Fatigue fracture-surface roughness and the K-opening level[J]. International Journal of Fatigue，1997，19（8/9）：629-633.
Meredith J. 1998. Building operations management theory through case and field research[J]. Journal

of Operations Management，16（4）：441-454.

Meyer J W，Rowan B. 1997. Institutionalized organizations：formal structure as myth and ceremony[J]. American Journal of Sociology，83（2）：340-363.

Miles M B，Huberman A M. 1994. Qualitative Data Analysis：An Expanded Source Book[M]. Thousand Oaks：Sage Publications.

Mintzberg H. 1984. Power and organizational life cycles[J]. Academy of Management Review，9（2）：207-224.

Morgenthau H. 1948. The political science of carr[J]. World Politics，1（1）：127-134.

Murphy J T. 2007. The challenge of upgrading in African industries：socio-spatial factors and the urban environment in Mwanza，Tanzania[J]. World Development，35（10）：1754-1778.

Newman M E J. 2007. Component sizes in networks with arbitrary degree distributions[J]. Physical Review E，76（4）：45101.

Normann R，Ramirez R. 1993. From value chain to value constellation: designing interactive strategy[J]. Harvard Business Review，71（4）：65-77.

O'Toole，Laurence J. 1997. Treating networks seriously：practical and research-based agendas in public administration[J]. Public Administration Review 57：45-52.

Oke A，Idiagbon-Oke M，Walumbwa F. 2015. The relationship between brokers' influence, strength of ties and NPD project outcomes in innovation-driven horizontal networks[J]. Journal of Operations Management，26（5）：571-589.

Penrose E T. 1959. The Theory of the Growth of the Firm[M]. New York：John Wiley.

Ponte S，Ewert J. 2009. Which way is "up" in upgrading? trajectories of change in the value chain for south African wine[J]. World Development，37（10）：1637-1650.

Porter R B. 1990. The enterprise for the americas initiative：a new approach to economic growth[J]. Journal of Interamerican Studies and World affairs，32（4）：1-12.

Powell W W. 1990. Neither market nor hierarchy：network forms of organization[J]. Research in Organizational Behavior，12：295-336.

Powell W W，White D，Koput K，et al. 2004. Network dynamics and field evolution：the growth of interorganizational collaboration in the biotechnology industry[J]. Administrative Science Quarterly，（41）：116-145.

Provan K G，Fish A，Sydow J. 2007. Inter organizational networks at the network level：a review of the empirical literature on whole networks[J]. Journal of Management，33（3）：479-516.

Provan K G，Kenis P. 2007. Modes of network governance：structure，management，and effectiveness[J]. Journal of Public Administration Research & Theory，18（2）：229-252.

Provan K G，Milward H B，Isett K. 2001. Government financing，managed care，and services integration：the adaptation and evolution of a mental health delivery system[J]. Academy of Management Proceedings，（1）：1.

Provan K G，Milward H B. 1995. A preliminary theory of network effectiveness：a comparative study of four communities mental health systems[J]. Administrative Science Quarterly，40（1）：1-33.

Provan K G. 1980. Recognizing, measuring, and interpreting the potential enacted power distinction in organizational research[J]. Academy of Management Review，5（4）：549-559.

Rachel A. 2020. Emerging roles of lead buyer governance for sustainability across global production networks[J]. Journal of Business Ethics，162（18/19）：269-290.

Rethemeyer R K. 2005. Conceptualizing and measuring collaborative networks[J]. Blackwell Publishing，65（1）：117-121.

Rose G M，Shoham A. 2004. Inter organizational task and emotional conflict with international channels of distribution[J]. Journal of Business Research，57：942-950.

Rutherford T，Holmes J. 2008. 'The flea on the tail of the dog'：power in global production networks and the restructuring of Canadian automotive clusters[J]. Journal of Economic Geography，8：519-544.

Seth P，Alberto F. 2017. Spurred to upgrade：a review of triggers and consequences of industrial upgrading in the global value chain literature[J]. World Development，98：536-554.

Sheu J B，Hu T L. 2009. Channel power，commitment and performance toward sustainable channel relationship[J]. Industrial Marketing Management，38（1）：17-31.

Sirmon D G，Hitt M A，Ireland R D. 2007. Managing firm resources in dynamic environments to create value：looking inside the black box[J]. Academy of Management Review，32（1）：273-292.

Smith A. 2003. Power relations，industrial clusters, and regional transformations：pan-European integration and outward processing in the Slovak clothing industry[J]. Economic Geography，79（1）：17-40.

Stephan J I，Andreas M，Reichmuth S G，et al. 2019. Unsupervised data to content transformation with histogram-matching cycle-consistent generative adversarial networks[J]. Nature Machine Intelligence，1（10）：461-470.

Steven C，Dale S R，Sengun Y. 2019. Broadening the perspective of supply chain finance：the performance impacts of network power and cohesion[J]. Journal of Purchasing and Supply Management，25（2）：134-145.

Strauss A，Corbin J. 1990. Grounded theory research：procedures，cannons and evaluative criteria[J]. Qualitative Sociology，13（1）：3-21.

Taisuke M，Hidenori S，Yasushi U，et al. 2020. Innovation upgrading of local small and medium-sized enterprises and regional innovation policy：an empirical study[J]. Industrial Marketing Management，94：128-136.

Teece D J. 1998. Capturing value from knowledge assets：the new economy，markets for know-how，and intangible assets[J]. California Management Review，40（3）：55-79.

Tichy G. 1998. Clusters，Less Dispensable and more Risky than ever[A]. London：Pion Limited，226-236.

Uzzi B. 1997. Social structure and competition in interfirm networks：the paradox of embeddedness[J]. Administrative Science Quarterly，42（1）：35-67.

Vera B，Jon H H. 2009. A multi-theoretical perspective on power in managing inter-organizational relationships[J]. International Journal of Social Economics. 36（11）：1040-1048.

Walter A，Muller T A，Helfert G，et al. 2003. Functions of industrial supplier relationships and their impact on relationship quality[J]. Industrial Marketing Management，32：159-169.

Wang C H. 2011. The moderating role of power asymmetry on the relationships between alliance and innovative performance in the high-tech industry[J]. Technological Forecasting and Social Change，7：1268-1279.

Wernerfelt B. 1995. The resource-based view of the firm[J]. Strategic Management Journal，5（2）：171-174.

Williams T. 2005. Cooperation by design：structure and cooperation in inter organizational networks[J]. Journal of Business Research，58：223-231.

Williamson O E. 1979. Transaction-cost economics：the governance of contractual relations[J]. The Journal of Law and Economics，22（2）：233-261.

Williamson O E. 1991. Comparative economic organization：the analysis of discrete structural alternatives[J]. Administrative Science Quarterly，36：269.

Williamson O E. 1993. Transaction cost economics and organization theory[J]. Industrial and Corporate Change，（1）：107-156.

Williamson O E. 2005. The economics of governance[J]. American Economic Review，95（2）：1-18.

Yin R K. 2003. Case Study Research：Design and Methods[M]. California：Sage Press.

Zhao X，Huo B，Flynn B，et al. 2008. The impact of power and relationship commitment on the integration between manufacturers and customers in a supply chain[J]. Journal of Operations Management，26（3）：368-388.

Zhuang G，Xi Y，Tsang A S L. 2010. Power，conflict，and cooperation:the impact of guanxi in Chinese marketing channels[J]. Industrial Marketing Management，39（1）：137-149.

附录　调 查 问 卷

这是一份研究网络权力来源及网络权力对产业升级影响的调查问卷，目的在于探索企业网络权力对产业升级的影响。期望研究结果能为全球生产网络的持续健康发展提供帮助。我们郑重承诺，调查所得数据仅用于学术研究，您提供的信息将被完全保密，请您根据实际情况填写问卷，如果遇到任何问题，请与我联系，感谢您的协助。

研究单位：****大学经济管理学院

一、企业背景材料

说明：请您根据实际情况填写。填写问卷时只需在认为合适的数字上打√。

1. 企业名称（可填简称或英文缩写）：

2. 您在贵企业的工作时间：①1 年以下　②1～3 年　③3～5 年　④5～7 年　⑤7 年以上

3. 您所在企业性质：①国有企业（含国有控股）　②民营企业　③中外合资　④外商独资　⑤其他

4. 您的工作职务：①普通员工　②基层管理人员　③中层管理人员　④高层管理人员

5. 您所在企业的规模：①50 人以下　②51～200 人　③201～500 人　④501～1000 人　⑤1000 人以上

6. 网络中与本企业发生直接往来企业的数目______________

7. 网络中与本企业发生业务往来的主要买家的数量______________

8. 网络中与本企业发生交往的主要同行竞争者的数量____________

9. 您认为制约您企业升级的因素有哪些________________________

二、问卷部分

生产网络是生产和提供最终产品与服务的一系列企业关系，生产网络的产业升级对于网络的生存和发展具有重要影响。作为生产网络中的企业，您选择在多大程度上同意或不同意以下所述。请您选择相应的数字，根据实际情况填写。填写问卷时只需在相应选项上画√。

①非常不同意　②不同意　③不确定　④同意　⑤非常同意

（一）网络资源

问题	非常不同意⟶非常同意				
10. 生产网络内企业共享基础设施建设和所需自然资源	1	2	3	4	5
11. 企业有大量熟练劳动力	1	2	3	4	5
12. 本企业在所属生产网络内产品技术的创新水平领先	1	2	3	4	5
13. 本企业从招募的人员中获得技术和营销知识	1	2	3	4	5
14. 本企业对所属生产网络内上游供应商的合作非常满意	1	2	3	4	5
15. 总体上，本企业对所属生产网络内下游买家的合作非常满意	1	2	3	4	5
16. 本企业与本地科研院校或中介机构联系非常紧密	1	2	3	4	5
17. 本企业可以得到政府实施有利的科技政策和项目	1	2	3	4	5
18. 在生产网络中，本企业拥有的有联系的组织和机构种类多于其他企业	1	2	3	4	5
19. 与本企业发生业务往来的主要企业数量明显较多	1	2	3	4	5
20. 本企业可以使用生产网络中其他企业的原料来源	1	2	3	4	5

（二）网络权力

问题	非常不同意⟶非常同意				
21. 企业在与所在生产网络中企业制定合同的过程中处于主导方	1	2	3	4	5
22. 企业对所在生产网络上下游企业不按要求的行为经常进行惩罚性措施	1	2	3	4	5
23. 企业对所在生产网络上下游企业按要求的行为经常进行奖励性措施	1	2	3	4	5
24. 企业会按照生产网络中其他企业的要求进行生产	1	2	3	4	5
25. 企业与所在的生产网络中的领导企业保持经常联系	1	2	3	4	5
26. 本企业具有很强的占据合作网络中心位置的能力	1	2	3	4	5
27. 经常与我们联系的合作伙伴和我们中断合作关系后很难找到替代者建立类似的关系	1	2	3	4	5
28. 已经招聘了很多具有高学历的员工，并在企业运作中发挥了作用	1	2	3	4	5
29. 我们经常从保持联系的合作伙伴那里获得它所属的小群体的各种信息	1	2	3	4	5
30. 与同生产网络其他企业相比，本企业具有某些专业知识的优势	1	2	3	4	5
31. 企业在所处生产网络提出意见，上下游企业都会同意	1	2	3	4	5
32. 企业在所处生产网络内具有有领导力的价值观	1	2	3	4	5
33. 当生产网络中成员发生冲突时，本企业能够提出让双方都满意的解决方案	1	2	3	4	5
34. 与我们合作的企业认为我们是最容易维持且最守信的少数企业，认为我们在行业中的重要作用	1	2	3	4	5

（三）产业升级

问题	非常不同意⟶非常同意				
35. 企业最近生产产品较以前高级	1	2	3	4	5
36. 企业在生产网络中推出新产品的速度较其他企业快	1	2	3	4	5
37. 企业推出新产品数量明显比生产网络中其他企业多	1	2	3	4	5
38. 过去几年，企业生产率明显高于生产网络种同类型其他企业	1	2	3	4	5
39. 企业近些年来一直更新生产系统	1	2	3	4	5
40. 过去几年，企业技术改进程度明显高于生产网络中其他企业	1	2	3	4	5
41. 企业近期加大了拓展市场的力度	1	2	3	4	5
42. 企业近期加大了研发的投入	1	2	3	4	5
43. 企业近期加大了自主品牌的建设	1	2	3	4	5
44. 企业发现现有产品的生产过于简单	1	2	3	4	5
45. 企业有计划生产与现阶段完全不同的产品	1	2	3	4	5
46. 企业已经在区别于主要产品的领域取得了一定的市场份额	1	2	3	4	5

问卷填写已结束，烦请您再仔细检查一下是否有遗漏的题项!再次感谢您的支持和帮助!